U0424304

许纪霖作品集

# 无穷的困惑

## 黄炎培、张君劢与现代中国

许纪霖 著

三联书店

**图书在版编目（CIP）数据**

无穷的困惑：黄炎培、张君劢与现代中国／许纪霖著. —北京：生活 · 读书 · 新知三联书店，2018.1
（许纪霖作品集）
ISBN 978－7－108－05902－4

Ⅰ. ①无… Ⅱ. ①许… Ⅲ. ①知识分子－研究－中国－现代 Ⅳ. ① D663.5

中国版本图书馆 CIP 数据核字（2017）第 114048 号

责任编辑 龚黔兰
装帧设计 刘 洋
责任校对 张 睿
责任印制 徐 方
出版发行 生活 · 讀書 · 新知 三联书店
（北京市东城区美术馆东街 22 号 100010）
网 址 www.sdxjpc.com
经 销 新华书店
印 刷 北京铭传印刷有限公司
版 次 2018 年 1 月北京第 1 版
2018 年 1 月北京第 1 次印刷
开 本 635 毫米 × 965 毫米 1/16 印张 19.25
字 数 248 千字
印 数 0,001－7,000 册
定 价 45.00 元
（印装查询：01064002715；邮购查询：01084010542）

# 总序：狐狸的自白

假如一个人的学术生涯，可以从考大学那一年算起的话，那么，从1977年到今年，恰好是40年。今年我又刚好年满花甲，似乎到了为自己的学术研究做一个阶段性盘点的时候了。感谢三联书店，给了我一个出版系列作品集的机会。本系列分为三册，第一册《无穷的困惑》，是1988年出版的处女作，是我最早研究中国知识分子的专著；第二册《民间与庙堂》，是对当代中国思潮与知识分子的思考；第三册《优美是否离我们远去》，是我的社会文化评论集精选。这三册作品集，跨度从历史到当下，从思想到政治，从文史到哲学，见证了我作为一个学者的狐狸性格。

这一狐狸性格，从我入学的第一天起，就奠定了某种基因。在中学时期，我原本是一枚文学青年。20世纪70年代"文革"期间，上海有两本著名的刊物，一本是文学刊物《朝霞》，另一本是时论刊物《学习与批判》。能够在上面发文章的人，在一个中学生眼里，都是不得了的大人物。相比较而言，我更喜欢《朝霞》，也曾经将自己稚嫩到不堪的小说向杂志社投过稿。当1977年恢复高考的消息传来时，我毫不犹豫填上的第一志愿，便是中文系，梦想当一个作家。可惜命运阴差阳错，将我录取到了华东师范大学政治教育系。当时的政治教育系，囊括后来的五个一级学科：哲学、经济学、政治学、法学、社会学。学的课程颇为庞杂，从马克思、恩格斯、列宁、斯大林的经典著作，到上述五大学科的基本知识，皆一一涉猎。我的广泛兴趣和跨学科视野，就是在本科学习时播下的种子。

1982年大学毕业后留系任教，组织上分配我从事中国民主党派史的教学和研究。我对民主党派兴趣不大，而民主党派中那些大知识分子的历史命运却强烈地吸引了我，于是五年时间埋首图书馆，坐冷板凳，研读史料。不过，我的个性，犹如梁漱溟先生所言，乃“问题中人”，而非“学问中人”。“学问中人”，关心的只是历史真实，将“是什么”搞清楚，便一了心愿。但“问题中人”却不满足于此，非要刨根追底，在史料背后寻找终极的动因，追问“为什么”或“何以如此”？假如只是满足于“是什么”，专业的知识足矣，有一套史料的收集、考证和比勘功夫，便能成为一个不错的专家，但要能够从“是什么”深入到“何以如此”，专业的功夫就远远不够，需要更广博的知识背景和综合眼光，才能对复杂的历史成因有一个深入的分析。历史学不仅在于“求真”，而且也在于“求解”。史实总是支离破碎的，只有置于一定的理解图景之下，镶嵌在各种文化、政治和社会网络之中，整体的真相才会浮现出来，从这个意义上说，没有理解，就没有真相。

20世纪80年代我对民国时期知识分子群体和个案的研究，借助当时的中西文化比较的时代大背景，将知识分子的心路历程和人格变迁置于新旧文化的矛盾冲突之中，围绕为何中国知识分子缺乏独立人格这一中心问题写了几篇文章。这些文章的发表，不期而然地引起了学界的广泛反响。与其说是这些少作在学术上写得多么好，不如说切中了若干时代的大问题。

十年之后，待我读到张灏教授以及他的老师史华慈教授的思想史研究，突然有一种被照亮之感，我才明白，我在80年代完全不自觉的尝试，其实是一种“以问题意识为导向”的研究方法。没有问题意识，就等于一篇文章失去了灵魂，看上去规范完整、条理清晰，其实只有一种编年史式的表层真实性，有时候还会形成一种作者意识不到的虚假的因果关系。有明确的问题意识，研究者才会紧紧围绕问题核心，筛选（而不是铺排）史料，步步分析，最后对核心问题作出自己有创见的回答。史华慈教授和张灏教授在这方面作出了典范性研究，我将之称为“以问题为中心的思想史研究”。

在我遭遇史华慈和张灏之前，我的研究其实是没有家法的“野路子”。所谓“野路子”，乃是类似今日所谓的“民科”，天马行空，独来独往，没有明确的学术传统，也不遵守一定的家规家法。大凡“民科”，都有不凡的天分，但仅仅凭一己之聪明与勤奋，能够解决的问题终究有限，往往是最得意之处，前人其实早就有了很好的论述。学术的进步是累积的，总是在一定的研究范式下的点滴进步，即使发生范式革命，也是在原有范式基础上的突破，而非像孙悟空那样从无到有地从石头里蹦出来。对自己的学术传承越早有认同，就越能有一种学术自觉。我在20世纪90年代中期从知识分子研究转向思想史研究，将知识分子研究与思想史研究结合起来，接上的正是这一“以问题意识为中心”的研究家法，至今受益良多。当然，任何一种家法，既是赐福，也是限制。遵循传统，又不拘泥于传统；在家法之中，又超越家法。这是更高境界的突破。

大凡一个成功的研究延续一段时间，便会产生路径依赖，研究者驾轻就熟，不断重复自己，即使想有所变化，也感觉身不由己，就如孙悟空跳不出如来佛的手掌心。我在20世纪80年代末、90年代初就经历了一场类似的危机，虽然约稿不断，但感觉自己已经江郎才尽，而我最讨厌的，乃是同一个模式的生产与再生产。怎么办？在这个时候，最好是“后退一步，远眺彼方”。我在90年代初，邀集一批学术上志同道合者，如贾新民、孙立平、高华、杨念群、严搏非等，一起撰写《中国现代化史》。我负责“总论”和“战后国民党”两章，借此机会，从知识分子的研究走向更广阔的历史与政治舞台，鸟瞰20世纪的中国。有了这段登上山巅的经历，当我90年代末重新回到知识分子研究领域，视野和格局比之前开阔了许多，不仅从文化的维度，而且从思想与政治的互动来思考知识分子在中国的历史命运。一个学者在研究过程当中遭遇瓶颈是经常的事，在“山重水复疑无路”的困境时刻，与其苦思冥想，钻牛角尖，不如暂时放下，跳出来“远眺彼方”。当你将镜头拉开，拓宽视野之后，只要心中存着问题，往往会不期而然地发现“那人却在灯火阑珊处”，有“柳暗花明又一村”的意外惊喜。

一篇文章的灵魂是问题意识，问题意识究竟何来？一个源头是对历史本身的观察与了解，你所知越多，便越加能够如胡适所说“在不疑处有疑”。然而，历史是上几代人的经历，对研究者而言皆是“所闻之世”，缺乏亲身的感受，倘若仅仅阅读资料，很难还原出活生生的历史真相。经常会碰到这样的情形，有些研究共和国史的年轻学者，掌握的都是真实的档案资料，但描述的整体图景却似是而非，让经历过那个年代的老一代学者感到啼笑皆非。历史学如同文学、科学一样，都需要想象力。想象力的一部分真实性来自历史，另一部分却来源于对当下的感受。一个学者越是对当下的语境有深刻的感受和真切的情怀，他对历史的理解就越具有穿透力。历史之于现实，是借鉴之镜；现实之于历史，又何尝不是如此？我这些年的研究，经常游走于历史与当下之间，当下的社会文化观察与近代的历史研究，并非互不相干的两张皮，而是有其内在的历史脉络，倘若你对历史与现实只知其一，必定找不到二者的隐秘逻辑。从历史思考现实，从当下返观过去，不啻是我的研究特色，个中的经验可以为年轻学者参考借鉴。

刺猬有一知，狐狸有多知。当以赛亚·伯林以刺猬和狐狸形容学者的不同气质的时候，只是说明刺猬为学严谨专一，热衷于建立体系，而狐狸治学潇洒广博，对什么都有兴趣而已。刺猬更多的是收敛性思维，而狐狸的特长是发散性思维。刺猬与狐狸，各有短长，无高低之分。少年时代的作家梦想和大学时代的多学科训练，虽然让我兴趣广泛，在气质上更接近狐狸，但这些学科与传统的文史不同，多是概念性、体系性的哲学社会科学，它们又让我在思维和表达上接近刺猬。在90年代末，为了思想史研究的严谨性，我曾经苦读过政治哲学，一度迷恋于约翰·罗尔斯，体系之于我，不是完全没有吸引力的。然而，我最欣赏的，依然是以赛亚·伯林那样的挥洒自如、散而不“散”的为学风格。刺猬对于我，只是“用”，而狐狸，才是“体”，可谓狐狸为体，刺猬为用。因而读者可以理解，我的作品集表面看起来散漫无边，但在我看来，应该是形散神不散，背后所指向的是同一个目标，即知识分子的家国天下关怀。

是为序。

作者谨识

2017年酷暑于沪上樱园

# 目　录

## 历史，设下了布满陷阱的迷津（1931—1936）



## 重庆与延安：两极中的持中与倾斜（1937—1945）



## 从独立到依归：不可违抗的必由之路（1945—1949）

# 新版序言

这本书是我的第一本著作，写作于二十六年前。那个时候，我只是一个刚满三十岁的高校青年教师。当年的出版界，与今天的情形大相径庭，如今要出版一本书，有各种基金、补贴赞助，似乎只有写不出的书，没有出不了的书。而在20世纪80年代，不要说一个年轻学人，哪怕是成果卓然的资深学者，要有自己的个人专著，也是可遇不可求的稀罕事。我之所以如此幸运，不得不感谢80年代中后期那场“文化热”——如今被称为“新启蒙运动”的赐福。

1982年本科毕业留校，系里分配我研究中国民主党派史。现代中国的民主党派人士，大都是名声显赫的知识分子，我个人对民主党派历史本身兴趣索然，却对这些知识分子前辈发生了强烈的兴趣。在图书馆坐了五年的冷板凳之后，突然之间大爆发，1987年这一年，我在《读书》和新创刊的《走向未来》等杂志集中发表了六篇文章。“文化热”本身是一场对传统文化的反思，也是对文化的主体知识分子自身思想与灵魂的拷问。在反思的热潮之中，我的那些幼稚之作竟然得到了广泛的瞩目，于一夜之间爆得大名，约稿不断。

有一天，我接到了一封信，是上海三联书店的领导欧阳文彬写来的，约我到绍兴路的编辑部见面。欧阳老师40年代即在桂林新知书店工作，是“三联”的老同志，1949年之后长期担任沪上出版社和杂志的领导工作，当组织决定恢复筹建上海三联书店时，自然想到了她。她既是出版人，又是女作家，有着老“三联”人身上的那些特质：开明、敏感、儒雅。虽然长期身居领导岗位，却不失文化人的书卷气。80年代的出版界，正是有一批像她这样有着理想主义热情和为信念而勇于担当的“老派共产党人”，才使得当年由青年知识分子主导的“新启蒙运动”有了发酵和传播的空间。欧阳老师经人推荐，注意到我在《读书》杂志的那些文章，她和蔼地问我，是否能为新筹建的上海三联书店写一本有关现代中国知识分子的专著。我受宠若惊，诚惶诚恐地答应了。

当时我在华东师范大学一边任教，一边读在职研究生，连硕士论文都没有动笔，何论写一部要正式出版的学术专著！在丽娃河畔的第五宿舍，我经常坐在桌子面前，摊着一叠空白的稿子，望着天花板发呆，不知从何下笔。没有老师的指导，只能阅读各种各样的书，寻找可以临摹的母本。终于，有一本书的出现让我眼前一亮，兴奋莫名：那是黄仁宇的《万历十五年》，那正是我想追求的风格：有性格鲜明的历史人物，却不是人物传记；活生生的人物形象与心理分析，展现了一个时代的政治风情与内在困境。我确定了中间派知识分子当中两个我熟悉的乡贤，出身浦东的黄炎培和出身嘉定的张君劢，通过描述与对比从晚清到民国两人共同经历过的心路历程，来发掘我最感兴趣的现代中国知识分子内在的思想困境。

差不多一年时间，我每天趴在研究生宿舍的桌子跟前，埋头写作。窗外花开花落，冬去春来，我却沉浸在前人的情境之中，与他们一起在历史的风浪之中挣扎、探索、沉浮。稿子出来了，几乎没有修改一字地出版了。80年代上海出版界的宽松与宽容，即使放在今天，也令人无限感叹。这本黑封皮的小书，成为了我的处女作。

从《无穷的困惑》开始，从此一发而不可收，我出版了《智者的尊严》《寻求意义》《另一种启蒙》《大时代中的知识分子》《中国知识分子十论》等多种论述中国知识分子的著作。随着对那段历史和人物认识的增长，我渐渐不太满意这本处女作，虽然曾经在陈达凯学兄主持上海三联书店的时候，在1998年重印过一次，但我的内心颇有“悔少作”之感，总想什么时候得空了，按照新的思考和认知，来一个大删大改。

我忘记了这本“少年之作”，然而读者却没有忘记它，尤其是热情的年轻朋友们。好几次公众演讲之后，听众一拥而上请我签名，递上的拙作之中，竟然有这本《无穷的困惑》，而且还是1988年的黑皮初版本。我看了一眼那张年轻得令人羡慕的脸，不由好奇地问：你是从哪里找到这本书的？他告诉我，是从孔夫子旧书网上面好不容易淘来的。

为了写这篇新版序言，我将尘封多年的旧作又浏览了一遍，我明白了为什么这本相隔了一代人的“少作”，还能赢得那些青年读者的喜欢。的确，它的笔触比较稚嫩，缺乏今日之我的深度与厚度，然而，它充满了青春般的热情和奔放，一如诞生它的80年代。那是一个理性主义的时代，也是一个浪漫主义的时代。理性与浪漫的混搭，构成了这本“少作”的叙述基调。过了将近三十年，我很惊异当年的我，文字如此华丽，以至于有点过度修辞。

假如一切可以推倒重来，我会怎样地重新构思，重新理解黄炎培和张君劢不同的历史抉择？囿于80年代的认知氛围，我将他们两位在1946年是否参加国民党一党主持的国民大会作为分道扬镳的起点，到1949年的北上与外走，视为一个选择了光明，另一个选择了沉沦。三十年的风风雨雨之后，经历了从追求民主到呼吁宪政的种种曲折之后，我终于意识到，在1946年和1949年这两个历史转折关头，黄炎培和张君劢所代表的，乃是现代知识分子对民主与宪政的两种不同的坚守。黄炎培所理解的民主，乃是一种颇具中国历史特色的民主，即由人民自己当家作主的民粹式民主。1945年他访问延安，与毛泽东的那场关于如何走出历史治乱循环的“窑洞对”，让他在国共之间最后选择了共产党。是毛泽东那番关于民主的豪言壮语，给黄炎培这些具有强烈民本关怀的儒家知识分子，带来了对未来无比兴奋的想象空间。可以说，黄炎培的选择，正是从那一刻开始奠基的。而作为自由主义政治学家的张君劢则不同，从晚清开始，他就视宪政比民主更重要，一生以“制宪”为己任，当1946年国共分裂、蒋介石以采纳他所拟定的“宪草”为诱饵动员他参加一党垄断之国民大会时，张君劢相信，只要有了一部宪法，就是宪政的开始；重要的不是权力属于谁，而是权力这头老虎是否能够关进笼子里面，受到限制和规范。

两个民国知识分子在历史转折关头的分野，其背后乃折射了现代政治秩序正当性的内在紧张与困境。我在前几年的一篇研究政治正当性的长文里面如此分析：

> 民主的正当性与宪政的正当性，构成了自由主义和民主主义的分野。在西方，自由主义与民主主义的历史结合，纯属历史的偶然，而在现代中国，民主与宪政在理论上也是内在结合，相互补充的。不过，一旦落实在政治实践层面，便立刻显示出内在的二歧性：民主派注重人民主权，相信只要权力来源于人民，政治的正当性便在其中。而宪政派则认为，最高权力究竟来自哪里，这并不重要，重要的是立宪，权力要受到宪法和法律的限制。
>
> 现代中国的悲剧在于：无论争论如何激烈，最后的政治结局总脱逃不了民主压倒宪政、威权压倒自由。“五四”新文化运动，最初提出的是人权（自由）和科学，曾几何时，在日渐崛起的民主主

> 义思潮压迫下，自由被悄悄地置换为民主。从20世纪30年代到40年代，中国也有过几次影响非常大的民主宪政运动，民主与宪政一开始并行不悖，然而，到1946年，民主与宪政在残酷的政治现实面前，却发生了分化。最典型的例子要数梁启超门下的“二张”之分手：张君劢相信，比较起民主的广泛参与，通过宪法、建立宪政更重要；而张东荪认为，如果国家的权力缺乏广泛的、具有代表性的实质性参与，即使在形式上是宪政的，也不具正当性。显然，前者所秉持的是自由主义的民主观，而后者坚持的是共和主义的民主观。由于“二张”所秉持的民主观的不同，两位有着四十年交谊的政治朋友，在是否参加国民党一党召开的“国民大会”问题上，最后分道扬镳，各归前程。民主宪政运动的归宿，最后与“五四”新文化运动一样，也是民主压倒了宪政。在一浪高过一浪的汹涌的民主大潮推动之下，1949年所建立的共和国并非一个以宪政为其制度正当性，而是以人民主权为特征的国家。从思想史的角度观察，现代中国的这一历史结局绝非偶然，可以说是晚清以来还政治正当性观念演化之趋然。

在这里，如果将张东荪置换为黄炎培，亦完全成立。凡是存在的总是有其内在的合理性，很难说谁选择了光明，谁选择了沉沦。不同的选择背后，乃是历史本身“二律背反”的人格化展现，因而才有了现代中国知识分子无从解脱的“无穷的困惑”。二十多年过去了，当年我在全书的结论中所归纳的那几重困惑：入世与出世、改制与启蒙、统一与民主、独立与依归、超然与介入、正义与生存……不是继续困扰着当代中国的知识分子吗?

只要这些深刻的历史问题依然是当代关注的话题，本书就不会过时，依然有其存在的意义。于是，当三联书店计划出版我的作品集时，我考虑再三，决定将这本“少作”拿出来重新面世，一字不改，保留它原来的面目——这既是我个人走过的心路历程，也是80年代留下的时代印记。

是为新版序言，望识者教之。

许纪霖

2013年早春于华东师范大学

2014年3月修订

# 引语　历史宛如一座迷宫……

历史，呈现着两种时代。

在一个时代里，前人早已铺下了社会运行的平稳路轨，清扫了驶向既定目标的脚下路障。人们仿佛被一个与生俱来的、悄无影踪却又无所不在的“命运”指点着、操纵着、摆布着，机械地重复着前人的脚印，走向约定俗成的人生终点。他们既没有深沉的痛苦，也没有狂热的欢乐；他们有的是自信、自足和安宁。他们的生命、文化连同他们生存的社会环境是统一、和谐、完整的。他们无须选择现实，现实也不容他们选择。一切都在按部就班地、有条不紊地运转着、行进着……

在另一个时代里，维系整个民族生存平衡的“命运”支点蓦然间粉碎了，消失了。时间的河谷出现了断裂，人们恰恰被抛弃在无可依傍的断层空间。社会越出了既定的运行轨迹，生活失却了原有的价值准则。到处是动荡、无序、混乱和不平衡，到处是脱节、错位、反差和不协调，过去的与未来的、垂死的与新生的、落伍的与超前的……在时间上相距那般遥远的因素，如今在空间上却错综复杂地拥挤、纠缠在一块，互相冲突、碰撞、抵牾着。人们的灵魂也被撕裂成两半，他们失却了自信和安宁，他们在生命的十字路口迷惘、踯躅、徘徊。但严峻的现实又催迫他们做出历史的抉择，这抉择不仅决定着个人的前途，而且铸刻着民族的未来，因而显得分外凝重。这凝重之中浸透着人生的痛苦，又蕴含着创造的欢乐……这是茫茫史河中偶尔出现的大时代。“但这所谓大，并不一定指可以由此得生，而也可以由此得死”，“不是死，就是生，这才是大时代”（鲁迅）。

从1840年到1949年，在中国的历史上，无疑属于那“不是死，就是生”的大时代。

降生在这样的时代里究竟是幸运抑或不幸，无人能够辨晓。也许，这不幸的正是那幸运之所在，而那幸运的又是这不幸之渊薮。这个时代的所有内心秘密，它的全部痛苦与欢乐，都深刻地记录在生活于这个时代的知识者的生命旅程中。近代中国的知识者承受了历史的沉重压力和艰辛使命，他们在交织着烈火、血污和雪崩的岁月里，选择了自己的人生，也选择了民族的“命运”。且不论他们的选择给他们个人带来了何等的荣辱毁誉，为后人酿造了怎样的历史果实，只要我们回首稍微注视一下，就会惊异地发现：他们在创造和选择历史的时候，曾经经历过多么浓重的困惑！

近代中国宛如一座云雾萦绕的历史迷宫。当知识者们怀着救世的热忱跨入它的大门，去探寻通向光明的出口时，他们不由得感到自己是在黑暗中摸索。到处都是陷阱、暗壁和死胡同，到处都是难以索解的现实悖论：搏击政海兼善天下与隐居学界独善其身、变革政制求得“根本解决”与启迪民智徐图社会改造、强化国权以维系国家的统一安定与高扬民权以争取个性解放、为信念之纯洁超然于现实功利之上与求经世致用介入于世俗妥协之中、在良心的召唤下不惜震骇一时的牺牲与在痛苦的屈辱中坚持更加韧性的抗争……贯穿于近代历史的这一系列“二律背反”歧径，默默地铺列在中国知识者面前，考验着他们的智慧、虔诚和勇气。这是无穷无尽的“斯芬克斯之谜”，那谜底是如此的飘忽不定，难以把握，以至于知识者的思维世界中出现了深深的困惑。这困惑不仅源自现实社会的无解悖论，同时也肇发于主体选择尺度的多元性质：历史主义与伦理主义的冲突、科学理性与人本感性的冲突……这种种价值体系的内在抵触使得他们仅仅凭借智慧和理智并不足以做出清晰的决断；更多的时候，他们是用整个心灵，甚至借助本能、情感、潜意识等非理性力量来摸索前进的道路。挫折和失败经常伴随着他们，他们身心憔悴，满面尘土，但依然跌跌撞撞地行进着，怀着各自的信念和希冀在黑黝黝的历史迷宫里寻找迷失了的微光。终于，有的历经入世沧桑，在接近绝望的时刻意外地发现了光明的出口；也有的误入死亡的歧巷，悲剧性地消失在历史的尘埃之中……

为了具体展示那个时代知识分子所经历的充满困惑的历史旅程，本书采用了传记的体裁，撷取了两个近代知识者的形象：黄炎培与张君劢。对于这两个经历异常丰富、多方有所建树的历史人物，作者既无意为他们的一生做面面俱到的评述，更不敢担当替故者盖棺定论的使命。之所以将这两个名字排列在一起，是因为仅仅希冀通过知识者这一角度，对他们进行深度的比较，从而揭示那样一个时代氛围下知识者内心的精神世界与外在的行为选择。为了论述的需要，作者将时常有意识地变换镜头的焦距，或者将视野拓展至社会大背景，对整个知识群做宏观的鸟瞰；或者将笔触探伸到传主的内心深层，对他们的信念、气质、追求……做细微的心理分析。就这点而言，本书绝不是一本编年史般的人物传记，而是在不违背历史真实的前提下，更多地凝聚着作者对历史的理解和反思。

我相信，对于这样一段并非显得遥远的历史和在这历史中知识者们近乎悲壮的探索历程，当代中国的读者们是不会淡漠，以至无动于衷的，因为我们与他们有幸处于同样一个大时代。如果本书所揭示的近代知识者道路有助于启迪历史的后继者于万一，我将感到无上的宽慰。

# 大变动时代的
# 两个弄潮儿

（1878—1912）

# 洋学堂的文化产儿：历史的裂断与联结

倘若你有意去翻览中国知识分子家族的几千年变迁历史，就不难注意到那19世纪70至80年代，曾经降世了这样一批人物：他们是古代最末一批封建士大夫，也是中国第一批近代知识者。他们身上，似乎跨越了两个时代、两重历史和两种文化。他们分割着历史的时间，同时又在空间上将之联结起来，承受着新旧转换的时代桥梁。无疑，这是一代具有特殊意义的中国知识者。本书的两位主人公黄炎培和张君劢，也都恰恰有幸得以置身其间。

1878年10月1日（农历九月初六），在黄浦江东岸的川沙县城，一个小生命呱呱坠地了。他就是黄炎培，字楚南，后改为任之。黄炎培的父亲黄叔才是个穷秀才，初在乡里设塾授徒，而后出门漫走河南、广东、湖南等地做督抚的幕僚。幕僚的收入本已有限，况且他生性豪侠，得银即使，家中经济境况自可想见。黄炎培晚年曾在诗中感叹："人说儿时乐，怎识得我儿时苦！"也许，对童年的他来说，最大的慰藉莫过于母爱了。母亲孟樾清出身于大户人家，知书识礼，克俭本分。她对聪颖的小儿黄炎培寄予殷殷厚望，经常将他抱在膝上，教他识字认书，还给他讲述方卿的故事，激励他"将来必须争气"。然而，命运仿佛故意要与黄炎培作难，在他十三到十七岁这四五年之间，母亲、父亲以及赡养他的外祖父竟[illegible]病逝。黄炎培无论在生活抑或精神上都成了无依无靠、凄凉哀苦的孤儿。他过早地失去了孩童的天真。冷峻的环境迫使他比一般的同龄孩子显得早熟、老成。尽管有亲戚的悉心照料，然而寄人篱下毕竟有所规束，比不得在母亲膝前自在快活。世态之炎凉、人情之厚薄无不磨砺了他性情的敏感和乖巧。经常的内心克制、自我压抑使他在谨慎、随和的外表背后，积淀起一个相当倔强的个性世界。黄炎培后来是以“外圆内方”的处世风格著称于世的，说其在少年时代即已定型未免夸张，但早年那段艰难的经历毕竟在他今后的一生中刻下了最初的印痕。

与不幸的黄炎培相比，张君劢几乎称得上是命运的宠儿。当黄炎培已能熟背“四书”的时候，在黄浦江对岸相距不过近百里的嘉定县城，张君劢于 1887 年 1 月 18 日（农历一八八六年十二月二十五日）降生于当地一门望族世家。张君劢本名嘉森，君劢是他的号。张家世代经商、行医，家族中多有登科入仕者。张君劢的祖父张鼎生，是道光丁酉科举人，在四川任知县十余年，致仕归乡后以宦囊所遗购乡舍数椽、农田数十亩，生活逍遥自在。伯父张祖恩、张祖寅，分别以附监生、拔贡资格分发浙江、广西任知县，颇为耀祖光宗。唯独父亲张祖泽，奉祖父之命以医术传其先祖家业，设诊所于南翔、真如一带，小有医名。张君劢生长于此等殷实富家，自是无忧无虑，多蒙世泽。他兄弟姐妹共十一人，大多气质不凡，有承继家风、不辱先祖之强烈意识，其中张君劢尤甚。他自幼智敏过人，自视甚高，有“军师”之称，争强好胜、出人头地的脾性早在童年即露端倪。张君劢祖籍为宝山，一次他与乡人同去参观胡公祠，在肃穆的祠堂里，张君劢低声问旁人：胡公何许人也？同行者告诉他：胡公乃乾隆时代我宝山邑宰。宝山地处东海之滨，每年夏天台风季节常有海潮袭击之虞，胡公为乡人安全，不惜倾家革职，在县城东门外主持修筑长堤。胡公死后，乡人即募款修建此祠，以报胡公之无量功德。张君劢听罢，不禁脱口呼喊：“伟哉胡公！此为胡公不朽、顶天立地之事业！”[1]钦慕之情溢于言表。此语出自一个十七岁少年之口，足见主人公之胸襟与抱负。伟哉、不朽、顶天立地、建功立业、名垂青史……这些诱人的字眼使得张君劢激动不已，并成为他自人生起步始便孜孜以求的终身目标。

宽泛地说，黄炎培和张君劢都出自书香门第、礼教世家。不过由于两人在门第层次、家庭景况、个人遭遇诸方面存在着明显的差异，他们在气质上从少年时代起也就显现出相当的反差。黄炎培在十六岁时曾迫于生计到一家亲戚开的小店铺去站柜台，以后又继承父业去私塾教书。因之他得以在很大的程度上超越士大夫家庭的封闭圈子，接触到社会底层的苦难生活。在他晚年的回忆中，故乡贫民的悲惨景况比比皆是：被当众鞭挞的流浪儿祝三囝；衙门大堂中被打得鲜血淋漓的犯人屁股；身着长衫、手持折扇而满街乞讨的文丐；酷爱念书却又不幸成为放牛郎的幼年伙伴顾连生……这一切与他自己那孤独凄凉的单薄身影重合在一起，构成了他童年的阴暗记忆。在默默受苦的民众面前，他很少意识到自己这个阶层的精神优越感；相反，个人的不幸使他与这些善良的人们产生了心灵的沟通，仿佛他与他们一起承受着人世的悲哀。黄炎培成年之后，尽管长期栖身于现代闹市，周旋于达官贵人之间，却始终未曾与底层的民众割断那感情的脐带。他的一生染有相当鲜明的民粹色彩。

相形之下，张君劢的童年则要明亮得多。同是生长在小县城里，他却绝少顾及擦肩而过的芸芸众生。他意识到自己在身份和精神上的高贵优越，欲追求一个更高层次的人生；而他们忙忙碌碌，不过在谋求温饱而已。如果说，黄炎培鉴于童年时代的阴暗记忆，毕其一生都格外看重

---

〔1〕 金刚城：《童年时代的张君劢先生》，见王云五等著：《张君劢先生七十寿庆纪念论文集》，第40页，台北：文海出版社，1956。

“生计问题”，尤其是贫民大众的“生计”的话；那么，对童年的张君劢来说，“生计”这个全然不成问题的问题，简直是无暇被顾及，甚至不屑被一顾的。张君劢更关切的是人类的理想和精神的自由。也许这就是以后黄炎培不喜作纯思辨的玄想，宁愿做一个“解决人类生计问题”的职业教育家；而张君劢却视“唯物论”为媚俗，好在理念世界中做精神遨游的思想家的最初缘由。在交友风格上也同样可以窥见两人的歧异。黄炎培自幼无所依傍，他不得不在广泛的社会联系中确证自己人身和精神的地位，因而从教授、老板、流氓头子，到店员、轿夫、穷学生……三教九流无不交结；张君劢却有着士大夫的矜持和清高，只看得起那些志同道合的文人学士，交友圈子仅仅局限于他所在的那个知识阶层。

与上千年来每个中国封建士子一样，他们都是在朗朗的读经声中开始了自己的启蒙教育。黄炎培七岁起随两位小叔诵读“四书”：《大学》《中庸》《论语》《孟子》；两年后进外祖父的家塾东野草堂再诵读“五经”：《易》《书》《诗》《礼记》《春秋左传》。张君劢则在五岁时被送进家塾，与诸堂兄弟一起读经。也许是天资聪颖、记忆过人，也许是自觉意识到这一切皆是书香子弟的天经地义，两位少年读经都不以为苦事，而显得相当轻松自如。黄炎培“当天不须读满十遍，明天清晨，老师前背诵，保证一字不差”；[1]张君劢则“幼习《论语》，提章质问，迥不平凡”，令同窗老生“每为所窘”。[2]“四书”“五经”读完之后，便都广览群书。对他们来说，读书不仅仅在于消遣，更是一种生活方式，一种不可或缺的生活方式。他们都想方设法去各处搜觅书籍，以飨自己。张君劢少年时常去附近的罗店镇做客，归来后家人问他那里某家某人近况如

〔1〕黄炎培：《八十年来》，第22页，北京：文史资料出版社，1982。
〔2〕金刚城：《童年时代的张君劢先生》，见王云五等著：《张君劢先生七十寿庆纪念论文集》，第39页。

何，他每每茫然不知如何作答，唯独谈起某家藏有何种好书，则可一一历数，绝无遗漏。黄炎培读书更为便利。他舅公沈树镛是江南小有名气的藏书家，其儿子沈肖韵极为器重他，将自家的书斋毫无保留地向他开放。因之于短短几年中，他在沈家通览了诸子百家、二十四史、唐宋诗词，并选其所好，再三细品。十年过后，当黄炎培被人密告是革命党人，江苏提学使毛庆蕃奉两江总督端方之命召他前往面询，诘问他平日读过何书时，黄炎培颇为自得地一口气报出上述书单，竟使提学使大人的疑虑涣然冰释，理由是既然读过如许古书，选择又如此精当，所谓革命党人之说必属诬言！这样的结局令黄炎培也惊讶不已。当年他读“四书”“五经”，习作八股，无非为登科入仕，博览古籍也不过出自本能的求知欲，何以料到有朝一日竟会起到掩护革命的功效！

倘若他们不曾降生于近代，倘若西方列强的炮舰推迟一个世纪叩开古老中国的锁闭大门，黄炎培和张君劢势必步随先辈的足印，走向那条在中国士大夫中因袭了一千年之久的漫漫仕途，在浩瀚如海的官宦名册中添上两个黯淡的名字。然而他们却有幸撞见了一个大时代，一个无论对于整个民族抑或每个青年士子来说都需要重新学步的大时代。过去是时代创造着人——一成不变的社会环境和文化环境，依循一成不变的程序设计，复制出一成不变的诸代士大夫；如今该由人来创造历史了——文明古国在欧风美雨的打击下再也不可能在传统的历史轨迹上继续运行了。

当黄炎培十六岁、张君劢七岁的时候，中日甲午战争爆发了。《马关条约》的耻辱签订和随之而来的割地狂潮构成了近代中国空前未有的民族危机。如果说，在这之前除了少数感觉敏锐的忧患者外，大多数中国士大夫依然沉酣在“以夏变夷”的昏昧旧梦中的话，那么，触目惊心的现实危机终于迫使他们睁开了睡意蒙眬的眼睛，促发了他们对异域的普遍好奇和开阔视野的心理欲求。在强烈的救亡意识驱动下，关心时务、谈论西学一时在士林中蔚然成风。康有为、梁启超、严复等维新人士趁势鼓动，译西书，掀西潮，为变法维新作舆论准备。上海是全国最大的通商口岸，自然得风气之先。身居近郊的黄炎培、张君劢耳濡目染，大受其惠。当时，黄炎培时常阅读那张用油光纸印刷的古色古香的《申报》，从中了解到“中国有亡国的危险”，遂“开始觉醒”。[1]严复的《天演论》出版后不久，他便在沈家的书斋中得以先睹为快。他的耳目为之焕然一新，“恍然大悟到‘物竞天择，适者生存’的道理”，掩卷细忖，却又触景生情，“不免顾虑并怀疑到国家前途究竟将变到什么样”。[2]自此之后，他对西学的兴味日见浓郁。他当时正在乡下当塾师，终日“之乎者也”的贫乏无聊愈发令他不可忍耐，一得空闲便进城一头扎进沈家书斋，饱餐新学。沈肖韵是个新派人物，喜购各类西书，这使得黄炎培有机会接受了相当数量的西学知识。

正当黄炎培在川沙一隅通过自学接受西潮洗礼之时，张君劢却有幸在1897年奉母亲之命考入上海一家著名洋学堂——广方言馆。广方言馆原由李鸿章在1863年仿北京同文馆之例而设，亦称“上海同文馆”，后移入江南制造局。当时科举尚未废除，一般人只知道作八股考功名，可以做官。虽然西学在士林中已渐趋时髦，但时人大多认为念洋学堂既无功名，又做不了官，读了等于白读，因此尽管学堂当局以每月津贴白银一两招徕学生，应考者依然寥寥。张氏母亲不随时俗，决然送子入学。这确乎值得张君劢感激终生。

广方言馆每星期的课程安排是：四天读英文，三天读国文。“在四天读英文的时间，并不完全读英文，而是包括了数学、化学、物理、外

---

〔1〕 黄炎培：《自述四十年来服务社会所得的甘苦》，载《社会服务季刊》，1942年第1期。
〔2〕 黄炎培：《怎样显出中华民族性》，见黄炎培：《空江集》，第177页，上海：生活书店，1937。

国历史……都属于英文。每一科好像读“四书”“五经”似的，全要背熟。……三天读国文，就由先生指导看‘三通’[1]考，弄点掌故，作论文等功课。”[2]这种学堂冠以“新式”二字仅就比较旧式书院、书塾而言，传授的西学之粗陋、浅芜自不待言。纵然如此，少年的张君劢也毕竟开了眼界，知道“世界上除了作八股及我国固有的国粹外，还有若干学问”。[3]这里值得提及的是学堂的国文先生袁观澜。他是张君劢的宝山同乡，举人出身，国故底子厚实，汉学、宋学以及天文、地理皆深有心得。在山河破碎、风雨飘摇之际，袁先生尤重通经致用，他特意选出“三通”，要求学生熟读。十岁的张君劢能领悟书中多少真谛固然令人怀疑，但有一点却确定无疑：它触发了这位有志少年对政治制度的盎然兴味，以后那一连串的自觉选择不过是这童年兴味的自然延续而已。从无序的“学科泛爱”到有序的专业定向，往往起始于一个极偶然的机遇。不过在这仿佛是偶然的机遇幕后实际上隐藏着一只无形的必然性之手——自甲午海战惨败之后，政治制度的变革已日趋成为众人关切的历史母题。

到1901年，黄炎培在沈肖韵的资助下也考入了上海另一家洋学堂——南洋公学。南洋公学即今日上海交通大学的前身，由清末大官僚盛宣怀在1896年集资创办，与广方言馆一样都是训练洋务人才的学校，但在气派规模上却较后者远为逊色。黄炎培所考取的特班，是专为培养高才生，而特收已有一定旧学根底的学生的班级；学校拟授以外语及经世之学后，择优保送经济特科。特班中可谓人才荟萃，除黄炎培之外，还有邵力子、李叔同、谢无量、胡仁源等一大批未来的名人。黄炎培真是三生有幸，他在这里遇上了刚刚于绍兴中西学堂辞职、就任南洋公学特班中文总

〔1〕“三通”，即《通典》《通志》《文献通考》，是三部记载历代典章制度的典志体史书。
〔2〕张君劢：《我的学生时代》，载《再生》，1941年第239期。
〔3〕同上。

教习的蔡元培先生。这位“年少通经、文极古藻”的大清翰林，此时已成为热心传播西学的维新志士。不过在救国的具体途径上，他与康、梁诸人见解颇异，认定“不先培养革新之人才，而欲以少数人弋取政权，排斥顽旧，不能不情见势绌”。[1]他决意以教育救中国，并在教学方法上独创一格。黄炎培曾这样回忆说：蔡元培当时一改“填鸭式”的传统陋习，让学生们自由阅读书籍，每日记读书札记交先生批阅，随后轮流招至书房面谈讨论；他还熔近代科学知识与救国救民思想于一炉，“启发青年求知欲，使广其吸收，由小己观念进之于国家，而拓之为世界。又以邦本在民，而民犹蒙昧，使青年善自培其开发群众之才。一人自觉，而觉及人人。其所诏示，千言万语，一归之爱国”。[2]一日，蔡元培召集全班同学谈话，缓缓说道：“中国国民在极度痛苦中，还没有知道痛苦的由来，没有能站立起来，结合起来，用自力解除痛苦，这是中国根本弱点。你们将来出校，办学校以外，还要唤醒民众，开发他们的知识。这些固然可以靠文字，但民众识字的少，如能用语言，效用更广。你们大家练习演说罢！”[3]他在学生中建立了演说会，定期组织讲演。他还要求学生们通晓外文，多读“四书”，明察世界大势，以便“知彼知己，百战百胜”。

不难想见黄炎培对蔡先生是如何的敬佩、崇拜。人生二十正值偶像崇拜年龄。黄炎培在这位“衣冠朴雅，仪容整肃而又和蔼可亲”的导师身上，惊喜地发现了仿佛期望已久的人格楷模：那种既富于惊世的新巧思想，又不失谦谦的儒者风度；既洋溢着舍身成仁的济世热忱，又不致流于狂放浮躁的当下时弊。他心悦诚服地接受了蔡元培的谆谆教诲，并逐渐化为自己的观念、准则和行为模式。许多年之后，人们在黄炎培形

---

〔1〕 蔡元培：《蔡孑民先生言行录》（上），第5页，北京：北京大学新潮社，1920。
〔2〕 黄炎培：《敬悼吾师蔡孑民先生》，载重庆《大公报》，1940年3月23日。
〔3〕 黄炎培：《八十年来》，第33页。

象的各个侧面都可以分辨出蔡先生在他青年时代所投下的身影：从教育救国的路径抉择到重视启发的教学方式，从有所不为的政治操行到无所不容的学术胸襟……尤其值得一提的是，如同张君劢在袁先生的熏陶下不自觉地走向政治学家的人生前景一样，黄炎培以蔡先生为立身楷模，此时也模模糊糊地矢志于一个教育家的美丽梦想。在20世纪初的学堂生涯中，两人未来的职业定向竟然已呈雏形了。

对青年黄炎培与张君劢来说，洋学堂的经历象征着一种人生的转折。他们踏入学堂大门的这一刻，便意味着某种新生。在此之前，他们不过是循着传统士大夫的足迹机械地亦步亦趋，而今这一蹒跚学步的脚印在19与20世纪之交发生了偏离，指向了一个新的生活。中国第一代近代意义上的知识者，大都有过洋学堂的求学阅历，比如鲁迅之于矿务铁路学堂、陈独秀之于求是书院、胡适之于梅溪学堂……他们无一不是洋学堂的文化产儿。

从1894年甲午战争到1919年“五四”运动，其间经历了三代知识分子的新陈代谢：戊戌维新一代、辛亥革命一代和“五四”运动一代。黄炎培和张君劢恰恰属于承上启下的中间一代。他们既割裂着历史，又联结着历史。如果说他们的前辈（如领导戊戌的康有为、梁启超）只是初通新知的开明士大夫，那么他们却是中国新型知识者的开山元老。但他们又迥异于自己的后辈（如参加“五四”的闻一多、傅斯年），具有纯粹的近代学人血统，他们是新旧之学的混血儿，是传统士大夫向近代知识者蜕变期中的雏蛹。张君劢曾经承认道：“现时国内知识界的人，大概其所受教育，不出两类：一类（是）纯粹读‘四书’‘五经’并从老式的先生和书院或科举内陶冶出来；一类是从近代新式教育小学、中学、大学出来，我自己是介乎二者之间。”[1]这“二者之间”，除了意味着他们既

〔1〕 张君劢：《我从社会科学跳到哲学之经过》，载《再生》，1935年第3卷第8期。

同戊戌一代那样幼时读过“四书”“五经”，又像“五四”一代一般有着海外留学的经历之外，更重要的似乎在于他们曾经有过那么独特的一段既非书院，又非学校，同时又似书院，又似学校的洋学堂生涯。欲洞察辛亥一代知识者的文化心态，不能不解析孕育了这一代人的学堂本身。

清末洋学堂的最显著特色是它的“不中不西”与“即中即西”，其办学宗旨不出张之洞“中学为体、西学为用”其右。1903 年清廷颁布的《奏定学堂章程》规定：“至于立学宗旨，勿论何等学堂，均以忠孝为本，以中国经史之学为基，俾学生心术壹归于纯正，而后以西学瀹其知识，练其艺能，务期他日成材，各适其用。以仰副国家造就通才，慎防流弊之意。”[1]在这种“中学治身心，西学应世事”的观念指导之下，清末各级学堂开设的课程犹如一盆大杂拌儿，修身、格致、经学、地理、词章、法制、诸子、体操、伦理……古今中外，无所不有。对于黄炎培、张君劢来说，洋学堂之“新”确乎名不虚传，在那里他们接受了西学的启蒙，睁眼认识了世界。但是，学堂为他们打开了锁闭的视窗，同时又在窗户上设置了难以逾越的铁栅。在洋学堂簇新的衣着仪表里头包裹着的依然是一颗悠悠回荡的旧魂。它的“外形虽然颇类近代学校，但是内质却仍是受了当代旧读书阶级的影响，而和科举制度在概念上是保留着有机性的关系的”。[2]

果然，1902 年的秋天，这两位洋学堂的学生不约而同地出现在科举试场上。黄炎培在江南乡试中一举中举人（三年前他曾以府试第一名的成绩中取秀才），张君劢则在宝山院试中中取生员。比起他们的同时代人鲁迅、陈独秀、胡适的厌恶科举来，黄炎培、张君劢依然很看重功

---

〔1〕 转引自陈景磐：《中国近代教育史》，第 188 页，北京：人民教育出版社，1979。

〔2〕 任以都：《辛亥革命时代国内教育界的动态》，见中华书局编辑部编：《纪念辛亥革命七十周年学术讨论会论文集》（下），第 2641 页，北京：中华书局，1983。

名，而正是后者反映出当时洋学堂学生的普遍心理。如黄炎培所在的南洋公学特班这年几乎倾巢出动，中榜约有十二人之多。这里凝聚着那个过渡时代特有的文化精神。在“五四”新文化运动之前，尽管中西文化由接触而至碰撞，由碰撞而至冲突，但这一冲突却从未像“五四”以后表现为那种惊心动魄的直面厮杀；相反地，在几代知识分子的主观心理中，无不力图以各种方式调和这两大文化心理的内在龃龉。从洋务派的“以中国之伦常名教为原本，辅以诸国富强之术”到改良派的“托古改制”，乃至革命派的西方科学民权加上中国的伦理道德，都未超越“中体西用”的思维藩篱。这就无怪在黄炎培、张君劢的观念意识中，新学和旧学、学堂和科举未必就是那么悖逆分岐、势不两立，而且这两者兴许还相得益彰、巧拙互补哩。黄炎培不正是由于在学堂里读过“万国公法”，因而当一般考生在乡试的策论试题《如何收回治外法权》面前瞠目结舌、不知何云时，他却能够“信笔直书”“得了便宜”吗？

中西调和的学堂环境造就了调和中西的辛亥一代知识者。他们既非如戊戌一代那样对传统怀着依依难舍的惜别之情，又不似“五四”一代义无反顾地抨击传统，全盘引进；他们依违于、踯躅于上下两代人中间，在中西文化冲突的潮流中左顾右盼，苦心推敲，力图在“二律背反”的悖论中探觅一个皆大欢喜的圆满合题。尽管他们之中的很大一批人以后漂洋过海，留学深造，然而除却个别堪称为“五四”新文化运动之精神领袖外，大多都难以洗尽那少年时代所印染的“学堂色彩”。黄炎培和张君劢又何尝不是如此呢？

# 启蒙与改制：救国主潮的初择

当近代中国的历史艰难地迈入20世纪的“门槛”之后，神州大地就不复为一块潜心读书的方舟。危如累卵的国势、支离破碎的山河、新旧交杂的社会……从士林精秀到莘莘学子，无不遍染感时忧国、跃跃欲行的“忧患意识”。革命的暴风雨即将来临了。随着新型知识分子群在政治舞台上的崛起，首先在江南沿海一带卷起了一阵拍石惊岸的“学界风潮”。

黄炎培和张君劢时值风华正茂年龄，一腔热忱，满腹愤哀，正苦于无处宣泄。卷地而来的爱国狂飙，恰恰成为他们一展青春抱负的天赐良机。

“学界风潮”最先发难于黄炎培所在的南洋公学。1902年11月5日，南洋公学中文教习郭镇瀛走进五班课堂，发现师座上放着一只洗净的空墨水瓶。他勃然大怒，武断地认定此是学生故意侮辱师长，遂对全班严词盘问，课堂空气顿显紧张。此次冲突看似偶然，实则由来已久。郭某是一个学识浅陋而又顽固守旧的文痞，专以欺压学生为能事。据当年的五班学生回忆：“当时我们最爱读的是《新民丛刊》、意大利三杰、卢梭等，但国文教员却禁止我们看。大家最头痛的是两门课：《大清会典》《圣武记》。国文教员既不许我们看新书、新报，又要我们读旧东西，同学们都不满意。”[1] 11日，校方应郭某之请求，开除两名无辜学生。全班学生大哗，力争无效后，遂决定全班退学，并在校园举行告别演说会。五班的行动引起全校学生的同情，15日，全校学生集会，派代表向总办汪凤瀛请求收回成命。汪不允，学生们决定全体退学，以示抗议。黄炎培所在的特班学生也加入了抗议的行列。这时，校方才慌了手脚，急忙请学生们所尊敬的蔡元培等先生出面调解。16日清晨，全校学生二百余人，检点行装，列队操场，等候交涉的最后消息。但当蔡元培去见督办盛宣怀转达学生要求时，盛尚高卧未起。10时，学生们见没有回音，便高呼着“祖国万岁！祖国万岁！祖国万岁！”，整队离校。

这是近代中国的第一次学潮，它即刻在全国学界触发了连锁反应。新一代的青年知识者开始觉醒了。

在这次被称为“学界革命”的风潮中，黄炎培尽管只扮演了一个普通的群众角色，但他内心之中也同样充溢着主人公的英雄气概。在这个遍地奴颜婢膝、逆来顺受、苟且偷生的奴性社会中，他第一次作为一个“人”把握了自己的命运，表现了正义和勇敢，在屈从和抗争之间选择了后者。不仅如此，他在极度的亢奋之中还感受到一种更强烈的参与意识。从此，他不再停留于“国家前途究竟将变到什么样”之类的文人兴叹，而决意投身于救国的社会实践。他感到了那种“以天下为己任”的神圣职责。

回到川沙老家之后，黄炎培在他的办学过程中，处处洋溢着那种“学界革命”精神。他很重视讲演宣传，顾炎武和西乡隆盛是他讲演中经常提及的两个名字：一个是“以天下为己任”的反清复明志士，另一个是推翻幕府的日本“维新三杰”之一。在20世纪的大清王朝推崇这两位人物，

---

〔1〕见中国人民政治协商会议全国委员会文史资料研究委员会编：《辛亥革命回忆录》第4册，第68页，北京：文史资料出版社，1961。

其内蕴不言自明。黄炎培的讲演迅速出了名，附近各乡纷纷来人邀请。1903年6月18日，黄炎培一行应邀来到南汇县新场镇演说。许多人慕名而来，一时“听者人山人海”，“百里以内，舟车云集”。黄炎培登高而立，情绪激昂地痛说着：“兄弟们！吾们中华河山现在前途危急！洋鬼子欺负吾们好凶狠啊，快要来瓜分中国了！但那些当朝的还是不闻不问，只知保住自家性命和头上那顶乌纱帽！兄弟们！不要再睡在鼓里自己糟蹋自己了！什么赌钱、吸鸦片、女子缠脚，这些都是亡国灭种的勾当啊……”〔1〕

青年们的演说令当地乡绅大为恐慌。姑且不论演说内容中有多少“犯上作乱”的成分，就这演说本身也是对乡绅们特权的无礼挑衅：难道“振臂一呼”的号召力从此就属于这等不知天高地厚的洋学生？难道自己维系了多少年未曾动摇的凛凛乡威从此就拱手让人？几个痞绅恼怒之下，连夜奔走县府，密告南汇知县戴运寅：黄炎培等人毁谤太后、皇上！当时正值上海“苏报案”发，清廷通令各地查拿革命党人。戴知县大喜过望，以为邀功机会已到，即刻传出拘票，将黄炎培等四青年捕捉归案，并在衙门前贴出六言告示：“照得革命一党。本县已有拿获。起获军火无数……”

四青年被关进了县牢。如同囚禁江洋大盗一般，窗外加钉木栅，严禁外人探访。新场演说会的组织者极度惶急，密商半日，记起那句“官怕洋人”的格言，遂推选新场基督教堂一中国牧师出面，星夜赶往上海求助于美国总牧师步惠廉。步氏商之于一个精通中国官场事务的美国律师佑尼干。此律师起初大摆架子，后来黄炎培的同乡、水木业老板杨斯盛向其“捐赠”白银五百两，才如此这般地向步惠廉面授一锦囊妙计。步氏闻之大喜，当夜雇汽轮下乡。翌日清晨闯进南汇县府衙门，指名要见戴大人。戴某从未见过洋人，出见后吓得战栗不已。步惠廉要求保释四青年，戴某起初还支吾搪塞，拖至中午，这个鸦片鬼烟瘾大发，支撑

---

〔1〕 黄炎培：《八十年来》，第38页。

不住，心恐万一酿成教案，局面不可收拾，只得被迫放人。黄炎培等四青年由洋牧师率领，在人山人海的簇围中步出大堂，登上汽轮，扬长而去。仅过半个小时，督抚“就地正法”的电令抵达，戴某追悔莫及，只得连连顿足捶胸。

真是惊心动魄的瞬间。一个人的生死命运竟维系于如此阴差阳错的偶然，这是社会的残酷，还是个人的悲哀？黄炎培等人在国内待不下去了，连夜登船避难日本。“西伯利亚号”船出了吴淞口，茫茫黄海，回看祖国，一片大陆的黑影，逐渐地随着夕阳而西没，他在晚年回忆说：“我生最难堪，要算此时此境。”[1]

确乎，这段与死神擦肩而过的历险，要算黄炎培一生中最富传奇色彩的一页。青年时代的挫折，可以置人以沉沦，也会使人变得聪明。幸免之后的黄炎培所表现出的正是后者。几个逃亡者在茫茫大海的航行中都改了名号。黄炎培原号楚南，此时改为韧之。韧者，非一时血气冲动也：“刃是刀，韦是牛皮。要杀敌，要坚韧。”[2]险恶的环境，残暴的统治，可以视人命为草芥，杀戮作儿戏。与其以卵击石，无谓牺牲，不如更加韧性地战斗。黄炎培那青春的胸膛里尽管依旧燃烧着救国的烈焰，盈溢着革命的欲望，但刀下余生的阴影却深深地渗入他的潜意识中。当他成年之后，每当白色恐怖笼罩，统治者杀气腾腾时，那种血淋淋的余悸便格外触目惊心。他不能不有所顾忌。他不主张正面冲突，无聊地硬拼，但又非懦怯地退阵，听凭厄运摆布。他提出了“外圆内方”的处世命题，这种在正义与生存的冲突中探求两全的风格，不能不说最早得之于青年时代这幕险剧的深刻启示。

半年以后，十七岁的张君劢在南京也卷入了一场声势壮观的爱国潮

---

〔1〕 黄炎培：《八十年来》，第 41 页。
〔2〕 同上书，第 41～42 页。

流。1903年，他应考马相伯先生主办的震旦学院，读了半年书，由于那每学期白银百两的昂贵学费不堪负担，遂转学于南京江南高等学堂。不久，北疆警闻大作，沙俄政府一再要弄花招，拖宕从东北撤军。“俄国熊”妄想永远霸占东北的贪婪嘴脸激起了中国知识者的强烈愤慨。在上海张家花园、东京留学生会馆，痛哭流涕的悲诉，慷慨陈词的演说，为国献躯的誓言，交织汇集成震骇神州的拒俄声浪，并很快拍响了石头城城门。12月，南京各学堂学生二百余人集会于北极阁，张君劢作为高等学堂的学生也出席了集会。从东京秘密潜回金陵的章士钊在会上作了“假借俄事、极论革命”的演讲。

事后，高等学堂校长缪筱山，一个迂腐颟顸的金陵名绅，密报两江总督魏光焘，谓有“上海革命党从中运动”云云，并以此为借口蛮横勒令张君劢等一批参与集会的学生退学，交地方官吏严加管束。张君劢自此结束了国内求学生涯。在风起云涌的“学界革命”中，无论是黄炎培的自动退学抑或张君劢的被校方除名，都不啻为光荣的壮举。年轻的张君劢不仅毫无懊丧之意，反而平添几分自豪。他感到自己对政治的兴趣不再仅仅停留在典章制度的考证诠释上，而是在这拒俄浪潮中显现了一缕崭新的实践价值。他在先儒中最膺服的是“知行合一”的王阳明。“坐而言，起而行”，在这样一个动荡不安、危机四伏同时也是英雄豪杰大展身手的时代里，他怎能甘于做一条寂寞可怜的书蛀虫呢？

不过暂时还未出现让张君劢施展抱负的机缘，况且他还自感匮乏一个从事政治的人所应具备的理论火候和社会身份。恰在这时，有件事情勾起了他的热烈向往，这就是赴日留学。张君劢对国内学堂那种“不中不西”的半生不熟教育渐生厌倦，大海那边新鲜的知识、开化的风俗以及留学生们沸沸扬扬的自由举动都令他心慕神往，艳羡不已。这一年清政府颁布了一个《鼓励游学毕业生章程》，规定留日学生归国后将分别授予拔贡、举人、进士、翰林等功名，并酌情录用为官。留学日本不是恰能一举弥补自己上述两重缺憾吗？张君劢兴冲冲地长书几千言，向家人反复陈词，晓以利害。可惜父母亲竟不同意。万般无奈之中，他只得托友人介绍，远走内地，去湖南教书。

也许纯属巧合，黄炎培与张君劢在退学之后都服务于教育界。不过，他们两个对教育的感情和态度却截然相异。黄炎培对兴办教育颇具兴味，这种兴味大半来自蔡元培的思想熏陶。蔡元培当时是个教育救国论者，他从“戊戌六君子”血溅菜市口，而平民百姓依然麻木不觉、争观斩首的悲哀现实中痛感启迪民智的重要。在南洋公学的讲台上，他不止一次地谆谆教导学生：“中国国民遭到极度痛苦而不知痛苦的由来，没有能站立起来，结合起来，用自力来解除痛苦。你们出校，必须办学校来唤醒民众。”当全体学生集体退学后，蔡元培为他们组织了一所自己的学校——爱国学社。黄炎培没有去，他回味着蔡先生在课堂里经常提到的那番话，心中若有所动。他怀着一个大胆的设想回到了川沙，与几个志同道合的朋友商量起来：

> 我呢，和川沙一般朋友如张伯初先生（名志鹤）等，老前辈如陆逸如先生（名家骥）等，都是受着“教育救国”新学说的影响。看看国事，已经糟到不可收拾，看看老百姓，大家还睡在鼓里。记得当时我还亲见一本书，叫作《并吞中国策》，是日本尾崎行雄作的，简直不把我们中国放在眼里。大家发一个愿，认为要救中国，只要到处办学堂。[1]

恰逢此时清廷颁布了《钦定学堂章程》，命令各省将书院改办学堂。黄炎培等就势征得两江总督和川沙县府的批准，将县城中的观澜书院改办

---

[1] 黄炎培：《川沙公立小学校史最初的一叶》，载民国《川沙县志》卷9“教育志”。

为川沙小学堂。黄炎培任总理，张志鹤为副办。为免遭旁人闲话，他们自己做出规定：总理、副办皆不支薪，膳食自理。黄炎培仅靠分送乡试中式朱卷所收回的钱款维持生活。尽管依然是那样的清贫如洗，精神上的收获却是富足的，学堂办得分外成功。黄炎培在欣喜之余，又想到川沙小学堂不收女生，遂又同长兄黄洪培另外开办了一所开群女学。他将从蔡元培那里学来的一套新式教学方式悉数应用于自己的教育实践：分组速算竞赛、每周公开演说……黄炎培犹如鱼儿得水，其乐融融。

张君劢却难以体味类似的喜悦。他颇不安于教书匠这个职位，而另有鲲鹏之志。两年之中他先后换了三所学堂，最先在长沙明德学堂教英文，两个月后去澧州教书，最后又转到常德。他将教书仅仅视作一块跳板，一块跃向东瀛之地的跳板。他要挣钱，为自己挣一笔留学日本的川资。他不曾听说过教育可以救国，即使听说也未必信服。这个熟读“三通”青年的脑海中，只相信要拯救中国，唯有像康有为在戊戌维新中所尝试过的那样——变法自强。但如何变法自强，得首先渡海去看看那个维新已经成功的邻国。张君劢心里很想知道：那个一夜之间成为暴发户的小小日本，究竟建立了何种先进的典章制度，采用了何种神奇的自强之术？

黄炎培与张君劢对救国道路的歧见绝非偶然。实际上，他们是分别追逐着两股殊途同归的救国时潮——启蒙与变制。在整个中国近代变革的历史河床中，这两股潮流始终翻涌激荡着。它们时而龙争虎斗，时而携手合行；时而交替显现，时而互逐浪峰。它们宛如一阕交响曲中两大音乐主题，冷峻的对峙中透出精巧的互补，戏剧的冲突中蕴藏着深沉的和谐。然而，这一切对于追逐着时潮的当事者来说未必就看得如此透彻。正如我们以后所将看到的，启蒙与变制这两个救国主调在一个特殊的近代变革机制中是如何的几经挫折、交替沉浮，从而使黄炎培、张君劢以及他们的同时代人困惑、醒悟，又陷入更深重的困惑的。

# 掺和着感佩与屈辱的留学生涯

张君劢留学日本的渴慕很快被证实绝非一孤立现象，1905年，一股游学热潮骤然弥漫于士林中间。

这股热潮在清末潜伏良久。它所以能突发于此时，大半得缘于是年国内外两件大事的推波助澜。第一件大事是科举制度的废除。随着清末新教育的兴起，在开明士绅、洋务重臣中要求废除科举的呼声日趋强烈。在社会的压力下，清廷先是改革考试内容，改八股为策论，后来又决定逐科递减取士名额，直至完全停办。然而，“科举一日不停，士人皆有侥幸得第之心。……学堂决无大兴之望”。1905年8月，在袁世凯、张之洞、赵尔巽联名奏请下，清廷被迫下谕“立停科举以广学校”。至此，在历史上延续了一千三百年之久的科举制度终于寿终正寝。这一变化就清末整个政局而言似乎无关宏旨，但对于近代中国知识者来说却意味着一个时代的结束。有人欢欣鼓舞，也有人茫然无措。那些视登科入仕为人生最高意义的青年士子面临着遽然而至的现实挑战。在短暂的惶恐、愤哀过去之后，他们即刻破涕为笑了，他们发现了一条新的仕途：留学做官。清廷的“新政”不是缺乏大量的洋务人才吗？皇上的圣谕不是明白写着凭一纸东洋文凭即可换得旧式功名，并“录用为官”吗？原来改变的不是仕途，仅是进身的门径！于是，大批利欲熏心之徒纷纷订购船票，负笈东渡，即令自费留学也毫不足惜。他们的前面似乎展开了一条簇新的黄金之路，一条进身的终南捷径。他们在东去的轮船上，满头大汗地拥挤着，大声地喧笑着，犹如一群野心勃勃的淘金狂。

第二件大事是日本在日俄战争中的胜利。1904 年，日俄两个列强为了争夺东北这块肥肉在松辽平原展开了野蛮的厮杀。虽然清政府在战争中严守耻辱的“局外中立”，但由于近几年俄国熊在东北问题上欺凌中国太甚，一般国人的心理都偏向日本。第二年，日本迫使俄国订立城下之盟。消息传来，朝野震动。当时《中外日报》的一篇评论道出了中国国人的普遍心理感受：“鉴于日本之胜而知黄种之可以兴……鉴于俄国之败而知专制之不可恃。数千年相沿之习庶几可捐。此二者之观念人人之深，感人之捷，数年之间必有大波轩然而起。”[1]“蕞尔岛国”日本竟然打败了庞然大物俄国，这不是黄种人对白种人的胜利吗？不是维新国（日本）对专制国（俄国）的胜利吗？那么，倘若与日本“同文同种”的中国人紧随东邻之后，立宪治国，维新天下，又何愁没有扬眉吐气之时日！对日本的敬佩之情很快化为对后者的虔诚求教。早在 1898 年，张之洞就在著名的《劝学篇》中倡导游学日本：“出洋一年，胜于读西书五年。”“日本小国耳，何兴之暴也。伊藤、山县、榎本、陆奥诸人，皆二十年前出洋之学生也。……学成而归，用为将相。政事一变，雄视东方。”[2]如果说，张之洞的劝人留学带有“留学救清廷”的意味，那么，日俄战争前后不少青年知识者所宣传的却是“留学救国”。当时的留日学生向国内散发了许多《劝人留学书》，其语气之肯定，几乎将留学视作救国的不二法门，“留学外国者，今日之急务也”，[3]“今日吾国

〔1〕《论中国前途有可望之机》，载《中外日报》，1904 年 5 月 5 日。
〔2〕 张之洞：《劝学篇·游学篇》。
〔3〕《与同志书》，载《游学译编》，1903 年第 7 期。

灭亡之风潮达于极顶，欧美白人曰奴灭我，地跨欧亚二洲之黄白两界之俄人曰奴灭我，并同洲同文同种源大陆之区区日本人亦敢阴计曰奴灭我，无非以吾国固守旧学，国势日减而民气不伸……惟游学外国者，为今日救吾国惟一之方针”。[1]

在上述两件大事的触发下，国内的青年知识者争先恐后，纷纷东渡。留日学生总数扶摇直升，从1904年的一千三百人跳跃到1905年的八千人。他们当中，有纯然“镀金”者，亦有真诚“取经”者，但大多是二者兼而有之，既为个人谋事，又替国家分忧。公与私，义与利，在诸生的留学动机中错综复杂地纠缠、交织在一起，推拥着他们奔向那块弹丸之地。

到了1906年初春，张君劢终于如愿以偿，得以成行。他在湖南教了两年书，积攒了四百多元钱，于1905年年底从常德返回故乡。经过一番活动，好不容易争取到宝山县一个官费留学的名额。美中不足的是，该额所入的是高师理化部，与他平生所志的政治大相径庭。然而毕竟聊胜于无，既能出洋，也管不了这许多了。他领得全年公费后，便换成日元，添置洋服，并剪去后脑勺那条象征着“国粹”的“猪尾巴”，匆匆忙忙挤上了驶往横滨的班船。

抵达东京后，他没有按规定去报考高师理化部，而是将目光瞄准了早稻田大学法政科。尽管有国内公费为此中断之虞，但他的主意已定。张君劢的个性是倔强的，这倔强的背后，也透出了当年学界风气变动之一斑。在甲午战争之前，出国留学者几乎清一色是学理科的。人们那时对西学的认识暂时还局限于“声光化电”，谈到“政教学术”依然是老祖宗最好。甲午战争以后，变法维新成为人们关注的中心，学界风气也为之大变，出国留学生开始注重文科。到20世纪初，出现了学文科高

---

〔1〕《劝同乡父老遣子弟航洋游学书》，载《游学译编》，1903年第6期。

峰，“所学者，政治也，法律也，经济也，武备也，此其最著者也”。[1]其中，尤以军事法政为大热门。这与清政府自1901年起推行“新政”不无关系。军事本是“新政”之中心，国内大量编练新军，而新军军官又分外奇缺，学成归国必有所用。到1905年。清朝五大臣奉诏出国考察法政，拉开了清廷“预备立宪”的序幕。于是乎，法政又成为留学生们抢手的科目。除却上述功利性考虑之外，对救国路径的认知亦是重要一因。百日维新纵然流产了，但康梁诸君所播下的“变法”种子却在人们的观念中生根落户。到了日俄战争结束，人们既然将日本的胜利归之于“改制”的结果，那么学习日本理当首先学它的法政。“以天下为己任”的留学生们对此深信不疑。他们发行的《译书汇编》杂志，其简章中就明白表示：“政治诸书乃东西各邦强国之本源，故本编亟先刊行此类”，“是书专译欧美日本著名硕儒所著政治专门之书……诚中国今日急务之书也”。[2]青年张君劢本来功名心切，更兼之于匡时济世的神圣意识，无怪他要毅然弃理从文，献身法政了。

经过半年的刻苦温课，他如愿考入早稻田大学政治理财科预科班，一年后转入本科。正如原先所担忧的，县里断绝了公费资助。不久，教书所蓄之款亦告罄。张君劢幸而找到一份替梁启超主编的《新民丛报》撰稿的工作，每月可得稿酬六十余元，尚能维持自己以及在东京应庆义塾大学读书的胞弟张嘉璈的日常开支。但到1907年冬，《新民丛报》停刊，张君劢的经济来源断绝，不得已只能到处求助亲友，每月仅得十三元，除却支付伙食费，所剩无几；甚至连买毛巾的钱都没有，兄弟俩将一块毛巾一削为二，破了，再剖各用四分之一。每逢周末两人会面，街

〔1〕 梁启超：《敬告留学生诸君》，见《饮冰室文集》卷17。

〔2〕 转引自李恩涵、张明园等著：《近代中国——知识分子与自强运动》，第223页，台北：食货出版社，1977。

上买五六只烤山芋充作会餐，以为美食。

生活如此窘迫，张君劢却依然感到其乐无穷。他是嗜书如命的书呆子，尽管自幼吃穿不愁，却颇淡于物质欲求，相比之下，他更着意于精神的享受。而早稻田大学的求学生活恰恰在这一点上充分满足了他。早稻田大学清国留学生部，创办于 1905 年。该部主事青柳笃恒十分注重教学质量，坚决反对当时流行的“速成教育”，因此其修业时间远较其他学校为长，其师资力量亦略胜一筹。这都使张君劢得益匪浅。政治理财科设有政治学、国际法、宪法、财政学、经济学等课程；除了课堂讲义是日文之外，其余参考书皆采用英文原版著作。张君劢的日文基础较差。但广方言馆所练就的英文水平却使他能够畅达地阅读西方经典名著，从而为日后政治学的研究打下了坚实的根基。不过，当时张君劢求学的初衷与其说是做学问，毋宁说是为救世。他后来回忆说：“在清末至民国初年，国内外知识界对于学问有一种风气：求学问是为改良政治，是为救国，所以求学问不是以学问为终身之业，乃是所以达救国之目的。我在日本及在德国学校内读书，都逃不出这种风气。”[1]

中国留学生怀着救国的愿望来到日本之后，感触最深的莫过于明治维新后的日本举国上下所焕发出的朝气勃勃的精神面貌。有个湖南学生在《致湖南青年劝游学外洋书》中这样写道：“自入长崎以来，流连异土，百感交并，及达东京，益怦怦不能自持者，非有他也，吾侪种族若朝鲜、若交趾、若缅甸、若阿富汗、若俾路直等，大抵靡颓不振，或已澌灭无遗，或犹仅保残喘，其铮铮佼佼高挈黄种之旗，以招展于世界而不堕黄人之绪者，在西则为匈牙利，在东则惟日本而已。”[2]中国留学生们看到，“日本学校之多，如我国之鸦片烟馆；其学生之众，如我国之

〔1〕《我从社会科学跳到哲学之经过》，载《再生》，1935 年第 3 卷第 8 期。
〔2〕《游学译编》，载 1930 年第 4 期。

染烟瘾者”[1]：男女学生“三五携手，午前入塾，或沿途唱歌，一唱众和……”[2]。日本国民高昂的民族主义热情更引发了他们的无限感慨。一个对政治十分淡漠的河南学生在日记里记下了乃木将军在旅顺口丧子的故事所激起的内心钦佩之情。梁启超描写了上野青年参军时亲戚朋友热烈欢送的场面，当他看到一面“祈战死”的旗帜时，不禁肃然起敬，感叹地说，日本有“大和魂”，对于中国来说，最为紧迫的莫过于发展“中华魂”啊！

不幸的是，张君劢他们在日本所感受的，还有更为触目惊心的另一面。他们毕竟是来到一个自己祖国的战胜国，他们的身心还残留着一个战败国国民的难言耻辱。相形之下，“日本人对中国和中国人长期存在的敬仰心情已在中日甲午战争中表现的自负心面前烟消云散”。[3]一夜之间膨胀起来的民族沙文主义情绪到处寻求着淋漓的宣泄，于是在日本的中国留学生就成为首当其冲的目标。幸德秋水在1901年写道：“在对华战争时，日本人的爱国主义空前极端地发展起来了，他们藐视中国人，骂中国人软弱无能，还痛恨中国人。而且这些不只是用言辞来表述；从白发老人直到幼童都对这四亿人满怀着血腥的敌意。”[4]日本小孩在街上追逐着中国学生，扯他们脑后的那条发辫，大声嘲骂：“猪尾巴！”“豚尾奴！”警察却在一边视若无睹。与上述追逐、呵斥中国人的场面相联系，日本人对中国的习惯称呼“支那”逐渐含有蔑视、污辱的意味，使得留学生们一听到就羞愤交加。郁达夫沉痛地说：“支那或支那人的这一个名词，在东邻的日本民族，尤其是妙龄少女的口里被说出的时候，听取者的脑子、心里，会起怎么样的一种被侮辱、绝望、悲

〔1〕《北京新闻汇报》(6)，1901年9月26日，第3547页。
〔2〕转引自黄福庆：《清末留日学生》，第107页，台北：“中央研究院”近代史研究所，1975。
〔3〕费正清主编：《剑桥中国晚清史》，下卷，第400页，北京：中国社会科学出版社，1985。
〔4〕幸德秋水：《帝国主义》，转引自费正清主编：《剑桥中国晚清史》，下卷，第401页。

愤、隐痛的混合作用，是没有到过日本的中国同胞，绝对想象不出来的。”[1]郁达夫在他的名著《沉沦》中描写男主人公在一个如花似玉的日本少女面前被迫承认“我是支那人”时，不禁全身颤抖，羞泪满面，心中绝望地呼喊着：“中国呀中国，你怎么不强大起来！”

此类情形，在张君劢旅日期间更是有增无已。在早稻田求学时，他个人也曾蒙受过一场不大不小的耻辱。一日，他上德文课迟到了数分钟，那个日本教授藤井就厉声呵斥他：“此非中国衙门，何能随便迟到！”张君劢血气上涌，扭头便走。因为这件事，他相当长一段时间内没有跨进藤井教授的课堂。诸如此类刺伤民族自尊心的事情一定在张君劢的潜意识里储存甚多，否则这个蒙益匪浅的留日学生不至于终其一生对东邻日本懒于提及，即使提及也极少褒词。

仅仅短期访问过日本数次的黄炎培，也有过类似的经历。1915 年，他随农商部实业考察团赴美考察途中，曾在日本港口逗留五天。日本报界对该团竟然不胜其冷嘲热讽，恶意地描写诸团员的衣着打扮、言语举止，甚至以“支那实业团之怪焰”这类诋毁性语句作通栏标题。在东京的一次华侨青年会的招待会上，一位旅日同胞紧紧拉起黄炎培的双手，泣不成声地说：“诸君在国内望多多努力！日本儿童在这里每日骂我为亡国奴、亡国奴……”黄炎培一时愤极，也落泪纵横。

近代中国人对日本的感情是复杂的。近千年来，中国的“礼乐教化”犹如一轮盈月辉盖着东亚漫漫的黑夜，岛国日本长期备受大陆文明的恩泽。在前来朝拜、取经的“东夷”面前，古代中国人常常摆出一副居高临下的孤傲、矜持，同时亦不失“先生”对“学生”的那份宽厚、慈祥。然而，1894 年甲午战争竟使得师生关系发生了历史性的错位！个中酸咸苦辣各种滋味，对于昔日之先生、今日之学生而言，自然难以

[1] 郁达夫：《雪之夜》，载《宇宙风》，1935 年第 1 卷第 6 期。

吞咽。“隋唐之际，吾甲文物盛兴，日本学生纷纷求学之我。最澄、空海等则学其佛法，吉备、真备、安倍仲麿之徒，则学其儒理，归而光大其国，维持其文化。今几何时，昔日之蓝，不如今日之青。昔日之师傅，不如今日之弟子。”[1]这是睁眼看现实的留学生们的普遍感叹。感叹之余，一方面在理智层上敬佩之意油然而生，放下架子来虔诚地请教昔日之学生、今日之先生；另一方面在情感层上却无论如何也难以驱散对这个趁邻之危欺弱打劫的“暴发户”的轻蔑之情，尤其是后者那种“得志便猖狂”的小人气量更激化了中国人的情绪对立。如果说，中国人在八国联军之后对高鼻子、蓝眼睛的白种人表现出的是近乎崇拜的折服，那么，对“同文同种”的日本人的欺凌却无法咽下那口愤愤不平之气，犹如阿 Q 可以服服帖帖地挨赵太爷、假洋鬼子的哭丧棒痛打，却忍受不了与王胡斗殴中的败阵一样。于是，“小日本”“矮东洋”这类从生理上寻求优越感的“精神胜利法”，就成为不可缺少的心理补偿了。

在屈辱中生存的中国留日学生，大多都有这种理性与情感、观念与潜意识分裂、脱节的变异心态，对日本素无好感，而倾心服膺日耳曼民族的张君劢亦不例外。不过，就在这样的痛楚环境之下，“大部分留学生已经学到的主要教训似乎是理解了民族主义的重要性。他们在日本的感受必然使他们在同乡观念中增添了一种日益强烈的中国人的意识”。[2]且不论抱定“留学救国”宗旨而来的激进青年，即令那些本意在“镀金”者，此时此地也会热血沸腾，发见爱国的良知。20 世纪初的留日学生政治上之活跃，对国内影响之大，以至于有人认为辛亥革命就是留日学生运动，其中缘由恐怕就在于此。

---

〔1〕周家纯：《致湖南青年劝游学外洋书》，载《游学译编》，1930 年第 4 期。

〔2〕[日] 实藤惠秀：《中国人留学日本史》，谭汝谦、林启彦译，第 180 页，北京：生活·读书·新知三联书店，1983。

当然，在留学生们的周围并非一团漆黑，总可以遇见那么几个有教养、有心肠、超乎一般国民偏见之上的君子。“由于周围都黑暗的缘故，一两线幽光的出现，就分外引人注目。”[1]鲁迅在仙台医学专门学校幸遇藤野先生，张君劢则在早稻田结识了教授政治学的浮田先生：

> 在日本五六年，学校给我最深刻的印象，是浮田和民新教的政治哲学。政治哲学是选科，选者甚少，就是我一个人。读的书是陆克的《政府论》(*The Theory on Government*)，上课时，最初浮田先生站在讲台上，后来因为看书不方便，他便离讲台，同我并肩而坐。这个人和蔼可亲，循循善诱，到现在我还想念他穿了和服和木屐的样子。[2]

三十年后，张君劢忆及这位浮田先生，依然是那般充满感情，可见在那段阴暗的岁月里，这种纯洁的师生之谊稀贵。黄炎培在日本也曾交往过一位对中国深怀感情的日本学者、东京高等工业学校校长手岛精一先生。黄炎培在1903年避难日本时即与他相识，虽不属师生之谊，但手岛先生是搞职业教育的，黄炎培自然将他尊作教育界的先辈。1917年再访日本时，七十多岁的老人将黄炎培请到家里，情切意长地恳谈了半天。那番情景，使黄炎培自己入耄耋之年时依然历历在目。

当张君劢在隔海相望的扶桑之地编织着“留学救国”的梦幻时，黄炎培则在黄浦江畔实践着“教育救国”的理想。黄炎培并非没有留学日本的愿望。1903年亡命日本时，他寓居东京东樱馆，曾入清华学校学过一段时间日文，准备投考大学。无奈经济来源没有着落，尽管热心的

---

〔1〕［日］实藤惠秀：《中国人留学日本史》，谭汝谦、林启彦译，第180页。
〔2〕《我从社会科学跳到哲学之经过》，载《再生》，1935年第3卷第8期。

杨斯盛先生允诺给予资助，但长期如此终过意不去。第二年，听说国内情形已经缓和，那位戴知县被撤去官职了，他遂回到上海，继续“教育救国”的实践。起先应邀在城东女校和丽泽学堂任教，而后由倾心教育、不惜“毁家兴学”的杨先生出资，黄炎培先后创办了广明师范学堂和浦东中学。他在培育人才上颇下苦功，逐渐积累起一套良好的办学经验。学校在上海滩上有了声誉，他本人也在教育界崭露头角。

毋庸置疑，张君劢的“留学救国”是为变革政制，而黄炎培的“教育救国”是为启发民智。如前所述，这是近代中国变革交响曲中交替显现的两大主题。尽管我们的主人公暂时未能理性地把握它们，仅是在某些偶然机遇的驱动下应合着各自所偏爱的旋律；然而，一旦时代的主潮汹涌澎湃、扑面而来，他们又会不由自主地跟随而去——不久，这大潮就山呼海啸般地席卷而来了。

# 会聚于立宪的旗帜下

1905年的夏秋之际，在中国的政治舞台上，几乎同时发生了两件异乎寻常的大事：中国同盟会成立和清廷五大臣出洋。这年夏天，孙中山来到中国留学生云集的东京，结识了一大批立志颠覆清政府的血气青年，这使他所领导的革命事业淡化了以往的秘密会党色彩，添入了生机勃勃的新鲜血液。8月20日，中国同盟会在东京树起了它鲜艳的战斗旗帜，反清革命的怒潮越过滔滔东海，以磅礴的气势拍击着暮色沉沉的祖国。龟缩在紫禁城里的皇亲贵族们似乎已经感觉到那龙座底下令人惶恐的隆隆地震。为了赢得政治上的主动，慈禧太后被迫打出了“预备立宪”的招牌。9月24日，清廷五大臣奉谕出洋，考察各国宪政。[1]五大臣出洋的真正意义，不在于它为那幕“预备立宪”闹剧敲响了开场锣鼓，而在于它引发了一场民间“立宪运动”的历史悲剧。

有个当代西方学者指出，一个抗议运动的发生，往往不在于专制政治的败坏和压迫处于极点之时，而是在统治者被迫改善政治、压迫有所减轻之日。因为“高压者不惜增加你的痛苦，但痛苦不能构成不满；痛苦愈是加深，愈无反抗的余地”。而当“痛苦已经减退时愈感痛苦，解

---

〔1〕 由于该日五大臣在车站遭遇革命党人吴樾的炸弹，遂推迟到12月2日成行。

除痛苦的心愈切”。[1]清末的情形亦是如此。当清廷皇族在戊戌政变中举起血淋淋的屠刀，天下士绅噤若寒蝉，苟且偷生，纵然有边陲一角的起义，租界圈内的沉痛呐喊，海外学子的喧喧嚷嚷，却更反衬出整个士林的怯懦、麻木和茫茫原野的荒芜、沉寂。而一旦统治者被迫扯起“预备立宪”的招幡，可笑地在自己的脸上抹上一层“开明”的油彩，那么也就亲手酿造了动摇统治者根基的不可逆转时势：呼应着大海那边拍天而来的革命巨浪，国内士林平地卷起一阵要求立宪的舆论狂飙，它的来势是如此凶猛，就像潘多拉盒子中的那个“魔鬼”，一旦释放出来就再也收不回去了。

正因为孕生了上述两股撼动清朝王座的群众运动，1905 年才以某种里程碑的姿态醒目地矗立在近代中国的历史长道上。如果说，1894 年的甲午战争唤醒了中国士大夫阶层的危机意识和救亡热忱，那么到了 1905 年，经历了戊戌维新、庚子事变的近代知识分子们则面临着救亡道路的现实抉择：革命抑或改良？民主共和抑或君主立宪？

对上述两种救亡模式的不同选择，构成了 20 世纪初爱国知识分子的两大阵营：以孙中山、黄兴为代表的革命派和以梁启超、张謇为首的立宪派。他们各有各的旗帜、人马和地盘，彼此交战，两相牵制，却又暗中呼应，巧拙互补，从而掀起两条平行而进的救国大潮。

清末的爱国知识分子几乎无一例外地卷入其间，包括“留学救国”的张君劢和“教育救国”的黄炎培在内。尽管革命与改良的实际底蕴都在于“变革政制”，但在那样一个危机四伏的紧迫年代里，救亡的手段比目的本身更为重要。人们不得不有所选择，有所依归。在那立宪派的阵营里，我们的两位主人公又一次凑巧地相遇了。不过，他们当时分属

---

〔1〕 转引自张朋园：《立宪派与辛亥革命》，第 1～2 页，台北：中国学术著作奖助委员会，1969。

于海内外两大立宪团体，张君劢投身于梁启超领导的、以日本为主要活动基地的政闻社。黄炎培则加入张謇为首的、以江浙一带为大本营的预备立宪公会。

在当时的环境下，一个知识者究竟选择革命还是改良，取决于本人认识、情感、阅历、所交师友、社会身份等诸方面因素。就整体而言，立宪派成员多为有传统功名的士绅，而革命党人多由无功名的新型知识分子组成[1]。这似乎可以印证秀才出身的张君劢与举人出身的黄炎培对立宪的选择。但对他们两个而言，最重要的原因也许在于当时所结交的师友。在这方面，梁启超之于张君劢，张謇之于黄炎培，这两位声名显赫的立宪派领袖的言传身教，最终促成了他俩站在了立宪的旗帜下。

梁启超是清末最有影响的启蒙宣传家，他那支“笔锋常带情感”的锐笔，令多少初开混沌的青年为之倾倒！辛亥一代知识者，无论倾向立宪抑或赞成革命的，极少有人未曾经受过梁任公的思想洗礼。张君劢对梁启超的崇拜由来已久。十七岁时他之所以不惜百两白银的昂贵学费就读震旦学院，就是因为在《新民丛报》上读到了梁氏一句“中国之有学术，自震旦学院始”的赞语。张君劢赴日留学时，东京留学生已分为革命与立宪两大阵营，彼此口伐笔战，蔚为壮观。对政治活动向往已久的他很快就加入到留学生的论战圈中。在那阵线分明的两军对垒中，无论从思想还是从气质上说，他更接近立宪派。尽管不及革命党人那般热情奔放，血气方刚，但他们更富教养，更为高雅，令张君劢感到气味相投。尤其是执掌大旗的梁任公，更使他心向往之，他想法拜见了梁启超，表示极愿跟随其后。此时梁氏尽管仍是一个流亡客，但清廷宣布

〔1〕 据台湾历史学家张朋园统计，立宪派会集的清末资政院、咨议局一千六百余名议员中，有进士、举人、贡生、生员等传统功名的占91%，但约有20%进过学堂或留过学。而有传可考的三百二十八名革命党人中，大多为留日学生，有传统功名者仅四十三人。参见《近代中国——知识分子与自强运动》，第162～163页。

“预备立宪”的消息却令他亢奋不已，大有跃跃欲试、东山再起之意。他刚刚为出洋五大臣秘密代书了《东西各国宪政之比较》，眼下正积极网罗人才，筹建立宪团体。他很欣赏张君劢的少年老成，以为是自己未来事业中不可多得的将才，遂即委以重任。1907年秋政闻社成立，张君劢应邀参加，担任评议员一职，并分工于编纂科名下。自此他追随梁启超共事达二十余年，直至1929年梁氏逝世。张君劢自称“虽未执贽于任公门下，然其关系是在师友之间”。梁启超长张君劢十四岁，“亦师亦友”确系事实，不过在辛亥革命之前，“师”的成分却更多一些。外人所传张是梁的私淑弟子亦非夸张，梁任公给予张君劢的影响确是多方面的：那种对功名和不朽的强烈渴慕，那种学而优则仕，仕不优则学的进退风格，那种以千变（现实手段）求不变（宪政理想）的政治个性，等等。从某种意义上可以这样说，张君劢的一生凝聚着梁任公的灵魂。

相比之下，黄炎培在最终投身于立宪阵营之前，还有一段革命党人的经历。这和他那时与蔡元培的亲密关系有关。蔡元培在组织爱国学社期间，思想日趋激进，“反满”意识也愈加浓烈。尤其在拒法拒俄运动和“苏报案”以后，他一改“教育救国”的温和主张，决意以俄国虚无党为榜样，从事“鼓吹、起义、暗杀”。黄炎培自日本归沪后，与蔡先生相居很近，两人过往甚密。蔡元培对这位高足异常器重，时加点拨。他办《俄事警闻》，便邀黄炎培写稿；编辑文摘性的《选报》，又特意介绍黄炎培细读：“此法良佳，力省而效宏。”黄炎培自然一切唯师马首是瞻。1905年同盟会成立，孙中山委任蔡元培为同盟会上海分会会长，并授命他在沪发展会员。一日深夜，蔡先生将黄炎培招到家里，脸上露出从未有过的严肃神情，缓缓地说道：“今日我国前途至危，诸强邻虎视于外，清廷鱼烂于内。欲救亡，舍革命而无他道，你的看法如何？”黄炎培默默地点点头。蔡先生站起身，声音低沉地说：“要革命，只有组织起来，共同奋斗。现在革命志士皆集中于孙中山、黄克强先生领导下的同盟会，你愿不愿加入？”黄炎培涨红着脸，也站了起来，激动得声音有点颤抖：“刀下余生，只求于国有益，一切惟师命！”[1]次日晚上，在蔡元培的主持下，黄炎培庄严地履行了宣誓仪式，正式成为中国同盟会会员。

第二年春天，蔡元培由于在上海“所图皆不成，意颇倦”，遂赴德国留学。蔡先生的离去，使得黄炎培与革命派的思想联系无形之中淡化了。虽然他接任了蔡的同盟会上海干事一职，并做了一些保存会员名册、接待来往会员等具体工作，但他的政治倾向却发生了微妙的变化。年轻的黄炎培在清末扑朔迷离的政治环境下，不能没有一定的思想导师，而填补蔡先生出走留下之空白的，正是江浙立宪派领袖张謇。

张謇是江浙地方士绅中的执掌牛耳人物，他在不惑之年大魁天下，得到科举场中状元这一最高头衔；他与朝廷中权贵一时的汉族大臣、地方督抚都有或师或友的关系；他在南通老家兴办实业、教育，大兴地方公共事业，又使他以一个实业家和教育家的身份深孚众望，享誉江南。黄炎培当时在办学中成绩卓著，又喜好交友，因而与江苏教育界[2]一班名流关系甚睦。张謇因公因私常常过江来沪小住，黄炎培因之得缘与这位久慕大名的教育界前辈相识。1905年，张謇发起组织江苏学务总会，[3]邀请黄炎培任常务调查干事，后来又升其任副会长。张謇虽挂名会长，但主持具体会务的却是黄炎培和沈恩孚。黄炎培办事干练、实在，深得张謇之倚重，而黄炎培亦视张謇为恩师。

张謇在政治分野上属于帝党的一员，他同情康有为的戊戌变法，但自己却长期深居乡野，从事温和的社会改良。1903年他访问日本，对

---

〔1〕黄炎培：《吾师蔡孑民先生哀悼辞》，载《国讯》，1940年第231期。

〔2〕当时上海在行政上隶属于江苏省。

〔3〕该会以后改名为江苏省教育会，它不仅在江苏享有任免全省各级校长的教育行政大权，而且在全国教育界影响亦举足轻重，在清末，它同时也是个重要的政治团体。

日本的近代化成就感叹不已，认定日本发迹的关键是有一个立宪政府，回国后遂积极推动立宪。1906年年底，他在上海发起了国内最大的立宪团体——预备立宪公会，名义上是副会长，实际却是该会的灵魂。具体主持会务的是一批留日归国的少壮人物：孟森、孟昭常兄弟，雷奋，杨廷栋等。他们都是黄炎培的好友。在这批师友的怂恿、影响下，黄炎培也加入了预备立宪公会。此外又与雷奋、沈恩孚、袁希涛等组织了一个立宪小团体——上海宪政研究会，办了一份《宪政杂志》，宣布以"考察政俗、研究得失，以俟实行立宪后，代表国民赞助政府"[1]为宗旨，黄炎培还当选为该会的评议员。

纵观黄炎培的一生轨迹，可以发现他总是近乎习惯地模仿蔡元培、张謇这两位师辈的人生风格。如果说对于蔡元培，他仅是一种青年崇拜期内先入为主的偶像需求的话，那么对于张謇，则已是心理基本定势之后相当自觉的人格认同了。张謇与黄炎培的相似之点之多，足以印证他们两人的精神联系：张謇推崇朴学，着重实用，一生淡于仕途，而将办实业与兴教育视作国家"富强之大本"；黄炎培亦不喜空言，着眼实效，后来几度辞官不就，专志于沟通实业与教育的职业教育。张謇在政治上"常常没有一套完整的理论，只是顺应世变，权衡困难，定出解决的办法"；[2]黄炎培亦是一个现实主义者，在日后的政治风云中不偏执于一定的思想理论，而善于敏感地判断是非利害，追随日新月异的时代潮流。张謇"日常行事，都取中庸之义，不偏不倚"[3]；黄炎培后来在国共之间的激烈冲突中亦以调和缓冲为己任，常常在非此即彼的现实困境中寻求两全兼顾的路径……

---

〔1〕《宪政杂志》，1906年第1卷第1期。

〔2〕陈志让：《张謇在辛亥前夕政治思想的转变》，载《纪念辛亥革命七十周年学术讨论会论文集》下册，第2296页，北京：中华书局，1983。

〔3〕张孝若：《南通张季直（謇）先生传记》，第318页，上海：中华书局，1930。

张君劢与黄炎培，分归于梁启超为灵魂的政闻社和以张謇做主帅的预备立宪公会，可谓适得其所，适逢其会。两个立宪团体，一个溢发着海外知识分子的“洋”气，一个内蕴着国内乡村士绅的“土”味；一个以“精神贵族”自矜，一个以雄厚的土地为后盾；一个将口舌和笔杆儿作为应战的武器，一个倚仗地方的实力构筑了攻防的堡垒。这两股人马、两套锣鼓，尽管彼此相轻，互存戒心，但在那个冥冥之中的历史法则导演之下，却里应外合，在清末的政治舞台上上演了一幕立宪运动的历史悲喜剧。

# 变中之不变：安定至上、秩序至上

在清末政治舞台上，清政府、立宪派和革命派分别代表社会上、中、下三个层面，同时又构成一个三足鼎立的三角格局。清政府以“预备立宪”为幌子防范革命；革命派以推翻清政府为旗帜抵制君宪；立宪派则以“革命将至”来恐吓清政府，求得真正的宪政：每一方几乎都处于两条战线作战的境地。而对于立宪派来说，它既要向清政府争权力，争宪法，又要应付革命党人咄咄逼人的挑战、竞争，其处境尤为艰难。

这种滋味，海外的张君劢比国内的黄炎培，感受要深切得多。国内的革命党人与立宪派同处专制压迫之下，彼此又各据地盘，基本上可说相安无事。然而在海外，两派都以留学生为发展对象，以华侨为资助后盾，颇有你死我活之势。政闻社那日召开成立大会，就被张继等一批同盟会成员呐喊着冲垮了会场，从此结怨更深。两派相争的最为壮观场面是《民报》与《新民丛报》的笔战。双方都在这场举世瞩目的思想大会战中排出了主力阵容。《民报》出阵的是胡汉民、朱执信、汪精卫等一批英俊少年，《新民丛报》则由老将梁启超亲自挂帅。在论战中，双方都引经据典，搬出古今中外著名学者为己助阵，从霍布斯、卢梭、孟德斯鸠到斯宾塞、边沁、波伦哈克。“他们择取有利于己说的部分，纳入论文中，以古人驳今人，以今人斥古人，让中外古今的学者在他们的文章中交战。”[1]

论争的中心议题是，用革命的暴力建立一个民主共和国还是以和平的改良实现君主立宪制度。就最终目标而言，共和制与君宪制无非是近代西方民主政治的两种政体形式，很难说二者之间存在着不可调和的理想冲突；分歧的关键仅仅在于变革的方式：是乱中夺权，还是稳中求变？概而言之，要不要推翻清朝政权？

梁启超起初未免小觑了对手，以为《民报》那批少年徒有血气，不堪一击。及至交手以后才感到对阵绝非等闲之辈。况且，《民报》方面阵容齐整，几位小将轮番出马，士气正旺；而《新民丛报》却只有他梁任公独当一面，久战之下精力渐感不支。于是他到处拉人助稿，张君劢亦在被邀之列。方才读了几本洛克、穆勒政治著作的张君劢自然一口应诺，跃跃欲试。从 1906 年秋冬始，他化名“立斋”在《新民丛报》上发表了《穆勒约翰议院政治论》《论今后民党之进行》等文章，挺枪跃马加入了论战的行列。

在基本观点上，张君劢绝对忠实于梁启超，力排革命一说。他后来曾回忆说：“当时立宪派主张政治改革，不以推翻满清相号召，其最大动机有八个字。‘革命虽成，满蒙必失’，心中恐怕内乱延长，招致国外强邻侵入。”[2]革命引起内战，内战招致瓜分——这是立宪派们反对革命的中心理由。张君劢则更进一步，他怀疑革命根本推翻不了专制。他举俄国为例，“以虚无党炸弹之猛烈，迄今数十年，专制之淫威，犹不消灭”，相反，革命招来之祸却难以收拾，“诚以一方之暴动，长此糜烂其民，终无收积极的效果之一日，是远非吾辈救国之初志”。[3]确实，中

〔1〕 张朋园：《梁启超与清季革命》，第 210 页，台北：“中央研究院”近代史研究所，1982。

〔2〕 张君劢：《吾国政党发展之回顾与吾党之将来》，载《再生》，1946 年第 109 期。

〔3〕 张君劢：《论今后民党之进行》，载《新民丛报》，1907 年第 23 号。

国近代政治变革不同于西方，国际环境的压力过于沉重。自《马关条约》之后，对列强瓜分中国的畏惧犹如一块经久不散的黑云积郁在人们心头，每一步的历史行动都不得不考虑它在现实环境下可能触发的连锁反应。从这个意义上说，张君劢们并非杞人忧天。然而，合理的忧心一旦表现在激烈的论战中，就变成一种漫画式的夸张和武断，将历史的一种可能描绘为不容抗拒的必然，似乎革命这种无序状态除了诱发更混乱的无序之外，就绝对无望从中排列出新的有序性，似乎在列强干涉与放弃革命之外便别无选择，从而陷入了"不是……就是……"的主观逻辑独断。

与力排革命相对应，张君劢对立宪的前景充满了自信。他责难革命党人关于满汉利害背驰、绝无真正立宪可能的说法，声称："近世列国立宪之原动力，无不出于国民之要求，非政府之所畀与。故国民之能力增一度，则政府之压制缩一度。"他举日本、欧美诸国为证，反问道："以吾国今日之政府独能撑持此世界万国所不能撑持之狂澜焉？"由于清廷当时的"预备立宪"在现实中验证了这一说法，张君劢显得更加理直气壮，他断然下结论："革命之举，吾侪固认其为只召祸乱而不足以致治安者也，则凡吾同志今后之进行，舍要求改革政体以外，又岂有他道。"[1]

当张君劢加入论战时，论战已近尾声。此时梁启超已无心恋战，他想凭借实际活动推动国内的立宪大业，以此检验理论上的是非，挽回论战中未居上风的窘境。政闻社成立后不久，《新民丛报》即告停刊，另办专事鼓吹立宪的《政论》和《宪政新志》。张君劢是其中主要撰稿人之一。这位刻意模仿梁任公"新文体"的早稻田大学生，此时政论文章已达一定造诣，逻辑论析，旁征博引，显现出一个未来政治学家的早熟

〔1〕张君劢：《论今后民党之进行》。

才华。他已经成为政闻社中一支重要的笔杆子，有了属于他自己的某些独特思想。

政闻社的首要任务是通过舆论宣传指导国内的宪政运动，督促清政府早开国会，实行宪政。1907年11月，张君劢在《政论》上发表了《国会与政党》，疾呼速开国会："是国会固近世之产物，而欧美之新制也。夫吾国民方今之需要则亦夥矣。"他以为，今日政治之恶，国势之不振，就在于缺乏国会这样一个监督政府的立法权；有了国会，"吾有痛苦，吾可诉之。吾有所见，吾可陈之。一言而蔽之，曰有可以发表吾民之需要耳"。若此，"今后立国之大本必能永固，而外患侵入之源自兹可松。是则吾之所谓根本之改革也"。〔1〕

然而，仅仅一年之前，梁启超他们不是还在强调中国国民程度太低，只能先行开明专制吗？政闻社在宣传速开国会时，确实有些顽固派以此来诘难他们。如何两圆其说成了梁启超等人的难题。张君劢苦思良久，想出了一个辩解。他将民智分为两个层次，底层是所谓"反抗专制之心"，高层是所谓"国民权利观念"。他认为："立宪政治之行不必定俟国民权利观念之发达，只俟其能反抗专制其事已足二也。"因为一国政治，"无不赖之少数先觉之士主持而提倡之故，其为政治之运动者数人耳，为议院之质问者数人耳"，"以一议会数百人之力，足以干涉国家全般之施政而有余"。至于国民权利不发达，毕竟无关宏旨，因为"即西方代议制度最发达之国，吾见其大（多）数人民之暗愚如故也"。这样，他将立宪的希望从多数国民凝聚到少数先知先觉者身上："今日最便捷之方针，舍借少数人之力，以鼓吹以运动，稍养其政治的习惯以与政府抗外，舍此又岂有他道哉。"〔2〕

---

〔1〕《国会与政党》，载《政论》，1907年第2号。

〔2〕 张君劢：《论今后民党之进行》。

以这种“少数人政治”为出发点，张君劢特别强调政党在宪政运动中的领导作用。他将政党比作花，宪政比作果，“世界从无无绽花而可以获果者，又岂有无政党而宪法政治可希冀者”。他以为，戊戌变法以来之所以专制未摧，旧政府未倒，就是由于仅有“为民请命”“古国哀号”的言论，而无“伴以实行”的政党。而“凡欲立宪之国民，必有表示其决心之团体”——政党，以便对下开发民智，统一舆论，对上通过议会，监督政府。他断言：“非政党发达于今日，必不能推倒此专制政治，于将来必不能举立宪政治之实。故敢大声疾呼，以告我国民曰：国家存亡在此一举！”[1]

张君劢心目中的“少数人”和“政党”自然首先指梁启超周围的这些人以及他们的政闻社。尽管政闻社处境艰难，又与祖国远隔大海，但他们始终自感是众星围拱的明月，对国内宪政运动负有义不容辞的指导责任。这年11月，张君劢受梁启超委派潜赴上海，代表政闻社联络发动国会请愿运动。但事情很不顺利，不久便怅然返回。此行失败给张君劢打击不小，使他原先那种以为少数精英登高一呼，四面八方万众应和的自信荡然无存。他感到惘然若失，困惑之中又在寻觅更简捷的出路。1908年4月15日，他致函梁启超，透露了自己新的想法：“吾国今日政治之基地，万不能置之国民身上。以大多数之愚民，虽日日哭诉于其旁，犹之无益，故欲借舆论以反抗政府，真梦想也。”他对那种“血性者须多入官场，以广占势力”的意见极表赞同，认为“此真今后数年间所当力为预备，并必须持以实行之决心者也”。[2]

张君劢的心思可说是与梁启超不谋而合。由于政闻社的活动招来了对戊戌维新旧仇未消的西太后、袁世凯等当权派的忌恨，几个月后，政

---

〔1〕 张君劢：《国会与政党》。

〔2〕 丁文江、赵丰田编：《梁启超年谱长编》，第466页，上海：上海人民出版社，1983。

闻社被清政府下令查禁，并被迫遵旨解散。梁启超等人的活动中心便转向运动皇族上层，力图推倒袁世凯，争取开放党禁，以图生存发展。这样，从1906年到1908年短短两三年间，他们从“开明专制”演变为“速开国会”，再变为“运动上层”。这一连串过于匆忙的思想嬗变，似乎暴露了这批人理论芜浅、流质易变和急功近利的投机心理，但透过这一表层现象，却也凸显了近代中国变革中一部分人那种埋藏于深层意识的弱点。在日益深重的民族危机催迫下，他们来不及像西方的文艺复兴、新教改革、思想启蒙那样做充足的理论准备。面对着一日千里、瞬息万变的形势发展，哪怕你稍微驻足停留，精心构筑自己的理论大厦，就有被时代讥为落伍者之嫌，如同那个“太有成见”的康有为一般。因之梁启超仍不得不“太无成见”“屡变屡迁”，为了顺应时势，不惜“以今日之我向昨日之我战”。那种睁眼看世界后的难堪自卑，那种面临瓜分的忧患意识，使得变革者们的心理紧张度接近极限。他们所孜孜以求的就是一种最简捷、最明快、最速效的救国图式。革命党人抓住了最能鼓动民众起来造反的“反满”口号，立宪派们则在“预备立宪”的氛围下扯起了“速开国会”的风帆。他们虽曾注意到“开民智”“思想启蒙”这一环节，但又不得不强迫自己视而不见，犹如张君劢所辩解的：“改良国民之根性……非一时之所可期”，“方今急务莫若速定立宪政治是已”。[1]在这种急于求成的情绪驱使之下，又兼以自身那种藐视民众的“绅士意识”，梁启超、张君劢他们便日益夸大少数社会精英的政治能量。如果说，张君劢鼓吹“政党中心”论时尚不乏依靠少数人之舆论与政府抗衡的英雄气概，那么，在对“日日哭诉于其旁，犹之无益”的“愚民”失望之后，迷信于凭三寸不烂之舌、游说于宫殿宦门之下的方士之术，真所谓穷极潦倒的末途了。

---

〔1〕 张君劢：《论今后民党之进行》。

正当海外的张君劢穷途末路之际，国内的黄炎培却找到了一块合适的阵地。1909 年，在速开国会的强烈呼声下，清廷下谕各省设立咨议局。咨议局就其实质而言，仅是一个受督抚掣制的民意咨询机构，议员由选举产生，但选员的资格限制十分苛刻，以至于各省选民仅占人口总数的 0.2%～0.6%。然而参加竞选的士绅却分外踊跃。清末各类士绅人数约有一百四十万人，但政府衙门所能容纳者不过十五万人，其余一百二十五万人均处于候补的位置。咨议局议员竟被他们认作为一官职，个个拼命争取。当然立宪派们还有着更高尚的“治国平天下”动机。他们一厢情愿地将咨议局视为参与政权决策的一步阶梯。策划通过咨议局监督地方行政。黄炎培就是怀着这样的雄心参加了咨议员的竞选。以他在故乡的清望，自然顺利如愿。随之，又在一百二十名议员中，当选为十二个常驻议员之一。江苏省咨议局议员是张謇，大部分议员皆是他属下的立宪派名流，形成了一股举足轻重的社会势力。他们以民意代表自居，积极干预地方事务，尤令那个新任两江总督的张人骏头痛。迂腐鄙陋的张某对咨议局议案竟一一驳回。黄炎培他们不甘示弱，当即还以颜色，通过了弹劾江某违法的议案。后来的斗争日趋激烈，甚至发展到为争预算案宣布全体辞职，逼迫顽固的张人骏就范。除咨议局之外，立宪派们还有一块地方自治的阵地。黄炎培当时兼任上海工巡捐局议董，江苏地方自治筹备处参议，上上下下，自是十分活跃。

1910 年，以张謇领导的江苏咨议局为核心，各省咨议局代表接连发起三次国会请愿运动，其场面之壮观，声势之浩大，远胜于二十五年前康有为发起的“公车上书”。绅商们“不开国会、不认新捐税”的强硬口号、青年学生割臂写血书的壮烈举动、资政院里速开国会案通过瞬间所爆发的震天欢呼，这一切汇合成一股山雨来临前夕那摇撼危楼的旋风。清廷做出了提前三年于宣统五年（1913）召集国会的敷衍姿态，然而山洪一经暴发，绝难戛然而止。形势是如此的不可逆转，颟顸的清廷却仍执迷不悟。民族的偏见遮蔽了当政的理智，末日的恐惧代替了勇气的振作。在“要大清不要中国”的狭隘意识驱使下，清政府一手压下了第四次国会请愿运动，一手扶上了一台嘲弄时势的皇族内阁。这使得所有的立宪派对清廷彻底绝望。武昌起义虽然未曾爆发，但清廷在立宪派的潜意识中已被判处死刑。哀莫大于心死，王朝统治的心理根基实实在在地崩溃了。

从1911年春天开始，立宪派们显露了离心的迹象。一部分人趋向于革命，另一部分人暗暗扩充实力，准备应变。黄炎培和张君劢都属于后者。6月，各省咨议局代表在北京成立全国性的政党——宪友会，“对于时势有紧急自卫之意”。黄炎培等被推选为宪友会江苏地区负责人。张君劢在年前从早稻田大学毕业，获得政治学学士头衔后，回国参加了清政府学部组织的甄别考试，以优异成绩得了一个“洋翰林”——翰林院庶吉士。他喜不自禁，这既了结了他嗜好功名的夙愿，同时也为他打入官场、伺机应变铺下了道路。

在清末那种清政府、立宪派和革命派的三角格局中，立宪派与革命派的关系颇耐人寻味，后者代表社会底层平民的激进，那种义无反顾、敢作敢为、再造乾坤的气魄和胆略；前者代表社会中层开明士绅的稳健，那种深思熟虑、前瞻后顾、步步为营的练达和世故。平心而论，在两派大论战中，梁启超等人的辩驳尽管多有谬误之处，却含有不少值得论战的对手引以为戒的真知灼见。如他们认为，在当时清末特定历史条件下，革命必招内乱、内乱必招外祸的推论，在辛亥年间看来确乎显得荒谬可笑，但从更长的民国史中考察，却不幸为那连绵不绝的军阀混战诸事实所验证。然而千虑终有一失。他们的改良方案纵然设计圆满，可成功的全部赌注毕竟只能压在清廷的开明之上，一旦在这关键之处翻了船，势必导致全盘皆输。事实表明，他们确乎将腐朽的清廷错认为日本的明治政府了，遂不得不在革命与改良的论战中最后败下阵来。

纵然如此，两派的契合之处较之彼此的对立拆合要多得多。梁启超后来声称，他们与革命党人“不争国体而争政体”，这多少道出了两派在理论上的异同。而在客观的历史合力之中，他们颇有异曲同工、殊途同归之妙。革命党人用呼啸的炸弹震醒民众的国魂，立宪派则以痛楚的苦谏揭开了清廷的虚伪和颟顸；革命派用鲜血和生命铺下了通向胜利的地毯，立宪派以走向尽头的改良悲剧启迪人们转向暴力革命之途。立宪运动鼓荡起社会普遍的求变心理。一旦渐变受阻，便倾向于突变。犹如一个当事者所言：“清室以立宪诳国民，国民亦以立宪诳清室，所求在此，所得在彼。”[1]

立宪派们的应变可谓适逢其时。10月10日，武昌起义的炮声撼动神州大地。消息传到上海，张謇等人立即敏锐地觉察到这是一个机不可失的行动信号。当上海的革命党人紧张地策划响应武昌的武装起义时，他们也异常忙碌起来。“惜阴堂”[2]、工巡捐局、望平街报馆、江苏省教育会这几个活动据点经常灯火通明。黄炎培负责在各据点之间奔走联络。10月15日，张謇命赵凤昌打电话招黄炎培等人至“惜阴堂”商讨对策。次日，他由黄炎培、沈恩孚、雷奋、杨廷栋陪同，赴苏州与江苏巡抚程德全密商，决定由张起草、程出面上奏朝廷，要求解散皇族内阁，提前宣布立宪。

然而起义犹如星火燎原，迅即蔓延全国。即令清廷改弦更张，下“罪己诏”，却为时已晚。立宪派们这时感到大清王朝已不复可保。他们过去之所以力阻革命，坚持君宪，就是因为在他们看来清廷是安定的象征。倘若清廷不保，天下必定大乱；大乱日久，列强势必乘虚而入，瓜

---

〔1〕赵凤昌：《惜阴堂笔记》，载《人文月刊》，1931年第2卷第8期。
〔2〕“惜阴堂”是清末退职官僚赵凤昌的寓所，为江浙立宪派活动的主要地点之一，张謇来沪常在那里进行最高层的机密会谈。

分必属难免。因而保大清即保中国。如今既然清廷不复为安定的象征，也就失却了维护它的价值。在那些日子里，黄炎培参加了有张謇、赵凤昌等在座的“惜阴堂”密商，经过一番斟酌，决定放弃君宪，转向拥护共和。然而，作为有一定既得利益的社会中层代表，“安定至上”是他们恪守不渝的绝对信念。国家一日不可无君主，既然昔日君主已不复能维持社会秩序，那么当务之急是认同一个新的安定因素。革命军热情、勇敢、牺牲精神绰绰有余，可惜实力欠足，资历过浅，何况与立宪派还有一段不愉快的纠葛。相形之下，唯有那个再度出山的袁世凯，才足以收拾残局，安定天下，而立宪派与袁氏的关系远在同盟会之上。于是，“惜阴堂”密商的最后结局，定下了“国内拥袁、江苏拥程”的决策。几乎就在这同时，远在日本的梁启超可谓心有灵犀一点通，也拟定了“和袁、慰革、逼满、服汉”的策略方针。

11月4日，上海光复。5日下午，苏州、松江、常州、镇江、太仓五府民众代表在江苏省教育会集会。黄炎培在会上提议公推代表赴苏州劝说程德全反正，得到会议赞同。次日，黄炎培、沈恩孚、雷奋、杨廷栋等抵达苏州，已见满街高悬白旗。原来，前一日程德全在革命军压力下，已宣布江苏独立，接受了都督新印，并命令用竹竿将大堂上的檐瓦挑去几片，以示除旧布新。黄炎培应程德全之请留都督府办公，参与起草新的官制，向所属衙门收取印信，随后担任都督府民政司总务科长兼教育科长。

张君劢在改朝换代之际，也当了一个小官。他回到老家宝山，出任县议会议长。但君劢之志，绝非区区弹丸之地。他环顾全国，感到清廷倾覆后，原来的三角格局已为新的三足鼎立代替：革命党、立宪派和袁世凯。在这场重新开始的政治角逐中，立宪派该何去何从呢？张君劢从小足智多谋，素有“军师”之称，五年的政治生涯使得这个二十五岁的青年更为成熟、老练。1912年2月12日，他致函仍居东京的梁启超，提出了今后的战略发展设想。

张君劢首先指出，“今后中分天下者，袁、孙二党而已”，在此形势下，立宪派的前途无非两种，一是“超然独立，另标政纲，与天下共见”，二是“与两党之一相提携，以行吾辈所怀抱”。对于第一途，他认为是“立身高洁，不斤斤于政权，以静待舆论之归，义极正大，且袁、孙二派皆非能建设今后之国家者，虽合无益”。但此途虽则理想，却不现实，似非讲求现实的政治家所为。“立宪国中舆论之功，势不能仅恃其主义之纯洁，必也与人争选举，争议席，如是虽欲长居超然，势必有所不能”。因此除了走第二途之外“别无他法”。孙、袁二党之间究竟“提携”谁呢？张君劢感到，“此二者比较的适于建设之业者，实在北方”；“下手之方，在联袁而已”。不过，他也略感踌躇：“袁氏为人诡谲多术，颇不易合。”但他马上说服自己：联袁“并非在争政权，借其势力以发展支部于各省，数年之后虽欲不听命于我，安可得焉。持此术以与袁氏合，为道当亦非难”。最后，他再度强调了他的“政党政治”信念，“今后之中国，非造成一大党以为改革事业之中坚，则建设必不能完备，而危象且随而发现”，因而立宪派的发展战略当在“联袁，以造成一大党而已”。[1]

张君劢、黄炎培在辛亥革命期间的这些思想、行动，并不仅仅代表他们个人，而反映着中间派知识分子的若干群体心理特征。我们以后会看到，政治舞台上类似的三角格局将贯穿于近代史剧之始终，虽然演员随着朝代的更替迭有更换，但三大角色之间的位差与功能却如出一辙，大致维持着下、中、上三大社会层面以及相应的左、中、右三大色彩板块的场景。从清末到民国，张君劢、黄炎培几乎始终如一地扮演着中间

〔1〕 丁文江、赵丰田编：《梁启超年谱长编》，第600～601页，上海：上海人民出版社，1983。

派的角色。他们本人是知识分子，继承着中国文化传统中统一至上、安定至上的价值观念；他们又是社会中产阶层的思想代表，后者那种对秩序和稳定的依赖感和患得患失的独特心态往往不自觉地渗透于他们的行为模式。他们担忧下层社会的激进和上层社会的保守都会构成对国家统一安定的潜在威胁，因而总是倾向于调和折中，倾向于和平的渐变，追求一种社会发展的动态稳定结构。这样，在革命之后的动乱岁月中，他们就自然以迅速恢复安定、在秩序中求改良变革为最高价值取舍。在他们看来，革命党人能够实现民主的理想政治，却难以维系社会的安定；袁世凯不一定肯兑现立宪的诺言，却有能力实现治平。两害相衡取其轻。既然统一与民主犹如鱼与熊掌一般不可兼得，那么在外国列强虎视眈眈的危势下，与其在社会动乱中玉石俱焚，不如在强权治理下的安定氛围中徐图建设。这就是为什么当民国建立之后，梁启超要鼓吹限制“民权”以保障“国权”，立宪派们宁愿依附腐败势力而要排斥新兴势力的根本缘故！

安定至上、秩序至上、统一至上——这一无可动摇的价值观念使得立宪派们力拒革命，随之顺应革命，最后又扼制革命。它造就了他们的多变，同时奠定了他们的不变。这种种多变之中的不变抑或不变之中的多变，生动不过地呈现着中间派知识者所特有的性格、心态以及政治风貌。

# 政海与学海：进退维谷的困境

（1913—1930）

# 黄炎培：浊浪中的急流勇退

辛亥革命这出壮丽辉煌的宏伟史剧。在推向南京临时政府诞生的高潮之后，逐渐峰回路转，流变为一幕亦喜亦悲的历史滑稽戏：民主共和的得而复失。革命党人的徒然抗争，复古浊流的重新泛起……历史仿佛同人们捉了一回迷藏，转了一圈又回到原来的起点。刚刚在推翻清王朝的庆宴上举杯相贺的知识分子们面对这一切惨景怪状，不禁相顾愕然，扼腕叹息。他们陷入了深深的现实困惑，他们感到无路可走。

中国的知识分子群内部发生了分化。一部分知识者力图以不懈的实际奋争摆脱这恼人的困惑，从无迹可循的荆棘丛中杀出一条希望的血路。孙中山在“二次革命”失败后，在东京重扯中华革命党的战旗，继续从事武装反袁的革命。梁启超再度重温“开明专制”的旧梦，幻想以“专制”为诱饵将袁世凯引入“宪政”的轨道。孙、梁二人纵然在实现“民主政治”的途径上相去甚远，却共守着“政治救国”的既定信念。另一部分知识者在现实挫折面前，对政治的作用发生了怀疑，他们开始退出政海，另觅救国的良方。蔡元培在“二次革命”失败后再度赴欧洲研究学术，并开始倡导留法勤工俭学；同盟会会员李四光辞去了湖北省实业司司长，深感既然“力量不够，造反不成，一肚子的秽气，计算年龄还不太人，不如再读书十年，准备一份力量”，[1]遂远渡重洋攻读地质；鲁迅在昏暗的绍兴会馆中默默地校勘古籍，冷眼旁观着人世间的千姿百态，即将投笔于一场悄悄酝酿中的思想启蒙运动……他们救国的方式纵然各自不一，然而舍弃政治，着眼于社会基础和民众思想之变革却成为一条不约而同的起跑线。

这一切无疑预示着历史潮流的某种更替，那股曾经裹挟了全体知识者的“变制”时潮正在缓缓地消退，在人们心里露出一大片荒凉寂寞的沙滩。与此同时，那天际交汇之处，却又酝酿着一股新的春潮，大有奔岸而来、席卷学界的势头——这就是以新文化运动为浪峰的启蒙新潮。

然而，就知识者的个体而言，他们对时潮涨落、变幻、更替的主观认识却颇为迥异。正是基于这一点，我们的两位主人公在辛亥革命之后开始分道扬镳了：张君劢依然挽留着“改制”的旧潮，而黄炎培则以“教育救国”的姿态，迎接着启蒙新潮的到来。

1912年12月，黄炎培被任命为江苏省教育司司长，主持全省的教育行政工作。“二次革命”失败后，张勋率领“辫子军”入城，南京秦淮河畔生灵涂炭。张勋上任江苏都督之始，南京城就仿佛一夜之际回到了前清年代：都督府的大柱和栋梁都涂上一道朱红色，清政府的官制与排场也死灰复燃了。那些拖着长辫的怪物幽灵般地一个个从阴暗角落里钻出来，神气活现地在大街上到处游荡。黄炎培目睹这一派乌烟瘴气，内心隐然作痛，决意呈文辞职。但新任的省民政长韩国钧深知他的才干和名望，苦邀他留任。黄炎培拗不过韩氏的再三劝说，遂勉为其难。然而，民国的政治却日趋黑暗，都督府几乎成了藏垢纳污之地。好容易打发走“辫帅”张勋，又来了一个直系将军冯国璋。僚属政客们竞相争宠，以拍马奉承为能事。官场的这种混浊气氛令黄炎培感到窒息、苦

〔1〕 陈群：《李四光传》，第23页，北京：人民出版社，1984。

闷，他终于忍无可忍，于1914年3月留书韩国钧，飘然而去。

这短短的三年零四个月宦海生涯，在黄炎培的脑海里留下了阴暗的记忆。他深深体味到为官的不自由和无所作为，尤其在那个不自由和无所作为的年代里。从此他便绝意于仕进，即令以后北洋政府或国民党政府以“总长”或“部长”相邀，亦不动心。这年秋天，他来到北京，拜会了时任北京政府农商总长的张謇，畅叙久别之情。黄炎培来京的消息不知怎么传到袁世凯耳中。某日，袁世凯对张謇提起：“听说江苏有一个黄某，很是活跃，我想招他来，政事堂里还缺人。你何日带他来见我。”张謇淡淡一笑，答道：“黄某此人不适宜做官，我看留个把人在社会上也好。”袁氏方才作罢。事后，张謇将这段情景告诉黄炎培，黄炎培十分感激。他们俩在淡于仕途这一点上可谓心心相通。张謇尽管中年大魁天下，却弃官从商，甘愿在民间乡野兴办实业和教育事业。非但自己不愿做官，还常劝人绝意仕进，为此甚至专门写过几首《逢官便劝休》诗。尽管此时为了推动全国实业之发展，勉强担起工商总长的殊荣，内心却不堪其苦，所以才如此体谅黄炎培的心情，替他遮挡了过去。

从官场引退之后，黄炎培几乎不假思索地归身于自己的老本行——教育事业。他暗暗考虑着，自己从1906年起不由自主地卷入了立宪洪流，前前后后奔走呼号达八年之久，纵然葬送了一个大清王朝，但新生的中华民国却被袁世凯、张勋之流玩弄于股掌之上，实在令人齿冷心寒。民国政治既已陷入绝境，要救国须得有人另辟蹊径。他冷静地观察着周围的现实，感到“中华民国成立以来，国体虽定共和，政局几经嬗变……此纷纷扰扰之原因，与其归之于道德问题、知识问题，不如归之于教育问题”。西方与日本诸强之所以维新成功，不正是因为普及教育在先吗？而中国土地如此广博、人口如此众多，迄今为止学校也不过十万，学生仅三千余万，何况上承两千年专制之政治，一千年之科举教育，生前种下之教育恶因，今日安得不生政治恶果！[1]

黄炎培据此断定，倘若教育办不好，那么政治也一定搞不好。他隐隐觉察到，中国自戊戌维新以来，由上而下地热衷政治者过多，而自下而上地从事社会改良者又甚寡，以致整个社会上下脱节，政治制度虽一跃为共和，而社会基础却依然如故。他认为“一个国族的复兴，须有人从最高层用力，还须无数人从中层、下层用力。而彼此所用之力，须相应的。我呢，很愿意在中下层用力。因为愿站在高层者多，而高层需要人数反少，中下层需要反多。譬如坐船，大家趋向左舷，我须站在右舷，因为船的需要是平衡。失去了平衡，船立即倾覆，结果惟有同归于尽”[2]。他乐观地相信，报国自有多途，“尽力于教育者，其所贡献未尝在政治下也”[3]。

黄炎培的这一从“立宪救国”到“教育救国”的回归，在民国初年的背景下是一种相当普遍的精神现象。革命的高潮已属过去，现实的黑暗似乎漫无尽头，更重要的是梦醒之后却无路可走。一大批知识者不得不由进取转为退隐，由入世转为出世。这种退隐或出世似乎少了一点“知其不可而为之”的悲壮气概，然而后者倘若带着某种历史盲目性的话，那么退隐或出世也未尝没有某种积极的意义。不过，近代中国知识者的“出世”并非印度哲学中那种真正意义上的出世，他们不可能完全将自己与世俗隔离。国势是如此的衰败，政治是如此的昏暗，人民是如此的凄苦，他们即使退隐学海也很难超脱尘世，企及陶渊明那种“悠然见南山”的旷达意境。在安静的书斋与苦难的入世之间，存在着某种令人心神不安的刺目反差，他们维系不了近代学者所应有的那种“为学问

---

〔1〕 黄炎培：《东南亚之新教育》后编，第106页，上海：商务印书馆，1918。

〔2〕 黄炎培：《黄炎培教育文选》，第247～248页，上海：上海教育出版社，1985。

〔3〕 黄炎培：《中华职业教育社》，载《再生》，1945年第104期。

而求学问”的心理平衡。他们在“济世”与“逸世”、进取与退隐的冲突中艰难地度量着，最后以一种“学术救国”的两全方式暂时摆脱了这一困境。它与现实政治可谓若即若离，既满足了退隐的某种心理欲求，又不失匡时济世的社会职责；既与现实政治拉开了一段冷静的距离，又足以慰藉那颗隐隐作痛的社会良心。

黄炎培正是在上述理智与潜意识的双重驱使下重新拾起了那面阔别八年之久的“教育救国”旗帜。然而，在新的社会环境下这“教育救国”究竟从何入手，他一时尚未考虑停当，他想到全国各地看一看以后再下定论。卸任官职之后，他以《申报》特派记者的身份，先后走访了安徽、江西、浙江、山东和河北五省，考察当地教育。所到各处，最令他震惊的现象是教育与生活严重脱节。第一次世界大战的爆发使西方列强无暇东顾，中国的民族工商业因此迎来了发展的黄金时代；实业的发展带来了对专业人才的急迫需求，然而清末民初的新教育却流于空泛，往往学不致用，许多学生毕业即失业，即使就业者亦不能乐业，每每另攀高枝。这类情形早在辛亥革命之前黄炎培调查江苏境内教育状况时即有所觉察。1913 年 8 月，他还专门撰写了一本《学校教育采用实用主义之商榷》的小册子，倡导学以致用的实用主义教育，一时在教育界颇受注目。然而此刻通过对五省教育的实地考察，他感到学不能致用的情况比原先预料的要严重得多，实业界与教育界之间互不适应的矛盾冲突并非推行几本实用主义教材便能解决。他的眉头蹙紧了，心里积郁着一团困惑的阴云。

1915 年 4 月，黄炎培随农商部游美实业团，乘坐“满洲利亚号”客轮横渡太平洋赴美国考察。在美逗留三个月期间，他对新大陆政治之民主、社会之文明、街道之整洁、经济之繁荣、文化之发达都惊叹不已。当然，令他感受最深的莫过于美国的教育制度了。当时美国的教育观念正处于一个历史的嬗变期，杜威的实用主义教育理论大有取代传统教育理论之势。作为一个实用主义哲学家，杜氏的教育理论也染有其鲜明的个人色彩。他提出了“生活化”和“平民化”这两大核心观念。杜威批评“传统教育”远离生活，只是传授过时的死知识；用“过去传下来的道德规范”训练学生，教师则沦为“实施行为准则的代理人”。他针锋相对地提出了“教育即生活”的口号，大力主张教育应着重培养学生的个性、学生的生活能力和创造能力；教育必须同现实需要相适应，直接“从经验中学习”，“从做中学”，掌握各种技能、技巧。从这一“生活化”的原则出发，杜威认定受教育的权利不应为少数贵族子弟独有，而应该充分“平民化”，为每一国民所享有。实行平民教育之目的，无非为“养成一般人民有知识、有能力及有自动、自思、自立的精神”。[1]显然，杜威的这些教育思想既回应着20世纪初美国经济腾飞所产生的技术人才巨大需求，同时也十分吻合这个民族重创造、轻传统，重实用、轻理论的文化精神。在实用主义教育理论季风的吹拂下，美国出现了一股“职业教育热”，各种职业学校遍布新大陆，呈现出方兴未艾之势。

正苦思于中国教育之弊无可救药的黄炎培，一旦在此时此境感受到实用主义教育的新鲜空气，就犹如一个终日悟道而不得其解的僧人，兀地被禅师点破天机，顿然领悟一般，眼前充满了光明。他发现了希冀之所在：中国所匮乏的不正是这种学以致用的职业教育吗？中国的教育不正需要向“生活化”“平民化”看齐吗？他怀着虚心求教的虔诚，处处将新大陆发现的一切与自己国度的现实进行比较。最后，他归纳了中美两国教育之四点差异：第一，“彼之教育，大都取自然，而吾取强制也”；第二，“彼之教育，大都取各别，而吾取划一也”；第三，“彼之教育，最重改造，而吾惟重模仿也”；第四，“彼之教育，最重公众，而吾

〔1〕 见《杜威教育论著选》，第439页，上海：华东师范大学出版社，1981。

惟重一己也”，概而言之，“中国人读书与外国人异。中国人所读，皆近于虚无宽泛，不切实用，外国人所读者，皆切于日用生活”。中美“两大陆国力之强弱，生事之厚薄，民力之开塞”之所以“不可同日而语”，就在于这教育上的差异。一旦自感发现了病灶，黄炎培的心情便豁然开朗。他充满信心地说，尽管中国的教育现状远远落后于世界大势，但我们“毋庸咄咄兴叹。须知天下事无可侥幸得者，苟诚为社会国家谋幸福，惟有培养本原，尽力教养其青年，俾各有生活之能力，他日知识发达，生计发达，焉知不且超而过之”！〔1〕

黄炎培自新大陆归国后，即着手推广职业教育，沟通教育与职业的渠道。他先是在江苏省教育会中设立了职业教育研究会，随后又赴日本、菲律宾等地考察那里的职业教育设施。经过近两年的奔走、筹备，在各地教育、实业界著名人士蔡元培、蒋梦麟、袁希涛、马相伯、张謇、张元济、聂云台、穆藕初等人的支持、资助下，1917 年 5 月 6 日，黄炎培在上海成立了中华职业教育会，翌年又创办了中国第一所正规的职业学校——中华职业学校。

在中国提倡沟通教育与职业的职业教育事业，不仅意味着教育体制的重大变革，而且也是一种向旧传统大胆挑战的新文化观念。在中国传统文化的职业价值体系中，士、农、工、商呈现出一个由贵向贱排列的等级序差，“万般皆下品，唯有读书高”这一在中国社会广泛流传的价值观念，表现中国人读书仅为科举入仕，高官厚禄。天下读书风气愈浓，功名欲望愈切，全然相异于西方“为学问而求学问”或“为经商而求知识”那种义利分明的求学精神。进入近代社会之后，尽管知识

〔1〕见黄炎培：《新大陆之教育》上册，第 255～256 页，上海：商务印书馆，1917；《东南亚之新教育》，第 140～141 页，上海：商务印书馆，1918；《东西两大陆教育不同之根本谈》，载《教育杂志》，1916 年第 8 卷第 1 号。

分子的职业趋向日趋多元化，但那种“学而优则仕”的传统观念依然沉淀在知识群的集体无意识中。清末那几个实业学堂，其办学宗旨竟是为朝廷输送洋务官僚。民国初年亦复如此，学生入学，“仍抱科举时代思想，以大学为取得官吏资格之机关”。[1]在如此这般的社会心理背景下，黄炎培提出职业教育主张，力呼“读书为做工”，“做工自养，是人们最高尚最光明的生活”，自是惊世骇俗之论。职业教育初起之时，四周确是一片老爷太太少爷小姐们的讥言冷语，讽之为“作孽教育”“讨饭教育”者不一而足。黄炎培理直气壮地辩驳说：“中国从前读书目的在做官，故一开卷即蓄一举人进士鼎甲之幻想。今举人进士鼎甲种种名词已随专制潮流以俱去，此等幻想，凡为学生者切不可存之脑筋中。……今日读书目的何在，兄弟以简言括之，学做人而已。”[2]他将“或拥遗产，或发横财，或领干薪”的特殊阶层鄙夷地称之为“人群的蠹虫”，认为最光荣的是“做一天人，干一天事”的“世上最大多数平民”。办职业教育，就是“为大多数平民谋幸福”。[3]正当蔡元培在北京天安门广场慷慨激昂地高呼“劳工神圣”的时候，黄炎培也在上海为中华职业学校设计了“双手万能”的校徽。职业教育的呐喊汇入了“劳工神圣”的新文化热流之中。

不过，黄炎培提倡职业教育的原始出发点是救国济世。中华职业教育社章程第一条明确表示：

> 本社之立，同人鉴于吾国最重要最困难问题，莫过于生计；根本解决，惟有从教育下手，进而谋职业之改善，同人认此为救国救

---

〔1〕 蔡元培：《蔡孑民先生言行录》(上)，第26页。

〔2〕 黄炎培：《东南亚之新教育》后编，第138页。

〔3〕 黄炎培：《办职业教育须下三大决心》，载《教育与职业》，1927年第83期。

社会惟一方法，矢愿相与始终之。[1]

也许是受到重视实业与教育的张謇之长期潜移默化影响，黄炎培也将这二者视作支撑社会大厦的中心圆柱。它们的作用犹如人之两条腿，只有双腿协调动作，社会才能向前行进。然而中国社会之症结恰恰在于职业与教育互不协调，以致于影响到社会的生存、人的基本生计。他举了大量事实说明当时吃饭就业问题之严重。本来，“我们广大的中华民众最中心的要求，只是‘安居乐业’”[2]，发展教育，本应首先满足“安居乐业”这一最基本的社会需求。可是兴办新学二十余年，却依然是“饿莩载涂如故，匪盗充斥如故”，这不正是教育家们的失职吗？黄炎培强调，“近代教育，必以生活为依归，而生活要枢，则在生计”，只有提倡职业教育，沟通实业与教育，使这两条腿互相协调一致，才能“矫正教育之弊，救济社会之穷”。[3]

从这一独特的思路来看，黄炎培的职业教育主张与其说是一面“教育救国”的旗帜，毋宁更确切地说是一座联结“实业救国”与“教育救国”的桥梁。这两大救国思潮尽管发轫于19世纪末，但在黄炎培看来，由于实业与教育在现实中的脱节，这两大救国宏图都未得如愿以偿。他决意步随张謇的足印，以教育推动实业之勃兴，以做工陶冶人的个性，试走一条社会改良的路径。

然而这一切并未带来足够的自信，困惑依然伴随着他。民族的危机、社会的动乱是这般的令人牵念，熟读《天演论》的他深知在世界范围内的生存竞争中，中国是处于何等柔弱的地位，他“很忧惧着劣败者

---

〔1〕中华职业教育社：《社史资料选辑》，第3辑，第24页，北京：中华职业教育社，1983。
〔2〕黄炎培：《今后中华民众教育的方针》，载《社史资料选辑》，第3辑，第202页。
〔3〕黄炎培等：《中华职业教育社宣言书》，载《教育与职业》，1917年第1期。

被汰于天行的凄惨，无可幸免”。中国犹如一个接近虚脱的病人，革命的泻药只会令她抵挡不住，加速死亡，而改良的补剂恐怕又为时过晚，无济于事。他忧心忡忡地注视着这个矛盾的世界。

忧虑一旦达到了极点，就反而转化成一种悲哀的达观。他认定了自己的改良选择。纵然缓和的改良不能救急，但“努力一分，必可占取一分优胜的成分，减却一分劣败的成分”，不正是佛经所说的那种“福不唐捐”？[1]

〔1〕 黄炎培：《二十年来服务职业教育的回想》，见《中华职业教育社二十周年纪念特刊》，1937。

# 张君劢：姗姗来迟的醒悟

正当黄炎培在民国初年的浊浪中急流勇退时，张君劢却追随着梁启超，高擎“宪政救国”的旗帜继续那艰难的航程。

中华民国建立之后，张君劢本着“联袁，以造成一大党”的战略方针，开始了积极的组党活动。1912 年 1 月，他与宪友会的汤化龙、林长民、孙洪伊等人在上海发起了共和建设讨论会。为了参加国会选举，民初的政党犹如雨后春笋，瞬时冒出了几十个，随后又逐渐合并为以同盟会为骨干的国民党和以立宪派为核心的共和党这两大政党。张君劢他们原欲并入共和党，但由于与主持该党的张謇等人意见相左，遂决心另造“一极大之第三党”，以利“吾辈政见之发挥”。[1] 8 月，一个以共和建设讨论会为中心的民主党在袁世凯的支持下成立了，梁启超被拥戴为该党的领袖。10 月，张君劢代表民主党专程赴日本迎接他归国。满面春风的梁启超在京津两地做了凯旋式的公开演讲，张君劢紧随左右，亦是踌躇满志。

梁启超归国后首先致力于联合民主、共和两党，同国民党分庭抗礼。张謇此时有“息肩”之意，横跨民主、共和两党的梁任公遂成为

〔1〕 张君劢致梁启超书，1912 年 7 月 4 日，见《梁启超年谱长编》，第 646 页。

原立宪派政党的实际党魁，不久将两党合并为一个进步党。在政治主张上，他重提“开明专制”之说，希冀倚重袁世凯之实力，将国家引入宪政的轨道。但他对袁氏并非不存戒心，他将“专制”之“开明”的宝押在所谓“政党内阁”上，幻想由“少数优异名贵之辈”领导的政党组织责任内阁，逐渐弃袁而代之。

张君劢对梁氏的这一策略未必不赞成，但他毕竟比梁启超更重视社会舆论的作用。他认为“世界最强之物”是“国中之舆论”，因为它能左右或影响“国民心理”。〔1〕1912年11月，他与原宪友会成员黄远生、蓝公武创办了一份《少年中国》周刊。在发刊词《少年中国之自白》中，他们宣布了自己办刊物的初衷：“吾人今日以为中国优秀分子，必当分二派努力。一派，则实际躬亲政治及社会之事业者，以贞固稳健之道持之。一派，则屏绝因缘，脱离偏倚，主持正论公理，以廓清腐秽，而养国家之元气。”“吾少年中国之发行，亦仅积鲠在喉，不能不吐，幸以三人积鲠相同，乃遂相共而倾吐之。”“今尽吾党良心之所欲言者，以一新政治或社会之空气。其他则让之世之能建功名而立大业者，斯同人等固定之宗旨也。”〔2〕这里所说“一新政治或社会之空气”，即领导舆论之意。在立宪派之中，他们三个当时可算得上敢说敢言之士，因此《少年中国》办得颇有朝气，对袁世凯之辈直有批评，每期印刷两千份，往往出版后数小时即告罄。张君劢、黄远生、蓝公武也由此得了一个“新中国三少年”的美称。

《少年中国》创刊不久，外交上即发生了“俄蒙协约案”。沙俄政府乘袁世凯立足未稳，与蒙古活佛缔约建交，并规定沙俄在蒙古享有特权。袁世凯政府对此竟毫无反应，情若默许。张君劢愤愤欲言，他疾书

〔1〕张君劢：《国会与政党》。
〔2〕黄远庸：《远生遗著》卷1，第10～11页，北京：商务印书馆，1984。

一篇《袁政府对蒙事失败之十大罪》，厉声责问："外交均势，一发全身。俄人发难于先，列国继起于后，一隅之地，牵动东亚全局。一旦实行瓜分，政府何以自赎？"他认为，民国建成以来，"政府因循坐误，一事不举。内无整理之可观，外启强邻之轻侮"，"考其大因，尤其当局者。但知顾全权势，不为国家谋根本之解决"。最后他疾呼曰："全国国民急起直进，自负责任。径行诘问政府误国之罪，并决定全国大政，以一致之精神，为对外之计划，庶足于振民气而救危亡！"[1]

该文在《少年中国》发表后，引起了舆论界注意。上海报纸也做了转载。二十六岁的张君劢虽然在政治上已有相当眼光，但毕竟书生本色，时常倔强得认真，因而招来了袁世凯的忌恨。梁启超本不赞成张君劢如此激烈的举措，又担心这位弟子的人身安全，遂劝说他出国暂避一段时间。张君劢被迫接受了。

1913年3月，他乘火车途经俄国来到了德国，以早稻田大学学士的资格入学柏林大学。早在日本留学期间，由于那些东洋教授常常在课堂上提及德国学者的名字，张君劢就萌生了对德国学问的羡慕和赴德留学的幻想，为此他曾在早稻田攻读两年德文。此番留学真可谓因祸得福。他在柏林大学总共待了两年半时间。就表面而言，他与黄炎培一样都从政界退归到了学海，但他的心却仍然系在政治的悬崖边上。他忘却不了苦难的祖国，忘却不了壮志未酬的宪政理想。他后来承认，"在德国读书二三年，在自己无多大心得"，比如学习经济学，连什么是历史派，什么是演绎法，都不甚了了。"虽两三年读书甚勤，但始终站在学问之外，学问与自己并未打成一片。"[2]

也许，那样一个时代确乎不是令人安心做学问的时代。不久，欧洲

---

〔1〕 转引自《君劢先生之言行》，未刊稿，第13～14页。

〔2〕 张君劢：《我从社会科学跳到哲学之经过》。

爆发了第一次世界大战，其他留学生惧于战争的炮火，纷纷惶然归国，唯独张君劢却视之为千载难逢之机会，继续留在欧洲观战。他在住室的墙壁上挂起一幅欧洲大地图，每日兴致勃勃地按照战事的变化插上各色小旗，苦心研究战事之胜负结局，以致于被邻居们疑心为是日本派来的间谍。1915年秋天，他还专程赴法国和比利时，观看西线战事。如此心猿意马，自然于做学问大打折扣。

在这段时期里，国内的梁启超陷入了政治的穷途。他帮助袁世凯整治了国民党，到头来兔死狗烹，自己被袁氏一脚踢开。他无法摆脱失意的困境，只能由进而退，第一次发表了脱离政治的宣言《吾今后所以报国者》。然而，一场黄袍加身的帝制古戏却容不得他优哉游哉地切磋学问。梁启超挥戈一击，一声"异哉所谓国体问题者"撼动全国，讨袁的护国战争在云南揭幕了。

远在万里之外的张君劢密切注视着国内的动态。当见到鼓吹帝制的筹安会出笼的消息时，他料知国内情形将有大变，决意中辍学业，先去英国，寻机返国。1915年10月，他经荷兰来到伦敦，在《每日先锋报》上发表了反对帝制的文章，经北京的《英文导报》转载为袁世凯所知。袁密令驻英使馆警告张君劢，谓："中山先生拘囚之室尚存，倘君在英更以文字登报者，惟有以待中山先生者待君！"张君劢坦然答曰："公等此言既出口，吾惟视为使馆中负责者之言，将报告英政府以求保护。"[1]不久，蔡锷起义的枪声传到伦敦，梁启超电张速归。张君劢遂于1916年春天借道西伯利亚回到中国，但并未赴滇从戎，而是受浙江督军吕公望邀请，出任独立后的浙江省交涉署署长。同时，依照梁启超的意见，主持进步党在上海的机关报《时事新报》，在舆论上从事讨袁。

〔1〕 见吴相湘：《张君劢老鹤万里心》，见《民国百人传》，第3册，第7页，台北：传记文学出版社，1971。

6月6日，窃国大盗袁世凯在四面楚歌中一命呜呼。南北重新实现统一。梁启超成为护国的功臣。北京政府函电交驰，邀梁出任总统府秘书长。梁启超预感到“杂于虎豹蛇蝎鬼蜮中”的混乱局面中必定一无可为，因而“还我书呆子生涯”的欲望十分强烈。他第二次发表了脱离政治的宣言，申明：“鄙人自问若在言论界补助政府匡救政府，似尚有一日之长，较之出任政局或尤有益也。”[1]但是，他内心却还有一个自我在说话，“当冰山骤倾、鼎沸方始之际，终不可无人周旋其间”，“环视全国，其能与各方面接洽而作缓冲者，舍区区外，似尚无其人”，“在风雨飘摇之境，仍不得不献身此大局装点门面”。[2]1917年年初，他在张君劢等人陪同下进京参与国事决策。

国会恢复以后，原国民党和进步党议员分别组成了宪政商榷会和宪法研究会（简称研究系）。当时继任的总统黎元洪与总理段祺瑞之间形成了势同水火的“府院之争”，其焦点是对德宣战问题。段主战，黎反对，双方在国会中各以研究系和商榷会为后援。梁启超本来主张在世界大战中持中立，但张君劢认为参战有益无害。张君劢经过在欧的那番研究，认定德国必败无疑，中国倘若参战，一可收回德国在华权益，二可加强中国在战后的国际地位，因而反复向梁启超陈说个中利害。梁为他说动了，研究系转而支持段对德宣战。随后，精力充沛、头脑清醒的张君劢代表梁启超往返奔走于南京、北京之间，向张勋、冯国璋等要人游说对德宣战。当时政府设立了一个研究和战问题的专门机构——国际政务评议会，段祺瑞兼任会长；张君劢则受邀出任书记长，每日忙得不亦乐乎。

5月10日，国会讨论对德宣战案，段祺瑞竟重演袁世凯当年故技，

---

〔1〕《与报馆记者谈话》，见《梁启超年谱长编》，第795页。

〔2〕梁启超：《致蔡松坡第五书》，《盾鼻集·函牍第二》，第11页，上海：商务印书馆，1917。

指使“公民团”包围国会，强迫议员就范。这引起了舆论大哗，黎元洪趁势将段免职。段祺瑞出走天津，调集大军准备武力倒黎。于是，“辫帅”张勋应黎之请，率领三千“定武军”北上进京，在紫禁城演出了一幕“清帝复辟”的丑剧。7月3日，段誓师马厂，宣布成立讨伐军，梁启超为其书拟了讨伐张勋的通电。张君劢则只身潜入北京，奔走各国使馆告以段军不日即将入京，各国万不可承认宣统皇帝，随即又南下南京面见冯国璋，并为冯继任大总统四方游说。

12日，段祺瑞回师北京，以“再造民国”的元勋自居，再次出任国务总理，并邀立下大功的研究系入阁。梁启超欣然受任财政总长，并欲以中国银行总裁一职授予劳苦功高的张君劢。张君劢自感疏于财政，转而推荐其胞弟张嘉璈。自己则承冯国璋之请担任总统府秘书。

此时梁启超、张君劢这些研究系成员可谓春风得意，计划联合段祺瑞大干一场，重振山河。他们是赤手空拳的文人书生，唯有制造舆论的优势，偏偏在近代中国的军阀政治下崇尚的是军事实力。“立身高洁、不斤斤于政权，以静待舆论之归”，固然不失民主政党之超然风度，但势必无所作为，难以速见成效，以解河山破碎之燃眉之急。在此情景下，他们脑子里总是游荡着一个俾斯麦或伊藤博文的幽魂，他们的政治赌注总是压在袁世凯、段祺瑞这样的“强者”身上，希冀以求一逞。为了排斥国会中的多数党国民党，他们配合段祺瑞炮制了一个“临时参议会”，拒绝恢复原来的国会以及《约法》。他们满心以为研究系将在“临时参议会”中成为无可争议的第一大党。殊不料在北洋系的武力和交通系的财力联合夹攻下，研究系在“临时参议会”中仅得三分之一席位。他们本欲倚仗强者排斥异己，结果却被强者当作异己排斥。戏弄历史者反被历史所戏弄——梁启超、张君劢们真谓有口难言！

不久，孙中山在广州举起了护法的义旗，南北再度分裂。迷信“武力统一”的皖系军阀段祺瑞在直系军阀逼迫下，于这年11月只得下台。

仅当了四个月财政总长的梁启超随之辞职，张君劢也沮丧万分地离开了总统府。

对于年轻的张君劢来说，1917年是他最为得意而最终又最为失意的一年。从小渴慕在政治舞台上一展抱负的他第一次在国家政治决策中扮演了一个认真的角色。在簇拥着段大人班师回京时，他们这些人脸上谁不挂着“当今之世，舍我其谁”的自矜笑意呢？当每日出入有威风凛凛的石狮子看守把门的总统府、国务院时，他们又何尝不曾想象着未来的青史中，将镌刻上他们这些在乱世之际开一朝太平盛世的治国隽才的英名呢？然而曾几何时，求治心愿丝毫未成，分裂乱势反见弥漫。张君劢感到惶惑、惘然。这荣辱叠加的1917年之于他，像是一个意味着失败的沉重句号，又似一个令人茫然的硕大问号。

他辗转反侧，难以入寐，起身在日记上书曰：

> 岁云阑矣！问此一年来，所为何事，则茫然不知所以。盖自来救国者，未有不先治己。方今海内鼎沸，已同瓦解。求所以下手之方，而不可得，惟有先尽其在我，此治己之谓也。明年所定方针，约举其要者有四：第一，学书写圣教序。第二，读汉书每日廿页。第三，习法文。第四，编大学国际法讲义。平生所志，往往牵于外务，行之数日，又复舍此他求。故标明于此，以自儆戒而已。〔1〕

在政海中“茫然不知所以”的张君劢万般无奈地退隐学界，他在北京大学找了一个教授国际法的位置。当1914年黄炎培退出政海时，张君劢还沉酣在叱咤风云的英雄梦幻里；孰能预料，四年之后的他竟步了后尘！况且黄炎培退得适时，有身心解脱之感，张君劢却犹如拄着拐杖

〔1〕 转引自王世宪：《追忆君劢先生》，载《传记文学》（台北），1976年第3期。

败阵而归的伤员。西方知识者在人生大困顿之时，往往求助于宗教，让冥冥之中的仁慈上帝慰藉自己苦痛的心灵，而中国士大夫则反求诸己，在此岸的世俗中淡化人生的挫折。如果说古代的“隐者”是在与自然山水的身心交融中实现解脱的话，那么近代的知识者大多以埋首学术来医治心理的创伤。这种退隐，对黄炎培而言无异鱼归大海，但在张君劢心目中，仅为韬晦之计。一个以退为退，另一个却以退为进。

张君劢的韬晦之计，不外乎中国传统“修身齐家治国平天下”这样一条由内向外、推己及人的外化路径。治国必先治己，修世必先修身，只有先成为“内圣”，才能进而企及“外王”：这就是张君劢所称的“盖自来救国者，未有不先治己”的文化底蕴。如今“牵于外务”的“下手之方，而不可得”，则“惟有先尽其在我”，变向外扩张为向内收缩，读书养性，充实身心，以待来日再度呼风唤雨。

梁启超、张君劢他们酝酿组织一个学术团体，为纪念护国战争后病逝的蔡松坡（锷）将军，特取名“松社”。这名字中也含有不胜嗟叹之意：倘若这位握有军权的梁任公忠实学生不曾过早地夭折，他们也不至于如此凄然地无所凭借，落得个只能谈谈学术的惨景！1918年1月间，张君劢两度致函梁启超，谈到“松社”的宗旨和作用。他提到，“松社”当以“读书、养性、敦品、励行为宗旨。……盖政治固不可为，社会事业亦谓为不可为，可也？苟疑吾自身亦为不可为，则吾身已失其存在，复何他事可言”。他请求时居天津的梁启超每周来京一两次，演讲身心修养；社员人数宜少，仅以信任者为限，不必向外公开，各人研究知识学问，若有心得，相互交流，等等。最后，他强调说：“松社事为一种精神结合，非日日以精神相磨砺，万无益处。”[1]

这一年，张君劢除了教书看书，钻研学问，其余概不它求。9月，

[1] 丁文江、赵丰田编：《梁启超年谱长编》，第859～860页。

被推为大总统的徐世昌有意聘张君劢做总统府顾问，张君劢也谢辞了。

当北方的梁启超们为北洋军阀所玩弄，在政海中“茫然不知所以”，不得已蛰身学界“读书养性”时，南方的孙中山在桂系军阀的排挤下，也孑然无助地卸职而去，回到上海闭门著书，“外方纷纭，殊不欲过问”。1918 年，对于恪守“政治救国”的知识分子而言，无疑是一场梦幻的惊醒，一串失败的尽头。在无尽的现实挫折面前，他们不得不暂时停下行进的脚步，舔着滴血的伤口，做着沉痛的反思，以寻觅失却了踪迹的救国路径。

10 月，张君劢东渡日本考察。不久即传来德国战败、“协约国”胜利的消息。数年前的预言如今兑现，张君劢精神为之一振，决意重游欧洲。恰巧这时梁启超也有访欧的计划，催促他归国同行。张君劢遂返回北京打点行装。12 月 29 日，梁启超、张君劢一行七人，从上海搭乘日本邮船“横滨号”启程远航。在出国前一晚，他们与在沪的研究系成员彻夜长谈，“着实将从前迷梦的政治活动忏悔一番，相约以后决然舍弃，要为思想界尽些微力”。梁启超承认说，“这一席话要算我们朋辈中换了一个新生命了”。[1]

如果说四年前黄炎培是带着教育改革中的困惑考察新大陆的，那么现在张君劢则是揣着政治改造之谜来到了欧洲。张君劢等首先访问了巴黎，随后又抵达柏林。当张君劢引导着梁启超旧地重游，在宽敞的柏林大街上信步漫走时，梁任公不经意地提到：在远东出名的欧洲当世哲学家，法国要数柏格森，德国要数倭铿（Rudolf Euken），说到这里，他兴致盎然地提议说：我们既已身临此地，何不去拜访一次？张君劢兴奋地颔首称好，于是这几位不速之客叩响了哲学家的家门。

倭铿这位名噪一时的大哲学家对远道而来的东方客人十分热情。宾

〔1〕 丁文江、赵丰田编：《梁启超年谱长编》，第 874 页。

主之间竟然一见如故，气氛甚洽。张君劢仿佛被这位大哲学家迷住似的，竟激动得不能自已。如同黄炎培在美国呼吸到杜威的实用主义教育理论顿开茅塞一般，他从与倭铿见面的这一刻起就骤然升起对哲学的无可抑制的兴趣和热情，而先前那种对政治的依恋之情宛如日出后的晨雾那般悄然散尽！

不久以后，张君劢在给友人林志钧的信中这样写道：

> 渡欧以还，将自己生世细细一想，觉十年来为经世一念所误，踯躅政治，至今不得一当。其锲而不舍乎；其弃之而别图安心立命之所乎；此两念往来胸中，不能自决。近月以来，痛下功夫，断念吾第二生命之政治已略决定。……此念既定，胸境顿然开朗。去了一政治国，又来了一学问国；每日为此学问国之建设作种种打算。[1]

他决意抛弃他的“第二生命之政治”，告别“政治国”，迁居“学问国”了。1920年春天，梁启超结束了欧洲之旅，启程归国，张君劢却自愿留在德国耶拿，师从倭铿研读哲学。

张君劢的这一嬗变绝非突如其来。与倭铿的见面只是一个偶然的突发点而已，在这背后正如张君劢后来所自我分析的那样，“有平日暗潮之伏”，具体而言，乃受了两方面的刺激。

其一是“事实方面的刺激”。就国内情形而言，民初政治那种种黑暗和堕落令他痛感到：“一国以内，先要人民的智识力、道德力充实，然后有好政治，如其不然，天天空口希望好政治，是无用的。”从国际范围来看，他与梁启超在法国逗留时，曾目睹了巴黎和会中令人心酸的

〔1〕《改造》，1921年第3卷第4期。

一幕，“已经知道国际上只有强权而无公道了”。它“深使我感触国家自身无强大兵力，外交是空话，乃至说国际公法，更是空话”。激愤之下，他发誓将自己所藏的国际法书籍统统付之一炬，并从此绝口不谈“这些无用的书”！

其二是“理论方面的刺激”。张君劢领悟到两条科学的真谛。第一，“科学之分科性”。“在研究科学的人，立在一门科学立场上，往往以为从本门科学以内可以解决本门以内的事情。在我最初求学时候，亦以为读了政治，就可以照书本解决政治；读了教育，就可以照书本解决教育。后来与实际生活接触之后，就知道科学是以分科为基本”，“教育、经济、政治在学术上可以独立，在生活方面是互相关联的”，因而倘若撇开了教育、经济等，又怎么能够解决实际政治问题呢？第二，“各科学中之抽象历程”。在不同的时代，各门社会科学“其思想背后有一个总潮流”，“这般潮流，不能求之于各社会科学，而应求之于哲学”。仿佛对半个世纪之后美国科学哲学家库恩的“科学革命”学说有着某种预感似的，他强调指出，“在世界上秩序安定期内，理论的安定与事实的安定期中，各人做各科学的工作，可以少管哲学，若在理论的不安定（由奈瑞到爱因斯坦）与政治的不安定期中，各问题时常须返求诸本，所以不能不管哲学”。

鉴于上述事实和理论的双重刺激，张君劢决心“从社会科学转到哲学”，“探求一民族所以立国之最基本的力量……专在这方面尽我的心力，来救我民族与国家”。[1]

张君劢的幡然醒悟诚然起因于诸外界因素的刺激，但其中势必有一种类似“第一推动力”的要素，无疑当是1917年国内政治活动的挫折。倘若张君劢在这之前访欧，纵然十度采访巴黎和会，百度会晤倭铿教

〔1〕 张君劢：《我从社会科学跳到哲学之经过》。

授，也未必有如此一半的觉悟。人在得志之时理智往往为迷狂所蒙蔽，而痛楚的落难反而会使人变得颖悟、深刻。从这个意义上说，人生的一切磨难并非没有报偿，而报偿的多寡就取决于灵魂反省之深浅。在欧洲求学的那些日子里，张君劢痛定思痛，将一年多来冷峻思考的结果写成一篇文章，寄回国内于1921年年初在《改造》杂志上发表。

文章标题本身就是一个困扰着张君劢无数个难寝之夜的硕大问号：《政治活动足以救中国耶？》。梁启超、张君劢他们自民国伊始即以建立政党政治为鹄的，然而他们"播下的是龙种，收获的却是跳蚤"。倘若不辨明这历史的莫大玩笑，张君劢就不可能从以往的阴影中解脱出来。

他对民国以来的政党政治做了冷静的观照之后，概括了四点失败的原因。其一，科举时代士大夫心理之作怪。"吾国人之言政治焉，如贡院中之考生之于主试者"，人人视政党为"功名之地"，"同盟会成功则盈天下皆同盟会员"，"袁世凯柄政，则盈天下皆袁氏党徒"，只知地位、金钱，而不知主义、政策。政党不是主义的结合，仅是人的苟合。其二，政党之不独立。西方政党经费一靠党员交纳的党费，二靠富翁的捐助，而中国政党之存活不得不依赖政府，如此光景，"夫天下安有摇尾乞怜于人，而尚能行监督之权乎？"。其三，皆无民主政治之风度。各党皆以"排斥他人压倒他人为第一义"，"但知有己，不知有人"。从事政治者"无论其心地如何光明磊落，而一陷入旋涡中，则未有不消磨其精力于相倾相轧，而益陷国家于不可收拾者"。其四，老百姓之不问政治。四万万同胞，识字者、热心政治而珍惜投票权的有几何？每届选举，各政党皆以五角一票、一块一票，乃至百元、千元一票收买小民，而"政府与反对党恬然不以为怪"。"盖神圣之选举权，至中国而扫地尽矣。"张君劢指出，这最后一点尤为重要，"吾国之仁人义士，其终不能自拔耶"，不在于别的，正是由于不肯在"国民政治知识品格上下一种根本救治之工耳"！

张君劢痛心疾首地大声呼喊："吾敢以一言告国人，以政治活动改良政治，则中国必不救。不以政治活动改良政治，则中国或者有拨云雾见青天之日。”他主张“重头做起”，建立“政治活动之基础”，即“根本上不外教育普及，人人自觉，人人有知识，夫而后可以语夫政治、语乎选举”。那么“政治活动既放弃，则今后将以何道报国？”，张君劢语气肯定地回答曰：“一心并力于政治社会的教育，而期其收于十年百年之后。”[1]

早在1916年，陈独秀就在《新青年》上说：“今之所谓共和，所谓立宪者，乃少数政党之主张，多数国民不见有若何切身利害之感而有所取舍也。”立宪政体能否实现“纯然以多数国民能否对于政治，自觉其居于主人的主动的地位为惟一根本之条件”。[2]可惜，梁启超、张君劢他们当时何曾会注意这些精言辟语！历史之冷漠无情恰恰在于，五年之后让张君劢本人重复这类似的一段话，而且仅仅为了重复，他竟付出了昂贵的身心代价！

在历史冷漠无情面孔的背后是历史自身的必然逻辑。西方近代社会变革进程表明，改制的急风暴雨需要一定的启蒙惊雷以为先声。在欧洲资产阶级大革命之前，绵延了四五个世纪之久的文艺复兴、新教改革以及启蒙运动为新世界的降临扫清了观念上的路障，动员了被奴役者的精神力量。然而，承受着巨大民族压力的中国近代社会变革，在“富国强兵”的军事、经济变革失败之后，改革者们即使面临着自身理论的不成熟和广大民众的愚昧如故，依然被迫仓促上阵，避开文化上的前哨战，直接诉诸政治变革，在政权问题上与旧势力决一死战。改良派倒下来了，革命派又前赴后继地冲了上去。为了救亡图存，他们不得不追求变革的速成，希冀以局部的冲破替代整体的效应。无怪在甲午海战之后，尽管启蒙与改制两股思潮平行奔流，互相争雄，但前者往往在客观实践

〔1〕《改造》，1921年第3卷第6期。
〔2〕《吾人最后之觉悟》，载《新青年》，1916年第6期。

中为后者所淹没、冲淡。笃信“教育救国”的黄炎培不是身不由己地卷入了更急迫的立宪运动吗？观念上分外重视启蒙的张君劢在形势的催逼下不是转而去“运动上层”吗？

然而这一切最终仅仅是又一次验证了“欲速则不达”这一古老而又平淡的真理。辛亥革命的惨痛教训首先使陈独秀们猛醒过来，他们以“亡羊补牢”的哀痛心情发起了一场旨在为辛亥革命补课的新文化运动；而黄炎培那一批在民初退而从事“教育救国”“学术救国”“文学救国”“科技救国”的知识者在不同的思想层次上反省了从戊戌变法到辛亥革命这段激荡的历史；最后，在军阀政治现实铁幕中碰得头破血流的梁启超、张君劢们也浪子回头，从“政治万能”的噩梦中惊醒，介入了新文化运动的时代主潮。

新文化运动的大潮卷过1919年的“门槛”，进入了一个新的阶段。如果说，在此之前运动的主要特色是谓“破坏”，“铲孔孟，覆伦常”，推倒偶像，砸碎枷锁，为新思潮的涌入清扫地基，那么到了“五四”前后，运动就开始了自己的“建设”工程，整个思想界百家竞起，异说争鸣，犹如各种西学的实验花园。改良派们对“破坏”总是匮乏情感的勇气，但对“建设”却充满着热情。黄炎培的职业教育学说未尝不是新思潮“建设”的一部分；而梁启超、张君劢他们也恰恰赶上了时候。1918年3月，《时事新报》推出副刊《学灯》从事新文化建设，次年2月，研究系的另一机关报《晨报》亦在京改版，着重宣传新思潮。梁启超自欧洲归国后，组织了共学社、讲学社，翻译西书、创办杂志，设立图书馆，选派留学生，开办大学，邀请西方学者来华讲学……他们以出色的学术研究和教育工作，应和了蒸蒸日上的启蒙新潮。

黄炎培和张君劢在分道扬镳五年之后，如今又跨入了同一条河床。然而令人生惑的是，那启蒙的浪潮在近代中国的环境下，又能奔腾欢跳几时呢？

# 进退之间的矛盾与踯躅

对于中国知识界来说，1918年11月第一次世界大战的结束，象征着某种情绪上的转折。如果说在此之前，大部分知识者对现实政治都保持着严峻的缄默，[1]那么“协约国”胜利的消息，使人们对中国的前途燃起了新的希望。知识分子们重新活跃起来了。天安门前人们激动地簇拥着，欢呼着，政治又成为他们所津津乐道的话题。而当中国在巴黎和会上外交失败的快电传来，人们炽热的期望又在失落中化为一道愤怒的闪电，在苍茫的天穹下炸响了“五四”运动的春雷。

黄炎培也抑制不住埋藏多年的内心激情，走在了爱国运动的前列。1919年5月7日下午，上海各团体、各学校在西门外公共体育场召开国民大会，会场上白帜纷飞，人头攒动，其盛况之空前，为辛亥革命以来所未有。黄炎培以江苏省教育会副会长的身份被公推为大会主席。他登上讲台，面视着台下两万多张神情庄严的脸庞，他眼睛有些湿润了，颤抖着声音开始说道：

---

〔1〕 例如，当时蔡元培在北京大学公开提倡为学问而学问，要求“学生在学校里面，应以求学为最大目的，不应有何等政治的组织”。领导新文化运动的陈独秀也代表《新青年》向读者声明：“批评时政，非其旨也。”于此可见知识界心理之一斑。

> 今天是何日，不是我国之国耻日吗？！凡是国民，应该尽我们雪耻之天职，切望不要仅为五分钟之热度！如果时过境迁，又忘于脑后，这样我们的国家真真不可救了！切望我国国民千万要坚忍勿懈！[1]

随后各界代表也一一上台发表演讲。“当演说至惩办卖国贼，还我青岛，全场呼号杀卖国贼，废密约之声，如雷震耳，愤激之情，于此可见。”[2]会后，黄炎培率领队伍向市中心进发，举行声势壮观的示威游行。每一游行者皆手执小旗，上书“力争青岛”“废除密约”“共诛卖国贼”“青岛不还毋宁死”等口号，手臂举起时犹如一片旗帜的森林。当队伍行进至法租界路段被阻，黄炎培上前再三交涉仍无效，遂与其他领队紧急磋商，决定分队游行。在大队分散之前，黄炎培伸起右臂，带领大家三呼口号：“祖国万岁！祖国万岁！毋忘此日！”此时他脑海里恍然又浮现了当年南洋公学集体退学的悲壮场面，那句饱溢着挚爱情感的“祖国万岁”便不由得再度脱口而出。这声音伴和着千千万万人的热烈回声，震撼了十里洋场。

“六三”北京大逮捕后，上海的爱国运动大潮涌向了高峰。从 6 月 5 日开始，上海各界举行了“三罢”斗争。这日清晨，黄炎培、沈恩孚等四人求见淞沪护军使卢永祥，要求速电北京，转述民意，严惩卖国贼。卢永祥竟以“未便”二字冷冷拒绝。黄炎培愤慨不已，在当晚上海各团体联席会议上提出印制“不办卖国贼不开门”标语数千份，遍贴全市各家店铺，并力主将“三罢”坚持到最后胜利。他声音低沉地说：“吾人办事，亦须如学校中之有课程。今日功课，须发表中西文宣言；

〔1〕《五四爱国运动资料》，第 643 页，北京：科学出版社，1959。
〔2〕《民潮七日记》，转引自李新、陈铁健主编：《伟大的开端》，第 75 页，北京：中国社会科学出版社，1983。

其西文者直接登西报。明日功课，开会亦其一端，罢市不停，须每日开大会也。”[1]会议决定成立上海商学工报联合会，并以该会名义通电全国，表示“卖国贼存在一日，商学工界即辍业一日，誓不反顾”。上海的“三罢”斗争撼动朝野，北京政府被迫罢免曹汝霖、章宗祥、陆宗舆三个卖国贼的官职。12日，上海各界再度集会西门外公共体育场，庆祝胜利。会后，黄炎培带领学生们兴高采烈地沿街报喜，动员商界开市。霎时，鞭炮竞放，拍手欢呼，黄炎培看到这番热烈的情景，内心感到几年来从未有过的舒畅、振奋。

“五四”的春雷隆隆滚过沉闷的大地之后，西方新思潮犹如开闸后的一泓奔涌而来的江水，浪花飞溅，一泻千里，蔚为壮观。人们的视野愈是开放，那理想与现实所呈现出的强烈反差就愈是触目惊心，催人行动。西学之于近代中国知识者，与其说是做学问的工具，毋宁说是社会改造之药方。“本现代思潮的精神，谋社会之改造”——成为“五四”之后最流行的社会语言，新文化运动发展到“建设”阶段便染上了鲜明的社会实践色彩。与五花八门的西方新思潮相呼应，知识分子们兴味盎然地尝试着各种社会改造的方案：工读互助、工人储金、新村主义、无政府主义、基尔特社会主义……在“五四”的知识分子群中出现了一股“泛政治”的社会心理。

置身于新思潮之中的黄炎培不能不受到时代氛围的感染。随着对社会政治活动的再度介入，黄炎培那颗儒者的入世之心又在悄悄地复活。尽管他依然保持着“职业教育救国”的初衷，但对现实的社会政治问题毕竟关切了许多，这与职业教育实践中某种挫折也有关。黄炎培逐渐发现，要办好职业教育，并不能脱离其他社会政治问题之解决。几年来，中华职业教育社尽管竭力而为，但成绩却与理想距离甚远。其中除了国

[1]《申报》，1919年6月6日。

内战争频繁、社会经济困难这些客观因素之外，主观上乃因为救国的范围未免局狭，大部分努力仅限于职业教育本身。有鉴于此，黄炎培提出了一个“大职业教育主义”的口号，主张办职业教育必须匀出一部分精力，参加全社会的运动，“有最高的热情参与一切；有最大的度量容纳一切”。[1]

黄炎培的社会活动增加了，与不同的社会集团都建立了一定的联系。他对各种主义都有着不带偏见的兴趣，一视同仁地采取“兼容并包”的宽厚态度。1921 年，他听说了中国共产党成立的消息，来到北京时专程拜访了李大钊。李大钊热情地接待了这位挚心济世的教育界同行。彼此促膝交谈许久，探讨救国的途径。黄炎培首先介绍了自己的看法，认为中国前途太危险了，政府、军阀都是没有希望的，中国国民还没有觉悟；必须对国民进行爱国主义教育，唤醒他们的觉悟。李大钊微笑着点点头，表示赞同说：我们的看法大致相同，主要是唤起民众，只是在具体做法上，你们重教育，我们除教育之外还重组织；希望我们今后经常互相联系！[2]临别时，黄炎培代表《申报》向李大钊约稿。李大钊慨然应诺，不久就寄去一篇介绍巴黎公社的文章《1871 年的巴黎“康妙恩”》。黄炎培将它登载在自己主编的纪念《申报》创刊五十周年的大型特刊《最近之五十年》上。

“五四”时代是一个充满着希望、充满着憧憬的时代。尽管军阀统治下的中国现实仍是这般昏暗，然而知识者的胸膛里面却跳动着一簇光明的火焰，新思潮的晨曦驱散了积郁在人们心灵的阴霾，苦闷与蹉跎已属过去。在这样的时代氛围中，如果说淡于政治的黄炎培也忍不住从退隐的学海中稍稍探出身来，那么热衷经世的张君劢又怎甘一生蛰居书

〔1〕黄炎培：《提出大职业教育主义，征求同志意见》，载《教育与职业》，1926 年第 71 期。
〔2〕黄炎培：《社史漫谈》，未刊稿；《八十年来》，第 83 页。

斋，当一个“哲学国”的忠实顺民呢？

1921年秋冬，在德国读书的张君劢自感“吾念之深而思之熟矣”，遂作《国民政治品格之提高》与《悬拟之社会改造同志会意见书》二文寄回国内，在《改造》上发表。引人注目的是，他开始重倡介入政治：

> 国人鉴于十年来政治之混乱，于是相戒不言行为。抑知此乃少数人把持团体不谋群众之过，非行为之过焉。今之持改造说者，常以知识（或文化）运动为高洁，而以其他活动为卑污，此谬说也。诚有志于改造者，不能外行为而他求。[1]

显然，这里反复申说的“行为”正是指介入实际政治。然而，不就是这个张君劢，不久前还痛心疾首地断言“以政治活动改良政治，则中国必不救”吗？究竟是一种什么样的引力又将他牵回到被否定了的起点上呢？这里内蕴着一个启蒙与救亡的悖逆冲突。“五四”运动具有双重的色彩，它既是一个新文化运动，也是一个爱国运动，其间鸣响着启蒙与救亡的双重主题变奏。当中国的知识者在对“政治救国”的沉痛反省中领悟到必须补上思想启蒙这一课时，他们遂痛下决心“并力于政治社会的教育，而期其收于十年百年之后”。然而这个时代并非一个容其“收于十年百年之后”的太平盛世。民族生存的危机依然威胁着苦难的中华民族，逼迫人们奋不顾身地行动，加入救亡的行列。倘若欲以启蒙力挽国势，就颇有远水解不了近渴之虞。这样，当一幕幕国耻啮咬着人们的灵魂时，不仅国内的黄炎培会挺身站在爱国救亡运动的前列，即使远在欧洲的张君劢也难以维持得了那份“期其收于十年百年之后”的耐心。对于矢志于“知行合一”“即知即行”的张君劢而言，唯有再度诉诸“行

[1] 张君劢：《悬拟之社会改造同志会意见书》，载《改造》，1921年第4卷第3期。

为”，以求速效。他将最终的希望依然抵押在“组党”之上：

> 号为国家，不能无政治，政治之良者，舍民主外，尚有何种；而民主之中，不论为苏维埃与资产阶级，皆不能入：政党，故今后国家之生死存亡，独视政党可焉。[1]

不过，民初政党政治失败那一幕令他有所警惕。他觉得政党必须改造，改变以往以武力为后盾、以政府为恃赖的状况，转而“专向国民身上下功夫”。他力图将现实中的启蒙与救亡两重任务联结起来：“吾念既往推将来，盖确信政治上一线光明，舍以政党举国民政治教育之业，因国民政治教育以巩固政党外，殆无他道。”[2]“目前所重者厥在文字鼓吹，及乎他日团结既成，或采取政治行动，或［采］取工业行动……”[3]

1922年1月，张君劢陪同应邀来华讲学的德国生物学家兼哲学家杜里舒博士启程归国。此次留学欧洲前后三年间，张君劢可谓“发见了一个新生命”。他不仅有志于成为治国平天下的政治家，而且还平添了一缕当哲学王的抱负。在政治实践惨败的尽头，他复归了自己的书生本色，找到了一个新的安身立命之地。然而，尽管在一时冲动之下他发誓要“断念吾第二生命之政治”，政治终究还是未曾离开得了他。当学问与政治犹如两块引力相向的磁铁同时诱惑着他时，这就使回国之后的张君劢采取了一种自称为“不因哲学忘政治，不因政治忘哲学”的双重姿态。

张君劢来到上海，一时无适当工作，举债度日，生活相当清苦。这时，梁启超他们接办了中国公学，计划将它办成一个兼设大学和高中的

［1］ 张君劢：《国民政治品格之提高》，载《改造》，1921年第4卷第2期。
［2］ 同上。
［3］ 张君劢：《悬拟之社会改造同志会意见书》。

有影响的学校，为今后发展势力训练人才。梁氏邀张君劢担任筹备主任，但张以学校基金无着落为由婉谢了。不久，原先的广方言馆恩师袁希涛出任吴淞市政筹备处主任，急需帮手，张君劢为应付生计，便应邀出任副主任。

有了一定的饭碗，张君劢介入政治的心思又活动起来了。他环视国内，那些热衷于相互厮杀混乱、崇拜武力统一的大小军阀未免令他厌恶失望，当年投靠段祺瑞失意的教训也使他对再度入朝当官意兴阑珊。他的兴奋热点此时似乎已转移到宪法上。他根据自己对西方诸国政治的研究，相信它们之所以社会稳定，治理有方，关键是因为有一部人人奉为圭臬的宪法。倘若中国也有这么一部好宪法，那么不是可以消弭军阀间的争斗，和平统一中国，走上法治天下的道路吗？恰在这时，一个天赐良机降临了——上海国是会议特邀张君劢起草“国宪”。

国是会议是由上海的工商、教育两界人士发起的，黄炎培作为教育界领袖也是其中的主持者之一。这些江浙资产阶级人士由于对北洋军阀一再失望，遂萌生了“国民自决”的念头，决定一改以往向统治者“建议”的软弱做法，而直接以“主人”的资格，拟定国家大法，号召公民实行。他们闻说张君劢对各国宪法素有研究，便特邀他与章太炎一起完成“国宪”。张君劢欣然应诺。他以德国的“魏玛宪法”为蓝本，拟定了一个以联省自治为特色的宪法草案，同时还另外撰写了一册《国宪议》，全面阐述自己的宪法思想。

毋庸多言，张君劢苦心构造的这部“国宪”在军阀政治之下当然只是一具空文，但他依然“敝帚自珍”。1923 年 10 月，直系军阀曹锟公开收买议员，选其当“民国大总统”。张君劢发表了一系列文章，坚持宪法不成，不能选举总统，呼吁国人对不合法之总统、国会和内阁取不合作态度。曹锟贿选得手后，为遮天下耳目，指使国会匆匆忙忙拼凑了一个“宪法”，以令人瞠目的速度三读通过，颁布全国。这种“制宪儿戏”自然为天下舆论所不齿，偏偏张君劢却出来表态，说此项宪法虽由受贿国会成之，但内容比较合理，不宜一笔抹杀，国民不如赞成之，责以实行。[1]这种对宪法“饥不择食”的迷狂态度受到了《民国日报》邵力子的痛斥。但张君劢仍不以为然。原来，“曹锟宪法”中近一半条文抄袭自张君劢的“国宪草案”，无怪乎他对这个人所共弃的玩意儿如此偏爱！

张君劢一方面热衷于起草宪法，另一方面对哲学的兴味也日见浓烈。回国后他陪同着杜里舒博士周游全国，为这位德国哲学家讲演翻译，整理讲稿。一路上他与杜氏就人生哲学问题多有讨论，逐渐形成了自己的想法。1923年2月14日，张君劢应邀在清华大学做了题为《人生观》的讲演，事后讲演稿又刊登在《清华周刊》上。他自己也万万未曾料到，竟因此引燃了一场撼动中国思想界的科学与人生观的大论战！

张君劢在欧洲就学于法国的柏格森和德国的倭铿。那两位都是西方近代非理性主义大师，是自由意志的热烈鼓吹者。张君劢的人生哲学几乎惟妙惟肖地脱胎于柏氏和倭氏的思想。柏格森认为世界上有一种绵延不绝、绝对自由的“生命之流”；张君劢也将人生视作是一个活动的、自由的和创造的历程，推动这个变动不居人生历程的是人的心灵或精神，而人的心灵、精神、意志这类东西是最自由自在的，无统一规律可循的，因而由精神所主宰的、为直觉所认识的人生观就不是讲求因果律、推崇理性的科学所能解决的。张君劢在《人生观》讲演中历数了科学与人生观五大歧异后，断然说道：“科学无论如何发达，而人生观问题之解决，绝非科学所能为力，惟赖诸人类之自身而已。”[2]

张君劢的这种科学、人生观二元理论，激怒了他的好友丁文江。这

---

〔1〕见《君劢先生之言行》，第19页。
〔2〕《清华周刊》，1923年第272期。

位剑桥出身的北大地质学教授，坚信科学的方法无所不能，“绝对不受限制”。他们两个关在房间里，脸红耳赤地辩论了整整一个小时。事后丁文江写信给胡适，评说张君劢的观点“几乎把我气死……我想我们决计不能轻易放过他这种主张”。[1]他中辍了手头的《兰因河畔之悲剧》写作，作了一篇《玄学与科学——评张君劢的“人生观”》，发表在《努力周报》上。文章开首即朗朗宣战：“张君劢是作者的朋友，玄学却是科学的对头。玄学的鬼附在张君劢身上，我们学科学的人不能不去打他。”[2]张君劢岂甘示弱！两人你来我往，唇枪舌剑，争论不休。战火迅即蔓延扩大，胡适、梁启超、吴稚晖、张东荪等纷纷参战助兴，瞿秋白、陈独秀也以辩证唯物主义的科学立场表明了自己的看法。最后形成了“科学派”（丁文江、胡适、吴稚晖）、“玄学派”（张君劢、张东荪）和“折中派”（梁启超）三大阵营。

这场为时一年的学术论战，尽管各方观点都有偏颇、稚嫩之处，却大大地推进了近代中国哲学事业。从学术本身来看，张君劢的观点未尝没有合理的成分，但学术之争发生在一个新旧交替的大时代里，却往往含有学术之外的更深刻意味。“五四”时代是一个全面引进新思潮的年代，在传统文化依然异常顽强、国人的思维方式严重匮乏近代科学理性精神的时候，张君劢如此非难科学显然是助了“国粹派”一臂之力。纵然他一再表白“没有反对科学的意思”，但在新旧思潮激战到难解难分的时刻，宣布将科学剔除在人生观之外，这在客观上只能产生阻抗新思潮的社会效应。

张君劢对科学持保留态度绝非仅仅缘于在欧洲皈依了非理性主义哲学。第一次世界大战之后，东西方之间出现了一种文化互逆现象，即各

〔1〕《胡适来往书信选》上册，第188～190页，北京：中华书局，1979。
〔2〕丁文江：《玄学与科学》，载《努力周报》，1922年第48期。

自反省自己的传统，同时又向对方的传统认同。正是这种现象使张君劢产生了心理错觉，并对科学有所怀疑。1918年年底，梁启超、张君劢他们怀着走投无路的惆怅之情和寻觅新药方的强烈期望来到欧洲。大战之后的欧洲各国，不仅社会上一片萧瑟、凄凉，而且西方人第一次在精神的天平上失却了自信的平衡。西方人开始感到，科学倘若没有文化的控制，将会沦为人类自杀的工具，于是他们面向东方，寻求与科学平衡的伦理文化。一个法国学者对张君劢这位千里迢迢前来取经的求道者说："西方文化已经破产，正要等待中国的文化来救我们，你何必到我们欧洲来找药方呢？"至于柏格森、倭铿这些非理性主义大师，对"精深博大"的东方文化更表露出异乎寻常的兴趣，再三叮嘱"中国人总不要失掉这份家当才好"。[1]

西方人对中国文化的敬仰表现了他们不拘泥于传统的明智，一种具有自我更新精神的开放性文化的泱泱大度。然而张君劢他们记住了西方人反省传统的结论，却独独忽略了这反省精神的本身。梁启超于1920年一回国即宣称，"欧洲人做了一场科学万能的大梦"，如今这梦已经破产；号召青年"人人有一个尊重爱护本国文化的诚意"，去"超拔"、拯救大海对岸那几万万"愁着物质文明破产"的西方人。[2]张君劢1922年归国下船伊始也在中华教育改进社作演讲，告诫国人"欧洲文化上已起一种危机"，"吾国今后新文化之方针，当由我自决，由我民族精神上自行提出要求"。[3]他在《人生观》的讲演中又进一步强调："吾有吾之文化，西洋有西洋之文化。西洋之有益者如何采之，有害者如何革除

〔1〕见梁启超：《欧游心影录》，《饮冰室合集·专集之二十三》，第36页，北京：中华书局1989影印本。

〔2〕同上。

〔3〕张君劢：《欧洲文化之危机及中国新文化之趋向》，载《东方杂志》，1922年第19卷第3期。

之；凡此取舍之间，皆决之于观点……”又说中国有“侧重内心生活之修养”的精神文明，西方有“侧重于人力支配自然界”的物质文明，因而“盖人生观，既无客观标准，故惟有返求之于己，而决不能以他人之现成之人生观，作为我之人生观者也”。[1]

显然，张君劢思想的真实底蕴无非是以为科学西洋的好，人生观东方的好；物质文明尽可仿效西方，精神文明则大可不必外求，只须“返求之于己”就行了。这种心理错觉固然渊源于对中国心性之学的自幼偏爱以及西方非理性主义哲学的观念影响，但在相当的程度上确乎受到了西方人热衷东方的情绪鼓舞。张君劢却未曾意识到，对流中的东西方文化，各自的起点恰好相反，一方所匮乏的正是另一方所冗余的；中国的传统人生哲学或许可以拯救西方的文明，但若不经历西学的洗礼，倒拯救不了中国文明本身。作为对“五四”“全盘西化”思潮的否定，张君劢尽管很强调“由我自决”的民族立场，但在反观民族传统中，却身不由己地以西洋人的迷乱视线替代了中国人本应具有的反省目光！他受到了历史的戏谑捉弄。

在这场科学与人生观论战中，张君劢得到一个有欠雅观的“玄学鬼”绰号，然而，不久前在哲学界还默默无闻的张君劢毕竟一夜之间崭露了头角。他在窃窃自喜之余，依然记着“不因哲学忘政治”的立言。他时刻惦念着“组党”一事。不过他也感到，为了免蹈民初政党“以人为结合”的覆辙，即刻拉起人马为时尚早，必须首先确立一定的主义和政纲，联络志同道合者，进行广泛的鼓吹。因而当 1923 年江苏省省长韩国钧欲创办一“自治学院”，有意邀张君劢主持院务时，张君劢觉得这正是宣传主张、培植骨干的天赐良机，遂于次年 2 月走马上任。“自治学院”的创办得到了黄炎培、沈恩孚、袁希涛等江苏地方人士的大力襄助。院址初设在上海爱文义路，由《申报》大老板史量才代付房租；

〔1〕 张君劢：《人生观》，载《清华周刊》，1923 年第 272 期。

一年之后由张謇出资两万元购得地皮，迁至吴淞炮台湾，学院亦改名为国立政治大学。身为一校之长的张君劢邀请了众多学者名流来校授课，同时也亲自为学生开设英伦政治、唯物史观批评等课程。后来果然有一批学生成了他忠实的门徒，日后又成为国家社会党的骨干。

在办学的同时，张君劢又积极地酝酿拟定政纲。1923年9月，他与徐六几等五人以唯心史观为共同信仰，在北京西山灵光寺结成团体，订立了四条盟约。此后又与张东荪等商量，欲办一同人杂志，以唯心史观为号召，在中国思想界形成一大分野，待响应者增多时，再提组党事宜。1925年6月25日，张君劢致函梁启超，催促梁为组党拟一政纲，声称“青年心理要求救国方案，此事殊不可缓”。同时也不无忧虑地谈到“既有政纲，不可无鼓吹者”，但“以人才言，似不敷分配”。[1]当时，国共合作下的国民大革命已经兴起，广大有志救国的青年都纷纷奔投于国民革命的旗帜下。梁启超、张君劢他们尽管努力更新自己的形象，但他们脸上总是抹不掉研究系这一颇为难堪的陈旧油彩。他们已是落在时代潮流背后的人物了，对青年们不复具有清末那种别具一格的迷人魅力了；他们的组党宏图也就迟迟不能兑现。

就这样，“五四”运动之后，当社会改造的溪流在十月革命和马列主义的影响下逐渐汇集成国民革命的大浪，越来越多的爱国知识分子走出学术的天地，介入实际政治斗争中的时候，张君劢和黄炎培等另外一群知识者，却依然踯躅于政海与学海之间。他们虽然栖身于学界，却并非遁入空门，时而探出身来，对国家前途表现出热烈的关切；他们虽然忧国心切，却又始终与现实政治维系着一段若即若离的谨慎距离，冷眼的旁观多于直接的投入，将主要的精力付诸开发民智的文化教育中。这样一种似“进”非“进”、似“退”非“退”的姿态犹如张君劢所描述

〔1〕丁文江、赵丰田编：《梁启超年谱长编》，第1042页。

的:“我自身兴趣,徘徊于学问与政治之间。政治不需要我,学问兴趣,足够消磨岁月;政治需要我,我以爱国家爱文化之故,不能不应当兵之征召。”[1]

这种姿态表面看来似乎是进退自如,内心深处却潜伏着一个进退维谷的困境。张君劢的胞弟张嘉璈对此有一段逼真的揭示:

> 在我们朋友乃至于我们弟兄之间,都认为君劢这个人是研究学问的,可以成一个哲学家。可是,他认为政治理想不是凭空可以实现的。所以他总不忘怀于实际政治,国家一有事情发生,他就会情不自已的去参加政治……最基本的原因,是由于他自身的兴趣与外在的国家环境互相矛盾。他尽管对于学术有兴趣,但觉得人生的一切一切是要贡献于国家,所以国家不兴,只有参加政治。他性情上所发生的这个矛盾,也可以说是由于时势所迫。[2]

确实,张君劢和黄炎培身上,都同时并存着知识者与济世者的双重身份。作为一个知识者,他们的真正兴味在于做学问、办教育,全然不必外求于政治。倘若他们有幸降生于天下太平的大治之世,很有可能会成为一个“为学术而学术”的哲学家或教育家。然而他们偏偏生活于一个危机四伏的时代,内忧外患的客观环境不容他们的社会良心有片刻的安宁,他们不忍心在学术的伊甸园里“先天下之乐而乐”,不得不挺身而出,担当起匡时济世的匹夫之责。张君劢后来在悼念爱妻时曾经说过这样一段话:

---

〔1〕《君劢先生之言行》,第2页。
〔2〕 张嘉璈:《我与家兄君劢》,载《传记文学》(台北),1969年第4期。

> 二十年来，夫人对我之政治活动，心知其出于国之不能自已，然以为消耗精神于无用之地，劝我舍政治，专心致力于文化。虽心感其言，然人民之憔悴惨痛，令我甘入地狱中，受尽入世之谤毁窘辱，惟不敢自逸之一念，实有以致之而已。[1]

不过，痛苦却以另一种方式依然存在。当他们“舍其平生所爱好之潜研默想，而从事于政见之奔走呼号。夙夜深思，每惘惘不置”[2]时，作为知识者的自我与作为济世者的自我就在这进退维谷的困境之中暗暗碰撞着，较量着，无论何去何从都会带来难以弥补的心理缺憾。也许正有鉴于此，张君劢和黄炎培在“五四”之后的这段时期内，都不得已采取了依违于二者之间的不偏不倚平衡姿态。

然而，这种平衡仅仅是暂时的，而且两人的平衡方式也各有其侧重的支点。作为教育家的黄炎培，尽管他时常露面介入现实政治，但更多的是以“教育救国”自慰自勉。他可以下河，但不愿涉水过深；他觉得职业教育事业是自己真正的安身立命之地，是躲离政治风暴的安全避风港。因而当1921年年底和1922年6月北洋政府两度任命他为教育总长时，他都推辞不就，表示自己只愿以在野之身，尽匹夫之责。这种处世风格，袁世凯当年曾评以八个字：“与官不做，遇事生风。”[3]可谓深得其味。相形之下，作为哲学家和政治学家的张君劢，纵然他的学问兴趣比黄炎培更浓，书生本色更纯，但也许是政治学本身所具有的实用性质，他胸膛里总是跳动着一颗不甘寂寞的心。“对他而言，一切理论必须落实在人生的层面上方始具有意义”，“在他有生之年里，他一直试图

〔1〕《君劢先生之言行》，第40页。
〔2〕同上书，第16页。
〔3〕黄炎培：《八十年来》，第65页。

找寻并创造机会来扮演在他的政治哲学里，以政治作为专门职业的优异分子的角色”。[1]因而，他即使此刻暂时栖身学界，徜徉于政治的堤岸，也还在向往着更为惊心动魄的事业，更能崭露头角的舞台。他雄心勃勃地宣称：“家室、著作与办学盛业均不足累，而以身许国之念自矢。”[2]他酝酿着在文化界集合一班志同道合的队伍，有朝一日重新崛起于政治角逐场，实现人生的夙愿。

〔1〕江勇振：《我对君劢先生政治思想的点滴认识》，载《传记文学》(台北)，1976年第3期。

〔2〕《君劢先生之言行》，第19页。

# 万般无奈中的苦痛退隐

贫瘠的中国土地需要改良的社会土壤，苦难的中国民众亟待文明的火种烛照迷茫的心灵，辛亥革命的失败历史大声呼唤着社会的、国民性的彻底改造。然而，令人悲哀的现实悖论恰恰在于：急需改良的中国匮乏社会自我调节的弹性机制，因之也失却了改良所赖以进展的基本生态环境。于是，救国的命题在更深的层次上又回归于革命的基调：欲实现社会和国民的根本改造，首先必须推翻军阀的统治！——革命的主题沉寂了数十载春秋之后，经过新文化运动和社会改造的变奏，到五卅运动又吹出了嘹亮的号音。一年之后，国民大革命在北伐雄师的胜利进军中推向了辉煌的高潮，生气勃勃的南方革命势力与腐败黑暗的北洋反动势力在长江中下游流域摆开了殊死决战的阵势。

黄炎培在北方与南方之间取局外的中立。他分别接触过国民党的领袖孙中山和共产党的领导人李大钊，对三民主义与共产主义都并非全然不知。但国共合作下的南方之于他毕竟过于遥远、陌生，况且大动干戈之举在感情上总是难以接受，1917 年在新加坡时仅仅因为目睹渔夫残杀活鱼，便大感于心不忍，从此戒荤食素。对生物尚且如此慈悲为怀，何况对人类同胞乎？他内心清楚国民军北伐并非一般意义上的军阀争地盘，但既然不是以和平方式统一中国，似乎都不足为取。从另一方面而言，他在军阀的淫威下生存不能不有所顾忌。他有他自己的事业，这是他的第二生命；即便从感情因素考虑，他也不允许自己因一时的政治冲动而使苦心经营的职业教育事业蒙受意外。民国的气候真是瞬息万变，各路军阀如同走马灯似的你方唱罢我登场，即使料事如神，也未必可测政坛风云。黄炎培不得不在他们之间虚与委蛇，费心周旋。他对国民党也只能敬而远之。1923 年，国民党准备借设立平民学校的名义在上海开展地下工作，由汪精卫出面找到黄炎培，要求将这些学校归入江苏省教育会以作掩护。黄炎培考虑到自己的活动地点都在租界之外，一旦因此而受牵连，将会前功尽弃，于是便婉转拒绝。这样，国民党方面就与他结下了历史的芥蒂。

张君劢虽然也欲保持局外的中立，但他对政治的热衷之情使他难以维系冷漠的旁观。他对北洋军阀和携手合作的国共两党皆有所不满；比较而言，对前者他抱有一种深深的厌恶，而对后者则怀着莫名的心理恐惧。也许，风烛残年的老朽并不足为虑，因为它迟早要走向坟墓，而后来居上的少年才是真正的劲敌，因为争夺明日天下的正是他们。与“无所不容”的黄炎培不同，张君劢在理论上门户之见颇深。他认定，改组后的国民党已经被俄国共产主义“赤化”了，而他所受到的西方资本主义教育似乎处处与共产主义格格不入：哲学上，是唯心论与唯物论的互逆；社会观上，有全民合作与阶级斗争的歧异；政治理想上，存“自由的民主政治”与无产阶级专政的分立；救国方法上，呈和平改良与暴力革命的冲突……1920 年，张君劢曾专门与张东荪通信，讨论中国的前途究竟是学德国还是学俄国。他认为，俄国的“十月革命”是一种“以亡命客以数扫之间，夺取政府”的“感情的”革命，之所以能够成功，是全赖于列宁的个人天才，因而绝非他国可学。而德国的“十一月革命”乃是“理性的”革命，“有国民为之后盾，无一革再革之反复，及新政府既成，以各方之交让，议定宪法”。这是“民意成熟，自然水到渠成”之功，全世界皆可学之。因此，张君劢主张中国应该学习领导“十一月革命”的德国社会民主党人之“脚踏实地”，“以法律手段解决社会革命”，而不该像列宁那般“近功速效”。[1]显然，此刻张君劢将国民革命视作俄国“十月革命”在中国的重演，种种的猜忌、狐疑令他对北伐雄师强烈抵触，以至他与蒋百里、丁文江、刘厚生等一批研究系要员竟投效于孙传芳帐下，参与策划，主张与北伐军一战。

10月，北伐军攻下武昌，张君劢预感到急转直下的时局不久将有巨变。眼见这个与自家争夺未来的政治对手如此进展神速，他内心既翻腾着酸楚的妒意，又按捺不住一窥底蕴的好奇。蓦然间，他脑海里涌起一个大胆的念头。他没有告诉任何人，自己便悄悄乘轮西上，在武汉秘密访查了三天，随后又悄悄回到上海。家人和同事都为他的突然失踪而惶恐不安，见面后又不免多有嗔怪。然而风尘仆仆的张君劢却满脸喜色，兴致勃勃地召集国立政治大学的全校师生，大谈特谈访查观感，随之又录成一册《武汉见闻》公开出版。

张君劢如实地介绍了自己在“红都”武汉的所见所闻。他说，他印象之中最为深刻的莫过于以下两点，“其一，青天白日满地红旗，按户悬挂，布旗不备，以纸代之”；“其二，政治口号之多，趋于国内各香烟广告之上……故武昌全城，几成一口号世界矣”。不过，他澄清了当时在上海广为流传的“南军赤化”之说，告诉大家：“赤化者，俄国共产主义之异名也。以吾在汉所闻……无不表示保护尊重私有财产之旨；故以共产改之者，不特无的放矢，且未尝了解国民党所以交欢商民之心理也。”剔除了“赤化”的心理恐惧，张君劢的态度也显得心平气和起来，他客观地分析了北伐军胜利的三大因素。一是“主义之昭示”。“天下之至强者，莫过于理想”，由于那里“人人知其何为而出师”，故而能“团

[1] 张君劢：《中国之前途：德国乎？俄国乎？》，载《解放与改造》，1920年第14期。

结之力一也”。二是“军队之政化”。“军士有正确之政治知识，立于党之指导下，努力作战，其所以战者既早有明了之目标，则虏掠之行，不待告戒自不发生。”三是“民众之合作”。“军队所至之地，有政治部以随之，一方训练兵士，一方向群众宣传……民众之与党部、党军，无扞格之弊；乃至行军之际，伕子之召集，粮食之供给，无往而不得地方之助。”

也许是联想到自己这批人落落寡合、政纲难以打动民众，张君劢深有感触地说：

> 北洋军阀，分据各省，其行政无宗旨，其军队无纪律，背主卖友，惟利是图，四万万人饮恨吞声莫可如何者。于兹十余年矣。吾人空有救国之志，隐忍偷安不能振臂而兴，乃令吾政敌之国民党独为其难，吾人于其今日之胜利，惟有同声欢呼。复何议论其得失之有哉？

张君劢这席坦率之言引起全校师生哗然。梁启超等人听说后颇为不悦，怀疑张君劢已经投降了革命。不过，张君劢的“投降”，仅是精神上的认输，理论上他依然保持着不认输的倔强。接着，张君劢也谈到了种种“不敢苟同”之处。他说，国民党政策的要旨是“以党建国”，一切党化，那么革命之后是否会“去旧式专制而代以新式之专制”呢？那种排斥异己的一党专政“与近代民主政治之根本原则”不是“大相刺谬”吗？他认为，民主政治欲在中国实现，首先当为排除军阀和帝国主义的障碍，但更重要的在于具备相互容忍的民主环境和民主气质。我们之所以亟亟提倡政治教育，就是因为要补救其缺陷。如果政治气质不变化，那么“旧军阀虽在，而新军阀复生，吾不知中华民国之何日而统一而治安也”。故而，他不无诚意地建议武汉政府“于革命旗帜下，以缓和之手段，求得国人同情，宁可拓地稍迟，不可招纳腐败军人；宁可收效稍迟，不可以一党专政为快意”。[1]

1927年3月，北伐军占领上海，青天白日满地红的国民党党旗代替北洋政府的五色国旗飘扬在上空。新来的掌权者无论对曾开罪过国民党的黄炎培或“研究系的余孽”张君劢皆难以容忍。有关当局以“学阀”的罪名下令通缉黄炎培。江苏省教育会被撤销，中华职业教育社被捣毁，中华职业学校几乎被接收。黄炎培个人幸得一青年星夜报急，方亟亟避走大连，免遭杀身之祸。张君劢虽则没有被通缉，但处境也颇为困难。他的行动受到了限制，国立政治大学也为国民党市党部接收。他不得不深居简出，以译书卖稿维持生计。即便如此，也不得安生。有一家书局约请他写一册《政治学ABC》，广告刊出后，国民党市党部即通令书局将其“毁版”，还声称因此要封闭书局。甚至出版自己的译稿，他也不得不改用“张士林”这一化名。

在骤然而至的迫害之下，黄炎培和张君劢即使在政治的边缘也都站身不住，不得不再度退隐学界。尽管他们退隐的缘由极为特殊，但这退隐之本身在当时中国知识群中却是一个相当普遍的社会现象。1927年春夏，蒋介石、汪精卫相继背叛了革命，残酷屠杀中国共产党人。国民大革命在短暂的一瞬间从辉煌的高峰跌入凄惨的低谷。中国的知识分子们，除却一小部分人怀着满腔的悲愤，掩埋好同伴的尸首，英勇地走上了武装反抗国民党新军阀的道路之外，大部分人都因此失却了继续奋斗的方向。他们在非左即右的历史十字路口徘徊游荡，无所适从，在万般无奈之中被迫暂避学海。苦闷、悲凉、彷徨……成为当时中国知识群中大面积感染的精神苦状。

---

[1] 张嘉森（张君劢）:《武汉见闻》，上海：国立政治大学，1926。本书根据作者1926年11月8日在政治大学的讲演稿整理而成。

黄炎培在大连开始了他一生中的第二度亡命生涯。他的心灵在隐隐作痛，却又无以自遣。民初以来，他一直小心翼翼地躲避着政治，结果政治还是自动找上了门。在以往的岁月中，纵然他为社会的良心所感召，出头做过几件事情，但这些似都不足让他反悔，令人叹息的倒是世道的多舛，命运的无常。偌大的中国既容不下为公道呐喊的义士，也难使学者们心安理得地埋头学问。他感到自己虽修炼多年，却仍是一个不忍出世的儒者，那种超然物外的老庄意境远未企及。他开始重读《庄子》，在人生大困顿之时，那轻灵飘逸的“逍遥游”之于他，犹如一帖令人涣然冰释的凉药。他作了一篇格言慰藉自己：

> 在得意的时候，须想世上苦恼人不知多多少少，我哪里忍得一个人单独快乐——这么想就不至于放肆了；在苦恼的时候，须想世上比我更苦恼的不知多多少少，我这些苦恼算什么——这样想心就平了。[1]

然而他何曾做得到心平如镜呢？尽管内心企及着“乘云气、御飞龙而游乎四海之外”的“逍遥”意境，但那心忧天下的诗圣杜甫依然吸引着他。他天天清晨起早抄录杜诗，还自作了不少诗句遣发内心的抑郁。在那些低沉、伤感的诗句中，两个极不和谐的声音仿佛在唱吟着。一个是道家的通达和超脱：“无营故自得，至乐方寸内”，“出门友如云，入室古人对”，“皎然物外心，虚窗月当夕”。……另一个是儒家的忧患和济世：“史书五千年，水火与刀兵”，“歌舞帐前尘，呼号刀下声”，“少岁读《西铭》，吾物与同情”，“口腹亦何为，于今心怦怦”……[2]最后，这两列矛盾的心境在观潮诗会唱吟中交织成一种无可奈何的洒脱：“潮信分明夕与

---

〔1〕 许汉三：《黄炎培年谱》，第72页，北京：文史资料出版社，1985。
〔2〕 黄炎培：《五十自励》，见《苞桑集》，第7页，上海：开明书局，1946。

朔，月光不改圆和缺。吾徒怀此向谁说，各抱孤云自怡悦。”[1]

同是面对人生的痛苦挫折，如果说黄炎培是采取向内消融的自我压抑以维系某种心理平衡的话，那么张君劢则通过向外宣泄的攻击反应以实现自我的心理防卫。尽管张君劢终日闭门译书，不事声张，但内心的不平之气却愈积愈浓，苦于无处发泄。一日，他在朋友家里偶遇青年党领袖之一李璜，两人萍水相逢，却一见如故。李璜是留法学生，人很聪明伶俐，对共产主义亦抱激烈批评态度，而且当时同样遭到了国民党有关当局的严厉压制。倾谈之下，两人都感到精神上的万分苦闷。张君劢首先提议合办一个杂志，“稍舒不平之气”。李璜欣然赞同。他们商定由张君劢筹款印刷，李璜负责组稿；杂志定名为《新路》，取探索新的奋斗道路之意。

1928 年 2 月，《新路》第一期出版了。张君劢在谈到创办刊物动机时说道：“吾人处于国民之地位，诚不忍见革命先烈，以头颅碧血仅乃换得之民权二字，终乃自摧抑于号称民权主义者之手，故始有本志之刊行。”[2]他以“立斋”为笔名，作了不少文章，激烈抨击国民党的一党专政。他将三民主义比作“昔之圣谕广训”，将国民党拉人入党喻为“昔日之科举制度”，嘲笑国民党此种心理、行为，“以之建设帝政之新朝则可，以之创造民治之国家则不可”。在他看来，“真正民主国之建设……在言论结社之自由中”，“在各党对抗之政治中”。他号召全国国民“争人权，争法治，以挽专政而进入民主”。[3]由于“济南事件”中蒋介石在日本咄咄逼人的威势下表现软弱和屈从，《新路》的“反党治”态度更升了一级，认定“济南事件为国民党历来谬误的外交所招致之结果”，

---

〔1〕 黄炎培：《答赠大连宗风浩然两诗社中日诸友》，载《苞桑集》，第 10 页。
〔2〕 张君劢：《新路禁止发行令书后》，载《新路》，1928 年第 4 期。
〔3〕 张君劢：《现时政潮中国民之努力方向》，载《新路》，1928 年第 3 期。

提出“为集中全国人民力量起见，国民党应立即取消一党专政”。[1]

当时，张君劢和李璜不仅激烈反对“党治”；同时也以“在夹攻中奋斗”自命，在《新路》上刊登了大量反共反苏的文章。张君劢武断地认为，无论是国民党的一党专政，抑或共产党的工农武装革命，其实质都是苏俄共产主义观念的产物。因此他以“世界室主人”为笔名专门写了一册《苏俄评论》，摆出一副“稍识外情”的专家资格在理论上向共产主义学说和运动挑战。他攻击苏联“所悬以示人者曰天堂曰黄金，实则地狱而已矣，粪土而已矣。青年辈闻俄，制而欲效之者，殆亦惑于美名而不加深考耳”。他声称，认清苏俄之面目是“吾国思想方向转移之大关键”，苏俄政治如此残酷，毫无民主，吾国自不必“艳羡而效法之”。他忧心忡忡地大声呼唤：“望吾国人勿以国事之重，作为俄国政治化学室之试验品！”[2]

《新路》每期印刷三千份，皆以所谓“特种方法”夹在其他书报中邮寄出租界，散往全国各地，一时颇引人注目。国民党中执会在《新路》出了三期之后即下禁令，宣布《新路》“言论反动，主张乖谬，意在危害党国，破坏革命，亟应严行查禁，以清邪说”。[3]由于印刷所不敢继续承印，《新路》出了十期之后，即在年底被迫停刊。

这年夏秋之际，蛰居在北京的梁启超肾病加重，将不久于人世。张君劢在沪闻讯后忧心如焚。他所关切的不仅是自己跟随了二十年的梁任公本人，更重要的是他们这批人梦寐以求的组党大业。在办《新路》的这些日子里，张君劢与青年党的曾琦、李璜等正酝酿着组织一个独立于国共之间的“第三党”，共同推戴梁启超出山为主以借号召。而今这棵

〔1〕张君劢：《本报同人对于济南事件发生后时局之主张》，载《新路》，1928年第5期。
〔2〕世界室主人（张君劢）：《苏俄评论》，凡例，第2页，上海：新月书店，1929。
〔3〕《申报》，1928年3月22日。

大树即将倾倒，他心中如何不急！9月18日，张君劢致函梁启超，婉转地建议梁任公作一临终遗嘱："将先生对于世界、对于吾国、对于旧友之希望，以简单之言择要纪录，俾同人有以继续先生之志愿而已。"他谈到自己的今后志向，心情似乎特别矛盾，一方面表示"近年思想颇向故学方面，拟舍弃外国学问，专读旧书"，追随梁启超，从事于学术的"开国规模"建设；另一方面又流露出对重返政治舞台的难以抑制的艳羡之情，感慨"吾人之政治生活，不知何日始能复兴？"〔1〕

推戴梁启超出山的计划终究未曾实现。1929年1月19日，梁启超在协和医院溘然长逝。张君劢在悲痛之余，决心"继续先生之志愿"，加快组党的步伐。春天，青年党在英租界开办了一所"学术式的高级党务学校"——知行书院，聘请一班"不满于南京方面措施"的学界名流到校"畅所欲言"。张君劢、张东荪、潘光旦、梁实秋等一批后来成为国家社会党骨干的教授都应邀前往。张君劢讲授的是西方政治思想史，罗隆基讲授的是西方行政制度史。他们热情很高，"皆不要钟点费，而且自贴车费，从不缺课"。〔2〕

端午节前某日黄昏，张君劢自知行书院下课出来，慢慢踱回家中。走到半途，一辆黑色的汽车"吱"的一声刹在他身边，跳出两个彪形大汉，一左一右将他挟入汽车，卷尘而去，原来国民党有关当局对张君劢近期的一系列活动深感不快，遂指令特务将他秘密绑架，囚禁于龙华警备司令部附近的密牢里。为遮人耳目，特务们假冒土匪绑票，每日以电话恐吓张君劢妻子王世瑛，命令她携巨款速来赎人，不然将割张之耳朵送至府上。张君劢前后被囚禁二十余日，还受到了肉刑，腿被打成重伤，从此行走不便。最后，张君劢被迫屈从，答应出狱之后不再从事政

〔1〕丁文江、赵丰田编：《梁启超年谱长编》，第1192～1193页。

〔2〕李璜：《学钝室回忆录》，增刊本上卷，第245页，台北：传记文学出版社，1979。

治活动，去德国担任交换教授。他拖着一条跛腿回到家中，不久便被放逐出洋，到德国耶拿大学担任为期两年的中国哲学客座教授。他顾影自怜，伤感不已。三次赴欧竟都拖着人生困顿的沉重黑影，莱茵河畔竟成为自己政治和精神避难的第二故乡。尽管自己又回到了尊敬的倭铿教授身边，还与倭氏合著了一本《人生观问题》的哲学专著，然而学术的收获和喜悦总难以烫平内心深处的痛苦皱纹。他咽不下那口不平之气，身在异国客乡，心却依然牵念着祖国。他难以忍耐退隐的寂寞，何况这寂寞是在一个遥远的国度，与他所向往的国内政治舞台远隔着崇山峻岭、浩瀚海水！

张君劢远走德国，黄炎培却回到了上海。自从黄炎培避居大连之后，国民党中黄炎培那些师友蔡元培、邵力子、张群等不断在蒋介石面前说情疏通。蒋终于开恩，批准取消通缉令，但同时又加上一个条件，黄炎培回沪后只准办教育，不准过问政治。就这样，说不出是高兴还是屈辱，黄炎培又回到了黄浦江畔。他变得很沉默，回避了所有公开的、敏感的社会活动，除了关在书斋里为商务印书馆著撰《中国教育史要》外，仅过问职业教育的事。他表面显得于人于事都十分淡泊，仿佛对国事早已超然物外，一次友人来函询问近况，他以诗答曰：

> 足茧音哓病不侵，刹那合眼抵山深。
> 忙来接物闲来读，市样臣门水样心。[1]

然而，谁又能想见他内心深处却掀动着何等呼啸的风暴呢？东北易帜了，青天白日旗“统一”了中国。但“统一”后的中国却愈加四分五裂，新军阀的混战规模与嗜杀欲望比起旧军阀来也是“青出于蓝而胜于

〔1〕许汉三：《黄炎培年谱》，第85页。

蓝”的。他即使想闭目不视，塞耳不闻，但在睡梦中也会听到战火中平民百姓苦难的呻吟。往往在夜阑人静的时候，他会惊异地发现，自己那“为而不争”、乐而忘忧的道家外衣里面，依然裹藏着一颗忧国忧民、仁爱济世的儒者之心！他感到自己作为负有“为生民请命”社会职责的知识分子，实在有愧于在绝望中挣扎的民众，但又无能为力。他唯有通过办职业教育来弥补对民众的负疚之情，慰藉自己骚动不安的社会良心。

在这样一个黑暗而又混乱的年代里，黄炎培和张君劢都在进退维谷的无奈心境中沉浮着，挣扎着……

# 历史，设下了布满陷阱的迷津

（1931—1936）

# 危机意识下的第三度入世

“九一八”事变犹如一道刺目的闪电，掠过大革命失败之后黑云沉沉的夜空，将人们从无声的沉默中惊醒。民族危机的凄厉警报伴随着松花江畔沦陷土地的低声呜咽，久久回荡在广大知识者沉重的心头。他们突然醒悟到自己一退再退之后，如今已经无路可退；国将不国，又岂有个人安身立命所在？他们在外敌咄咄逼人的凌辱面前，一扫血污和恐怖中的沉闷气氛，重又活跃起来，并勇敢地应战了！

继甲午海战、“五四”运动之后，“九一八”事变成为中国知识者大规模走向救亡、投入政治的又一个历史起点。自此之后，他们在接踵而至的困难催迫下，就再也不曾退隐、安宁过。他们以日益自觉、日益鲜明的积极姿态参与国事，介入政治，干预和影响着民族发展的未来命运。

如同周围所有热血沸腾的知识者们一样，黄炎培和张君劢也为时代的使命所召唤，开始了自己新的政治生涯。

尚在“九一八”事变揭幕前夕，有所警觉的黄炎培已在学界里辗转不安了。这年春天，他东渡日本考察教育。在考察期间，他逐渐注意到某种异常迹象，发现日本举国上下笼罩着一层战争的气氛，颇有磨刀霍霍、杀气腾腾之势。这战争的矛头究竟对着谁呢？他不无疑虑地暗暗推究着。一天，他偶然在一家书摊买到了三本暴露日本军部侵华计划的书籍，他的心蓦然抽紧了。他似乎看到了一块遮天蔽日的乌云正阴森森地逼近中华民族的上空，仿佛听见了阴霾密布的天穹边际正响起沉闷的雷声。他忧心如焚，一回到上海，立即在《申报》上向读者披露日本的侵华阴谋，大声提醒国人：日本军阀、政客和资本家们的共同趋向“就是向外发展……他们的目标，比以前还要扩大，从前为的是满蒙，现在呢，黄河以北，全是他们馋涎所及呀！”[1]

要否报告最高当局呢？黄炎培稍稍踌躇了一下。前些日子，蒋介石对这位颇有名望的缄默之士突然“关心”起来，派了邵力子专程来沪邀他去南京谈话。言谈之间流露出要他迁居南京之意，临别时还约他日本归来后再晤。或许，蒋介石还不失为一个开明君主？黄炎培怀着一丝希望，匆匆赶到南京，叩开了蒋府大门。蒋介石听完他的陈述，又随手翻了翻他带来的那三本书，显出一副莫测高深的神情，只是叫他去找外交部长王正廷“谈谈”。不料王正廷一见到他，竟哈哈大笑起来：“我还以为是谁来呢，原来是你黄任之！”不待黄炎培细说，又戏谑地说道：“如果你黄任之知道日本要打我，日本还不打我哩！如果日本要打我，你黄任之是不会知道的！”黄炎培失望至极，冷冷地回答：“很好！我但幸吾言不中。”[2]

然而不出几个月，黄炎培不幸而言中了。9月18日这天深夜，黄炎培正在申报馆办公。当电讯机传来了日军占领沈阳的消息时，他心如刀绞，跳上汽车，赶到《申报》总经理史量才家报信。一群人围在桌边打牌正值兴头上，听了竟无动于衷。黄炎培再也控制不住自己的感情，他一拳砸向牌桌，大声哭叫道：“你们竟甘心做亡国奴吗？！”那伙人方才如梦初醒，不好意思地收起牌桌。

---

〔1〕 黄炎培：《黄海环游记》，上海：生活书店，1931。
〔2〕 黄炎培：《八十年来》，第91页。

几天以后，黄炎培与一群朋友以宁波同乡会为机关，组织了一个抗日救国研究会。他再次赶往南京，要求政府出兵东北。这回出面接待他的依然是那位外交部长王正廷。正当他们交谈时，一群愤怒的学生蜂拥而入，将这位替不抵抗主义辩解的部长大人痛打了一顿。黄炎培平日对动武之举素不以为然，王氏又是自己相识多年的老友，但当晚他却在日记上大书："应该！应该！"

"国难来，重做人。今后做人不怕劳苦和艰辛。我用一分精神都为国，我过一寸光阴全为民。"[1]在这国难当头的时刻，黄炎培几乎不假思索，没有片刻的犹豫，便全然改变了"做人"的方式。在他大脑皮层的兴奋中心，那位"乘云气、御飞龙而游乎四海之外"的庄子已荡然无存，欢腾跳跃的尽是儒家那些"士以天下为己任""天下兴亡，匹夫有责"等火辣辣的入世警句。灼人的爱国良知令他忘却了自己以往在政海中的种种烦恼和不幸，他以"重做人"的积极姿态跃入了抗日救亡的政治洪流。

与这种由退而进的人生姿态相适应，黄炎培的"教育救国"思想在民族危机的刺激下也发生了强烈的震荡。他办了十几年的职业教育，原本期望以此救国富民，结果却是困难日益深重。这不能不意味着一种深沉的悲哀，同时也触发了一种新的觉悟。黄炎培后来深沉地说：

> 自从"九一八"事发，吾们内心起了极大的冲动，精神受了极大的影响。吾们亲切地看出，在吾们中国这样一个政治上经济上受着种种枷锁的国家，所谓社会问题的解决，必须统一于国家民族的解放……吾们深深感到，吾们的教育工作如其不配合于一个理想的

[1] 黄炎培：《重做人》，见《红桑》，第11页，上海：展望周刊社，1954。

政治主张和措施中，是不能有什么成效的。[1]

如果说，在辛亥革命失败之时他曾得出过一个正确的命题——教育办不好，政治也办不好，那么，此刻他在危如累卵的国难中也发现了一个同样正确的反命题——政治办不好，教育也办不好。他深有感触地说："职业教育固然很重要，但非根本问题。根本问题不能解决，职业解决亦无办法。"这根本问题便是"解除国难，复兴民族"。[2]据此。他提出中华职业教育社的工作重心和指导方针应该从"矫正教育之弊，救济社会之穷"变为"振作民心""为民族谋独立与繁荣"。这年年底，中华职业教育社于原有的《教育与职业》杂志之外，创办了一份《救国通讯》（后改名为《国讯》）。这是一份具有明显政治色彩、专事抗日救亡宣传的刊物，与《教育与职业》那只谈教育不问政治的风格形成了鲜明的对比。黄炎培亲自兼任《救国通讯》的发行人。他一反以往对政治的规避态度，经常发表一些文章阐发自己对国事的意见。

黄炎培重新活跃起来了！他变得像年轻人一样精力充沛，许多公开场合都可以看到他忙碌的身影。他与上海的工商、金融界各种上层人物有着不浅的私交，他想方设法调解他们之间的利害冲突，怂恿他们在为国的基础上联合起来。不久，他和史量才等联络了一部分上层知识分子，组织了一个壬申俱乐部，商讨地方自救的途径。"一·二八"淞沪战役爆发后，为了支援十九路军抗战，又以壬申俱乐部为基础成立了上海地方维持会（后改名为上海市地方协会），史量才任会长，上海商会会长王晓籁和上海黑社会首领杜月笙为副会长，黄炎培任秘书长兼总务主任，负

〔1〕 黄炎培：《从困勉中得来》，中华职业教育社编：《社史资料选辑》，第3辑，第60页，北京：文史资料出版社。

〔2〕 黄炎培：《河车记》，载《断肠集》，第126页，上海：生活书店，1936。

责主持该会的实际事务。黄炎培同杜月笙有着同乡之谊，他就利用这层关系去做杜的工作，开导杜说：国家大难临头了，我们都是中国人，应该负起救国的责任。他动员杜月笙捐出一所大赌场作为地方维持会的活动经费。他还通过邹韬奋主编的、当时尚属中华职业教育社名下的《生活周刊》向社会广泛征募军需品，供应前线。他甚至还动员全家老小连续几晚赶制丝棉背心，援助在三九严寒中浴血杀敌的十九路军官兵。

处于民族存亡的这一历史关口，张君劢的"入世"姿态自然比黄炎培要深切得多。"九一八"事变前夜，1931 年 9 月 17 日，张君劢结束了德国的教书生涯，途经莫斯科返回北平。他受聘在燕京大学教授黑格尔哲学，定名为"无名氏讲座"；据说他的薪俸是由一个不肯透露身份的人提供的。然而在民族危机的催迫下，张君劢的兴奋中心早已转移到"组党"上。当年研究系的密友张东荪这时也在燕京大学教书，二张遂联络了罗隆基、梁秋水等人，于这年 10 月在北平成立了再生社，取中华民族再度新生之意，为日后正式组党作准备。翌年 5 月，他们又创办了《再生》杂志，正式提出了"国家社会主义"的理论主张，声称二十年来，所有建国方案如君宪、共和、专制等历试殆尽，而皆无裨益，如今中华民族已濒绝地，他们有义务"一方面根据历史之教训、他方面情形、世界之通例，提出另一方案，以为唯循此途，可致中华民族于复生"。[1]

张君劢的政治活动立即招来了国民党当局的忌恨，也引起了燕京大学校方的不安。不久，学校以他发表《"一·二八"淞沪之抗战》演说为借口，将他的教授席位解聘。张君劢反而因祸得福，得以专心致志于酝酿组党和理论鼓吹。他以评书和著述所得的稿酬维持生活，此外还化名为天津《大公报》定期撰写国际时评。每月收入虽不甚丰厚，

〔1〕 黄炎培：《我们要说的话》，载《再生》，1936 年创刊号。

但一家人生活俭朴，竟还时常有余接济追随他的学生。经过两年多的串联，再生社社员渐渐扩大到几百人，大多是社会中上层知识者，其中有过去研究系的同人，也有国立政治大学的师生。张君劢感到组织正式政党的条件已经成熟了。1934年10月，再生社在天津召开了全国代表大会，宣布成立国家社会党（简称国社党）。张君劢、张东荪、罗隆基等十一人当选为中央常务委员，张君劢兼任总秘书，实际总理党务工作。

苦心经营了十年之久的张君劢终于实现了自己的政治夙愿，而且还当上了党魁，这于他来说自然是值得欣慰的，然而随之而来的却是更大的困顿。一些过去很有交情的北大、清华、燕京教授，颇不以他的弃教从政举动为然；为免遭政治牵累，纷纷敬鬼神而远之，有的甚至坦率地通知张君劢："张先生请你不要时常上门，否则我的饭碗就有问题。"稍微知情一点的也好心劝说他："以君之学识，何求不获，何必组党？"妻子王世瑛恐怕丈夫卷入政治过深，再度招来绑架之祸，也时常在枕边苦劝。确实，国民党特务虽然暂时未对张君劢施以非礼，但对国家社会党的活动却竭尽阻挠、干涉、破坏之能事；邮寄外埠的《再生》杂志时常被当局检查机关悉数没收，当众焚毁。张君劢自己也曾经不寒而栗地承认："谈组党不是儿戏事，是一件赌性命的事。"[1]但他毕竟没有畏而却步，因为有抱负和信念支撑着他。对他而言，真正构成对自己抱负和信念威胁的，倒是一个无法解脱的现实悖论。

张君劢所建立的是一个"有理想、有政纲""以主义为结合"的西方式近代民主政党。从纯理论角度而言，它理应依循近代民主政治的规则进行其实践运动，这就意味着一个民主的政党首先有赖于民主制度的保护。然而在国民党一党专政之下的中国所匮乏的恰恰就是这层民主的

〔1〕《君劢先生之言行》，第28页。

屏障。这样，现实的抉择就演变成一个残酷的公式：或者为了理想的纯洁、政党的党格，所有的活动都只求耕耘，不问收获；或者一切以成功为运动轴心，即使偏离了民主的轨道也在所不惜。在辛亥革命降下帷幕的时候，张君劢曾作过一次类似的选择，结局是不仅没有成功，而且名声大败。尽管他事后有所反省，许多人也一再规劝，说他仅有政治学家或政治家的才能，但他对政治上之成功过于热衷，偏要尝试扮演一位纵横捭阖的政治家角色。因之他在设计国家社会党的行动时，不得不再次屈从于现实利益，为追求成功所左右。既然蒋介石的南京政府将国家社会党视为难以容忍的“异党”，那么张君劢就只能到处寻求地方反蒋派的支持，如山西“土皇帝”阎锡山、广东“南天王”陈济棠以及下野的旧军阀吴佩孚、孙传芳，等等。他希冀借助他们的地盘和庇护来发展自己的势力。如此一来，国家社会党的近代民主色彩就大大打了折扣，那种习于寄生的依附性格不知不觉地渗透入党的传统，以至于渐渐地习惯演化为自然，终于不能自拔——国家社会党从它降生的时刻起就注定了它未来自我否定的命运。

黄炎培和张君劢，尽管在“九一八”事变之后都重新跃入了政治的旋涡。但他们涉足的深浅显然是不同的。黄炎培保持了中华职业教育社的教育团体本色，同时又赋予它更崇高的抗日救亡使命，他本人似乎还矜持于以一种非政界人士的身份过问政治；而张君劢则直接构造了自己的政党营垒，欲以一个反对党领袖的资格来影响国人，叱咤风云。

面对着满目硝烟的破碎山河和内忧外患的艰难危局，广大爱国知识分子都焦虑地思考着一个沉重的问题：究竟如何救国于千钧一发之际，拯民于水深火热之中？他们都苦苦地沉思着，激烈地争辩着，在精神的煎熬之中交出了自己那一份答卷。在民族危机的刺激和时代使命的催迫下，各种救国方案和政治理论在30年代初都基本定型、产生了。

黄炎培和张君劢也贡献了各自的理论、主张。

黄炎培提出了“团结、生产、国防”三大主张。他认定，要抗日救国，就必须加强国防。而要加强国防，从人的因素而言，就必须加强团结，确立共同的奋斗目标和一致信仰的领袖。从物的因素而言，则必须努力生产，扭转贸易逆差，发展民族工商业。这样，“团结增进人的力量，生产增进物的力量，把人和物的力量联合增进起来才能构成整个国家的力量，才能建立国防”。[1]黄炎培在1934年到1936年间，足迹遍及浙江、江西、山东、河南、陕西、湖北、四川、绥远等省，到处向学生、民众发表演说，向有关要人上书、劝说、宣传、解释这三大主张。他充满着热情、希望和幻想。

张君劢设计的是一个“国家社会主义”理论。这一理论以超阶级的国家本位和民族本位为基石，矗立起“修正的民主政治”“渐进的社会主义”“发扬民族文化”这三根支柱。所谓“修正的民主政治”，意即依循中国的具体国情，对西方民主政治“略加修正”，“去其偏枯，救其过甚”，建立由各党派联合执政的集权政府；所谓“渐进的社会主义”，意即将资本主义的私人经济与社会主义的计划经济加以调和，实行既保存私产性质，又有国家计划调节的混合经济；所谓“发扬民族文化”，意即力斥文化的复古主义和全盘西化主张，建立以民族为本位的融合中西的“新文化”。[2]张君劢这一包括政治、经济、文化在内的“全方位”方案既是他救国的应急主张，又是他为国家社会党设计的基本理论。尽管这一理论直到1938年他撰写《立国之道》时才得以系统表述，但其基本框架在30年代初已清晰地存在于他大脑中，并见诸他在《再生》上发表的各种文字。

黄炎培的三大主张与张君劢的国家社会主义思想，前者多少是一种

〔1〕黄炎培：《留告四川青年同学书》，第22页，见《蜀道》，上海：开明书店，1936。

〔2〕张君劢：《我们要说的话》。

实用性的应急对策，后者则不无体系化的理论色彩。从严格的意义上说，二者具有不可比拟的因素。然而，倘若我们不拘泥于系统的比较，而是以当时思想界的特定氛围作为背景，从中抽出若干横断面加以考察，就会发现二者之间尚有许多微妙的异同；透过这些微妙的异同，也许能捕捉到那个年代中国知识者中些微颇具普遍意义的精神现象。

# 发掘于民族心理的国难反思

民族危机的沉重钟声久久地震撼着中国知识者的心灵，“九一八”事变又一次促动了中华民族对于自我的历史反思：为什么国难当头的中国依然如一盘散沙，不仅未及一致对外抵抗，而且还在继续自相残杀？为什么在弱肉强食的世界生存竞争中，中国总是扮演那个任人欺凌、听凭宰割的悲哀角色？为什么号称中华民国国民，在西洋人的眼睛里却依然是那个拖着长辫、扭着小脚的古老形象？……在20世纪30年代上半叶这段苦痛的岁月中，中国各阶层的爱国知识分子怀着对民族的高度责任感，从不同的理论角度和思维层面上分析探讨了中国之所以濒临亡国的历史内蕴。有的从外铄论出发，归咎于外国帝国主义的军事侵略；有的从内政的视点考虑，愤怒声讨了国民党新军阀“攘外必先安内”的开门揖盗国策；有的从社会经济层面检讨了中国工业化失败所造成的经济凋敝、国力衰弱，从而无力抵御外侮。但也有一些知识者独辟蹊径，从民族意识这一深层因素发掘中国国民性的缺陷，反思民族的历史悲剧；黄炎培和张君劢的思考重心便都属这一类。

“九一八”事变后，张君劢写了一系列文章，黄炎培做了一系列的讲演：两人都在严肃地反省历史和现实。他们首先必须解答的是：中国何以蒙受如此深重的苦难？张君劢分析说：“这种问题与其说是外交上、军事上的失败，毋宁说是民族性的缺陷。”即中国国民缺乏近代的国家观念。[1]黄炎培也曾经谈到，大敌当前，“我们的共同大目标，就是国家和民族的生存”，然而中国人却“对国家民族的观念很薄弱”。[2]为什么会出现如此悲哀的状况呢？学贯中西的张君劢比较了中西民族的文化与历史，指出：历史上的中国，与其说是一个“国家”，不如说是一个“天下”。古代中国所代表的是整个文明开化的世界，它所赖以立国的不是血统或武力，而是文化。任何一个异族只要诚心诚意地接受了我们的文化，我们便把他们视为自己人。因而，“吾国人民头脑中充满着，乃‘天下’思想，而非民族思想。反之，欧洲之国家，到处皆见平等之民族，因有外民族之故，而本民族之认识，因而亲切”。[3]

不过，张君劢也指出，在中世纪的欧洲，由于数百个种族都统一在神圣罗马帝国之下，信奉同一个宗教基督教，运用同一种语言拉丁文，没有各自独立的国家，因之也只有“天下”的观念，而无“民族国家”之观念。直到15世纪之后，各国王权削弱了封建诸侯势力，逐渐形成了民族性的君主国，以民族的语言代替了通行全欧的拉丁文，民族的独立教会脱离了罗马教皇的管束，这样近代国家观念才随着民族国家的形成而取代了“天下”观念。在张君劢看来，天下观念与国家观念，不仅显现了中国和西方在民族意识上的风格迥异，同时也透出一种传统与文明、陈旧与先进的观念反差。从“天下”到“国家”，其间既中隔着分离欧亚的乌拉尔山脉，也横亘着界定古今的历史性断带。这就意味着，如果中华民族未曾实现从“天下”到“国家”的观念嬗变，那么在民族的自我意识上，她就只能可悲地羁留在中世纪，而跨越不过通向近代的

〔1〕张君劢：《中华新民族性之养成》，载《再生》，1934年第2卷第9期。
〔2〕黄炎培：《留告四川青年同学书》，见《蜀道》，第28页。
〔3〕张君劢：《中华民族复兴之精神的基础》，载《再生》，1934年第2卷第6、7期合刊。

历史“门槛”。

张君劢认为，中国人之所以匮乏近代国家观念，不仅是因为受到“天下”观念的干扰，更重要的是因为根深蒂固的家族主义掣制。他将家族主义视作中国传统社会的主要社会特色；人们只知有家，不知有国，为了一家一族的利益，可以牺牲国家。而且，中国“既以家族为单位，而个人（则）失其独立之价值”。[1]这样，由于在国家与个人中间矗立起一座座家族山峰，中国人便全然没有西方人从古希腊、罗马时代就具有的那种公民意识和相应的社会责任感，在专制政治的治理下，“四万万人中有蠢如鹿豕者，有奴颜婢膝者，有各人自扫门前雪者，有敷衍塞责者。凡西方所谓独立人格，勇于负责与为国牺牲之精神，在吾绝无所闻，绝无所见”。[2]也许是对“九一八”事变后中国国民中麻木不仁、一盘散沙的状况感受过深，黄炎培和张君劢都一再揭露过这种封闭的、狭隘的、自私的国民性。黄炎培曾不无困惑地提到，“好群”本来是人类的天性，但“不能群”又偏偏成为人类最有力的公共大敌。他认为，中国人之所以在国难当头的时刻依旧不能组合成一个团结有力的“群”，就是因为人们相互之间“相骂多，相助少；疑忌多，信服少。人家有种动作，总猜做坏事，不信人家能做好事……尤其是我做不成或做不好的事，你能做，做得好，非破坏不可”。[3]张君劢则愤愤指责“中国人之性质，多数是外儒内道，表面上好像像儒家，实际受老庄的影响很大，凡事不为天下先，因而无责任心，又喜放浪形骸，不守礼法”。[4]

病症既是如此，那么如何医治呢？张君劢说了一段十分要紧的话：

---

〔1〕张君劢：《明日之中国文化》，第108页，上海：商务印书馆，1934。

〔2〕同上书，第108页。

〔3〕黄炎培：《留告四川青年同学书》，见《蜀道》，第29～30页。

〔4〕张君劢：《中华新民族性之养成》，载《再生》，1934年第2卷第9期。

> 昔日以改革章制为言者，以为中国之病在枝叶，在手足。今日以民族生死为号召者，以为中国之病在根本，在心脏。……曰军制如何，曰政治如何，曰教育如何，曰经济财政如何，此所云云，皆不足以挽救中国，以其为枝叶之谋而无补于不觉悟之民族本身也。……盖心理既变，一切行动，曰随之而变。所谓以民族生死为出发点者，亦曰吾同胞对于国事之应大彻大悟耳。[1]

既然造成近代中国衰败的病症是一种心理综合征，那么在张君劢、黄炎培看来，要拯救国难，复兴民族，一方面应采取改造政治、经济、财政、教育这些治标手段，另一方面还应从改造国民性、更新民族的心理观念、道德人格这些治本方案下手。基于这样的信念，他们提出了各自的设想。

黄炎培的一个基本设想是“团结速成法”。他的团结、生产、国防三大主张中，团结是最为中心的一个环节。在他看来，人口居世界之冠的中华民族之所以在近代屡屡蒙受外族之欺侮，皆是内部相互拆台、不能为“群”的缘故。而中国人为什么不能团结一致？他以为症结在于有心理障碍，彼此都相互猜忌，缺乏诚意。依据这一分析，他所提出的“团结速成法”，其基本要旨为：“从自己做起，拿至诚来对待人，拿善意来推测人。”[2]

这意味着，“团结速成法”包含着两个必要的步骤。第一步是“从我做起”。黄炎培提出，干救国工作，必须具备四种根本上的修养：“高尚纯洁的品格，博爱互助的精神，忠勇义侠的气概，刻苦耐劳的习惯。”他将这四者概括为一种“金一般的人格”。在上述四条中，他特别强调

[1] 张君劢：《民族复兴之学术基础》，绪言，第3～4页，北平：再生杂志社，1935。
[2] 黄炎培：《留告四川青年同学书》，见《蜀道》，第31页。

“博爱互助的精神”对于团结的功效：

> 人类所以结合，就靠一个爱字。受了教育，扩大了眼界和心量，看国，看世界人类，看一切众生都和他身一样，和他家一样，这才是博爱。……博爱是体，互助是用，今后救国效能的多少有无，全看这种精神的消长。[1]

这就是说，爱是“金一般的人格”之磁芯，个人修养功夫是否到家，就看这爱的磁力究竟能波及、辐射多远。不仅爱身，爱家，而且爱国，爱全人类。每个人都将自己所有的力量，无一点私藏，完全贡献于国家和民族的生存。黄炎培极其肯定地断言，如果个人“没有这些修养功夫，不配谈救国。要救也救不了”。因为这些道德的条件，“不单是个人立身处世的金科玉律，也是人群结合的基本原则”。[2]

如果人人能够“从我做起”，那么第二步就是“由己及人”。黄炎培说：“联合的起点，在哪里呢？在自己相信自己。还要我相信你，你相信我。怎样能够大家相信呢？简括地说：‘个人应该打定主意：凡是认为应该干的，自己先干；不应该干的，自己先不干。’”[3]他举三国时期诸葛亮治理蜀地的六字方针“开诚心，布公道”为例，说明“诚心是精神，公道是事实”，既然人的本性为善，那么诚意到处，金石必然为之所开。他充满希望地憧憬着这一以善化恶的人性改良前景：“其先，个人以之自勉；其继，同志以之共勉。少数人确立之信条，扩大而成一群完整的精神，一时间鼓荡之风气，绵续而成全民族不可磨灭

〔1〕黄炎培：《我们救国该什么样的修养》，载《国讯》，1933年第61期。
〔2〕黄炎培：《我们为什么这样努力办〈国讯〉》，载《社史资料选辑》，第3辑，第206页。
〔3〕黄炎培：《我的人生观》，载《五六境》，第23～24页，上海：生活书店，1935。

之特性。”[1]

毋庸置疑，黄炎培的这个“团结速成法”犹如从儒家仁学母版中复制下来的一盘近代拷贝。孔子学说的核心概念“仁”，尽管在语义上有极大的模糊性、多义性和不确定性，但作为一种人际关系的调适准则，它的最确切释义即“仁者爱人”。[2]爱人者，忠恕之道也。忠乃从积极方面而言，“己欲立而立人，己欲达而达人”[3]；从消极方面而言，“己所不欲，勿施于人”[4]。概而言之，仁的真谛在于爱人，而爱人首先须得自爱，修身养性，克己奉公，成为高度自觉的道德主体；随之由己及人，从人返己，彼此以诚相见，以善相待，保持人际关系的和谐、圆满、稳定。对于中国这样一个以宗法血缘纽带为特色的农业社会来说，重视人际关系的调节，维系社会成员的和睦，确乎是国定邦安、天下太平的关键所在。因此，强调社会成员的自觉行为和相互之间的心诚意善，高扬道德的社会功效，以至于将道德修养置于政治、经济、军事诸改革之上，便成为历代中国士大夫治乱致平的基本途径。

黄炎培尽管在西学的洗礼中大大拓展了知识的视野，但他毕竟自幼饱读儒家经典，传统文化中这种道德至上、以德治国的集体潜意识早已深深地沉淀在他的思维模式中，成为他自觉或不自觉依循的心理定势。这样，他虽窥见了中国国民性中的若干疵点，却无法开出清除这疵点的新药方。他的仁爱之心确乎真诚。他不是那种言行不一的伪道学先生，而是切实做到了先儒们所倡导的身体力行，为人表率；然而他所自信的“速成”方法一旦付诸实践，其立意可嘉的设计却幼稚得令人惋惜。

〔1〕 黄炎培：《吾人在非常时期将以何者为最大贡献乎？》，载《国讯》，1936年第138期。
〔2〕《论语·颜渊》。
〔3〕《论语·雍也》。
〔4〕《论语·颜渊》。

与富于儒者气质、执着于道德功效的黄炎培相比较，读过洋书、啃过洋面包、曾受贽于德国唯心主义大师倭铿门下的张君劢，则更注重国民观念的更新。他认为，拯救国难、复兴民族的关键是要提高民族的自我意识。为此，1932年年底他特意翻译出版了德国哲学家的《对德意志国民的演讲》。19世纪初，当拿破仑率领几十万大军以排山倒海之势席卷整个德国之际，费希特以火一般的爱国热忱、以洪亮有力的嗓音号召德意志人民提高民族自信心，奋起反抗法国军队的侵略。费氏的这一讲演，后来成为德意志民族精神的宣言书。张君劢旅居德国时，曾在德国民主社会党的集会上目睹大会主持者手持费氏讲演词一册，高声朗诵，犹如教堂中神父朗读《圣经》一般。这使他感慨万分。他觉得中国人所缺乏的正是德意志民族这种强烈的自我意识和坚韧不拔的民族精神。因而在“九一八”事变之后，他特意将费氏的演讲词介绍给中国思想界。

张君劢在该书的译序中将当时之中日关系比作费希特时代之德法关系，认为：“中国之所以有今日，不应责日本，而应责吾国。”因为“凡国耻之来，不起于外而起于内”，“所以求雪国耻，不在于责人而在于返求诸已”。他强调：

> 吾国之纪念国耻，已垂十余年，不特不能减少国耻，反而增加国耻者，实由于感觉之不深，而未至于不达目的不止之境。非然者，必能内怀隐痛，有不怯国家丛垢不已之决心矣。

因之，张君劢提出，欲抗日救亡，第一要“检点自己过失”，第二要提高“民族自信力”，“凡此二者，皆以菲氏（费希特——引者）之所言，移用于吾国，其要点不外一义，即养成四万万菲氏之所谓‘自我’而已。此自我感觉锐敏，能识耻辱，能负责任，则敌国虽强，又何患无所以对敌之法乎？”。[1]

那么，究竟如何形成民族的自我意识呢？张君劢认为首先在于“民族之大彻大悟”，使每一国民“事事以民族为念，而忘个人之荣辱得失，以民族之痛苦为痛苦，以民族之利害为利害”。[2]但他意识到，对民族国家观念构成现实威胁的，除了“天下”“家族”这些传统观念之外，还有那新起的马列主义阶级斗争学说。因此他力图在理论上以民族观念排斥阶级观念，声称：

> 我们相信民族观念是人类中最强的。阶级观念决不能与之相抗。无论是已往的历史，抑是目前的事象。凡民族利害一达到高度无不立刻冲破了阶级的界限。

为了论证自己观点之可靠，他武断地判定说，苏联的成功“不在阶级斗争的国际化，却只在社会主义的民族化。换言之，即以民族为一体，形成一个强有力的国家”[3]。在这里，既有作为一个德意志“国家至上论”的虔诚信徒对马列主义的曲解和偏见，同时也残留着民族危机在他心头所投下的阴影。他唯恐阶级斗争会削弱本已衰弱的民族国力，企求人为地泯灭客观存在的阶级分野与阶级冲突，以民族的、国家的观念充实国民头脑，以应付日趋深重的民族危机。

不过，在张君劢看来，仅仅强化国民的民族观念远远不够，还须提高他们的民族自信心。他说：“民族而有自信心也，虽目前有不如人处，而可徐图补救；民族而失其自信心，也纵能成功于一时，终亦趋于衰亡

---

〔1〕 张君劢译:《菲希德对德意志国民演讲》，第6～8页，上海：中国国民经济研究所，1937。

〔2〕 张君劢:《民族复兴之学术基础》，绪言，第4页，北平：再生杂志社，1935。

〔3〕 张君劢:《我们要说的话》。

而后已。”[1]但有人嘲笑他的“迂腐”，称：民族对外成功之日，自信心自易确立，对外屡次失败之余，日日叫喊又有何用处？张君劢对此颇不以为然，他援引费希特的话说，民族精神犹如无形之力量，一旦内心发动，即不难转弱为强。他以一种带着浓郁感情色彩的声音鼓动道：

> 一个民族诚能立定志愿，不论其过去成绩如何，决不会菲薄自己，还要很看重自己，一定要推崇他祖先的丰功伟烈，藉以表彰其成功之原因。……我们民族要自己认清是世界上最优秀之民族。东亚文化是我们祖先一手造成的，其成绩实有过人之处。目前国势虽不振，但从过去推定将来，我们相信我们民族一定有光明的前途的。[2]

唯其感情色彩过浓，因而这声音听起来显得分外地勉强和空乏。不仅仅如此，犹如黄炎培的方案中潜伏着传统与现实的深刻矛盾一样，张君劢在其思维进程中也摆脱不了一个难以索解的悖论：近代中国“一方面要自己站起来”，但“另一方面又自觉种种不如人”；一方面必须提高民族自信心，另一方面又不得不严肃自责，“检点自己过失”……如果说黄炎培未曾自觉意识到自己思想中的潜在矛盾；那么张君劢则对困扰着自己思索的“二律背反”悖论却有着相当清醒的知觉，他在谈到提高民族自信心时哀叹曰：

> 此点在他国言之甚易，而在吾国言之甚难。盖在心地纯洁，而在积弊不深之民族，为之称道其祖宗之言行，可以增其自信心与前

[1] 张君劢：《明日之中国文化》，第10讲，第120页，上海：商务印书馆，1934。
[2] 张君劢：《立国之道》第一编（甲），第21～23页，自印版，1947。

> 进之勇气；在吾国而作此举，则益其骄气，而使之流于顽固保守。何也，心理上污垢积累着甚多，势不免于扶得东来西又倒也。[1]

尽管他提出了既要列出“祖宗之成绩”，又须清算“旧日之积弊”的补救办法，但终究不能将恼人的困惑从思维中剔除干净。他意识到，这些困惑绝非偶尔飘过的孤云，而是镶嵌在中西文化冲突广阔天穹中的一种必然气象；它的渊源，深深地内蕴于那个电闪雷鸣、风雨交加的文化背景之中。

〔1〕 张君劢:《菲希德对德意志国民演讲摘要》，序言。

# 中西文化激荡中的迷惘与超越

黄炎培、张君劢所置身的年代，是中西两大文化体系激烈碰撞的年代。到 20 年代中期，近代中国的中西文化之争已面临着一个新的历史蜕变。

随着欧洲资本主义对世界市场的开拓，西方文化也渗透到东方每一个国度。中西文化的接触虽古已有之，但由接触而呈冲突却是鸦片战争以后的情形。东方文化面临着西方文化的严峻挑战。中国人进行文化应战的第一个反应是“调和”，从魏源、冯桂芬、郑观应，到康有为、谭嗣同、孙中山，辛亥革命之前整整几代的进步知识者都执着于这样的信念：西学之于中国是“古已有之”，并非什么与祖传文化毫不相容的异端之物，应该而且可能通过汲取西方的“有用之学”，使中国文化重新得以阐扬光大。严格地说，他们文化应战的思维方式都未曾超越“中体西用”的藩篱。尽管“西用”的底蕴随着前人的挫折不断地得以历史的深化，从枪炮制造延伸到开办洋务，继而推演出议会制度，最后导向民主共和，然而，那个“中体”犹如一尊大神始终稳稳地坐在人们心中，始终未曾动摇。这是一个“中学调和西学”的时代。黄炎培、张君劢早年所出身的“中西合璧”之洋学堂，可以说内蕴着这个时代文化的全部秘密。

中学果真调和得了西学吗？“牛体安能有马用”乎？——这一由严复率先发出的低声疑惑，经过辛亥革命胜而复败的历史验证，到《新青年》这里就放大为震撼心灵的时代高音：“无论政治、学术、道德、文章，西洋的法子和中国的法子，绝对是两样，断断不可调和迁就的。……若是决计革新，一切都应该采用西洋的新法子，不必拿什么国粹，什么国情的鬼话来捣乱。”[1]打倒孔家店的“五四”新文化运动标志着近代中西文化之争迈过了“中体西用”的沟堑，开始了一个“西学批判中学”的“五四”时代[2]，那是一个“重新估定一切价值”的变革年代，一切文化上的旧传统、老古董都不得不在新思潮的天平上接受无情的历史称量；那是一个洒脱狂放、无所拘束的“拿来”时代，汹涌澎湃的西学浪潮使知识者的心灵变得比大海和天空更为辽阔。中西文化的激烈碰撞溅起了色彩斑斓的灵感火花，培育了一大批近代中国最优秀的文人学士，簇拥起一座整整半个世纪之内未曾被后人超越的文化高峰。黄炎培、张君劢以自己的行动或思想参与建设了这个时代，同时也从这个时代吮吸到丰富的精神养料。

然而，每一时代都有自己的历史困惑。如果说清末那些致力于调和中西文化的知识者难以圆满解答那个“牛体安能有马用”的著名诘难，那么“五四”时代的知识者则在西学批判中学的道路上遭遇了无从摆脱的四重困境。

第一重困境是虔诚学习西方与发展西学“破产”的冲突。新文化运动之初，中国人学习西方的态度是极其虔诚的，像陈独秀、胡适、鲁迅等《新青年》同人当时完全以一种思想化的热情语言、一种无批判的赞

[1] 陈独秀：《今日中国之政治问题》，载《新青年》，1918 年第 5 卷第 1 号。

[2] 文化意义上的“五四”时代，始于 1915 年的新文化运动兴起，到 1935 年中国本位文化论战而终，前后约二十年。详见下文。

美态度向国人介绍西学，描绘西方，这与他们对待传统文化和现实社会的冷峻姿态恰成一个鲜明的反差。然而，正当中国人终于放下了久放不下的架子，开始心悦诚服地拜西方为师时，西方人却演出了一幕与为师者形象极不相称的第一次世界大战，这使得虔诚的学生在内心产生了进退维谷的迷惘。正如本书第二章第三节已提到的那样，梁启超、张君劢1919年原本带着西天取经的愿望前往欧洲，结果却发现“欧洲文化上已起一种危机”。当时有一个美国名记者问他们：你们来是否要把西洋文明带些回去？在听到肯定答复后，这个美国人叹了一口气说：唉，可怜，西洋文明已经破产了，我们就等着你们把中国文明输进来救拔我们。梁启超、张君劢他们初听这话，还以为为师者在故意奚落学生，及至后来到处闻得这类感慨，才感到“他们那些物质文明，是制造社会险象的种子，倒不如这世外桃源的中国，还有办法”。[1]他们对西学失却了过去那般无批判的虔诚。张君劢说：“现时人对于吾国旧学说，如对孔教之类，好以批评的精神对待之，然对于西方文化鲜有以批评的眼光对待之者。吾以为尽管输入，当批评其得失，应同时并行。”[2]这种对西学的保留态度同时引发出一种向传统的回归热忱。但他们的回归又与那些道地的文化复古派迥然不同，张君劢就曾决然怀疑梁漱溟当时所作的未来世界文化即中国文化复兴的乐观断语。他对现实中国社会的理性洞察和本身所具的西学素养毕竟令他感到“西洋文化在精神上、在物质上都有他精良的武器，比吾们的旧文化确有优胜处”[3]。这样，他对待西学的态度陷入了某种矛盾和迷乱。这一精神现象不仅属于张君劢个人，随

〔1〕梁启超：《欧游心影录》，第15页，《饮冰室合集·专集之二十三》，北京：中华书局，1989影印本。

〔2〕张君劢：《欧洲文化之危机及中国新文化之趋向》，载《东方杂志》，1922年第19卷第3期。

〔3〕张君劢：《今后文化建设问题——现代化与本位化》，载《再生》，1937年第4卷第1期。

着梁启超、张君劢他们归国之后的鼓动、宣传，也逐渐在士林中弥散开去，成为20—30年代思想界的一泓暗流。从1916到1919年《新青年》与《东方杂志》的中西文化第一次论战高潮中国粹派大败，到科学与人生观之争的第二次论战高潮中双方悄悄地打了个平手，这意味着“五四”时代的知识者对西学由崇拜逐渐转向了困惑。

第二重困境是全盘实现西化与多元西学选择的冲突。“五四”时代初期，中国知识者在比较中西之学时，大多将西学视作一个浑然统一的整体，进而在逻辑上得出了全盘西化的结论。20年代以后，随着对西学的认识深化，并就西方的理论一一付诸救国的实践，他们惊异地发现：西学犹如中国的诸子百家一般，竟也是多元的！以当时人们最为关注的政治文化理论而言，既有英美的自由主义政治，也有苏俄的无产阶级专政学说，到30年代又冒出了一个德意法西斯极权主义。中国应以哪一种作为西化的认同对象呢？正是在这一问题上，不同阶级、不同阶层的现实选择显露了他们之间不可调和的利益抵牾。黄炎培在1934年夏天不无忧虑地谈到，当前中国思想界流行着一种十分“笼统”的观念，以为中国太不现代化了，唯有跟着人家进化才好。“不过，吾要请问：所谓现代化究竟是什么东西？”“资本主义国家，认资本主义化就是现代化。共产学者，认不共产就是不现代化。心醉法西斯蒂者，唯法西斯蒂，认为是真正现代化。”面对这多元的选择，黄炎培几乎感到有点无所适从，但他觉得“各种制度、学说、主义，单看它的本身，说不出是非利害的”，一切都取决于何时、何地、何人。胡乱跟着人家跑的笼统，其害之甚“充其量可以杀人、可以亡国”。[1]在黄炎培看来，既然笼统的全盘西化弊端丛生，那么势必要依循主体的某种需要对之加以适当的取舍、选择。然而取舍或选择的客观尺度又何在呢？——这依然

〔1〕 黄炎培：《笼统》，见《五六境》，第1～19页。

是一团有俟澄清的思维迷雾。

第三重困境是理智接受西方与情感面向东方的冲突。“五四”运动既是一个启蒙的文化运动，又是一个救亡的爱国运动，这两大运动在总体上呈相互激荡之势，同时也在人们的意识中潜伏着一个残酷的“二律背反”：在文化运动中，人们需要某种适度的“自卑”意识，放下维持了两千年的“华夏优越”的架子，虚心向先进的西方学习；在爱国运动中，人们又必须高扬民族的自尊心，以不屈不挠的战斗姿态与西方帝国主义抗争到底。这样，面对着西方这样一个师敌合一的复杂形象，“五四”时代的中国知识者便不能不陷入自卑与自信的两难之中。他们既不可能坦然地仿效西方，因为民族自尊的强烈情感常常迫使他们回过头去发掘“寻根意识”；也不可能形成一种问心无愧的民族自尊，因为清醒的理智往往令人沮丧地发现自身“处处不如人”的短拙。张君劢在“九一八”事变之后的国难反省中，就陷入了类似的困境。他在理智上洞察到中国文化传统的某些弊端，要求“检点自己过失”，将“祖宗旧日之积弊”明白指出；但在感情上他又不得不借助传统，企图通过“将祖宗之成绩表而出之”，而求得“民族自信心之提高”。[1]同样，在科学与人生观的问题上张君劢也显露了理智与情感的两歧性。在他看来，科学是理性的，“为因果律所支配”，人生观是感性的，属于“自由意志”的范围，因此，在科学上中国理应学习西方，“而人生观问题之解决，决非科学所能为力”，“故惟有返求之于己，而决不能以他人之现成之人生观，作为我之人生观者也”。[2]这种理智上接受西方、情感上面向传统的双重心态不仅为张君劢所独有，因为即使理智上主张全盘西化的胡适等人，在情感之深层也依然与传统有着难以割舍的精神联系。激烈反

〔1〕 张君劢：《菲希德对德意志国民演讲》，第7页。
〔2〕 张君劢：《人生观》，载《清华周刊》，1923年第272期。

传统者尚且如此，那么包括黄炎培在内的一般“五四”时代的知识者，又如何能够幸免这理智与情感的价值分裂呢？

最后一重困境是拯救民族危机与文化出现“真空”的冲突。“五四”时代启蒙与救亡这两大历史主题，如果说在30年代之前和谐的一面尚是主要的，那么到“九一八”事变之后，那悖异的一面就兀然突出。空前严重的民族危机需要激发国人的高度民族主义激情，但这种激情并非凭空即能产生，它要求一种统一的意识形态作为文化背景的衬托。显然，这种文化背景只能是土生土长的，与民族有着天然的历史联系，不能也不可能是任何舶来品。然而，包括张君劢、黄炎培在内的不少知识者却强烈地感到，唯一有资格扮演这一历史角色的中国文化在“五四”时代竟发生了严重的断裂，在民族文化的天穹下出现了令人担忧的“真空”。张君劢曾多次忧心忡忡地提道，“吾国之思想界中，隐然有美、英、法、德、俄国之势力范围存乎其中”，中国已经丧失了“思想的自主权”。随着民族危机的加深，那种文化“真空”的忧患意识愈来愈浓郁地笼罩在张君劢他们的心头。中国的知识者对汉武帝以来的文化一统局面本已习以为常，一旦形成“五四”时代这样的百家争鸣格局反而感觉无所适从。在他们的观念中，一元总是与治世、多元总是与乱世纠合在一起；社会是如此的分裂，人心是如此的离散，难道就没有文化混乱所造下的罪孽吗？比较起前面三重困境，这是一重最为触目惊心的现实困境。张君劢因此提出了重建统一的民族文化之口号：“民族建国之大前提，曰民族情感、民族思想、民族意志之融化。”“分也，争也，决不足为民族建国之基础所以代之者，曰合曰和。”至于如何化纷争为合和，变多元于一元，他认为“惟有以本时代之吾国人自创一种哲学上、社会上、政治上之学说以资解决，积日稍久，自为人所公认而为惟一圭臬”。[1]

---

〔1〕张君劢：《民族复兴之学术基础》，绪言，第7～8页，上海：《再生》杂志社，1936。

以西学批判中学的“五四”时代所出现的上述四重困境，犹如四道现实的隐性屏障，横亘在张君劢、黄炎培以及他们同时代的知识者面前。倘若不能以一种新的文化姿态超越“五四”，那就很难跨越这四重屏障。这预示着，近代中西文化冲突史中的一个转折点即将来临。

1935年1月，上海十个著名教授联名发表了一篇《中国本位的文化建设宣言》。《宣言》认为近代以来的中国人“抱着欧美传教士的脚”，被“悬在半空中”，“在上不着天下不着地的虚无境界中漂泊流浪”，结果造成“在文化的领域中，我们看不见现在的中国了”。《宣言》提倡一种“中国本位的文化建设”，号召将“此时此地的需要”作为中国本位的基础，“既要有不闭关自守的度量，也要有不盲目模仿的决心”，注重“迎头赶上去的创造”，“使中国在文化的领域中能恢复过去的光荣”。[1]

《宣言》即刻在全国文化界引起轰动，各家名流纷纷发表论见，沸沸扬扬，莫衷一是，由此形成了中西文化论战的第三次高潮——中国本位文化的论战。尽管这次论战的主要对阵者是提倡“本位文化”的十教授与坚持“全盘西化”的胡适之，然而热心参与其间的人数之众多，为前两次高潮所远远不及，连素来对“形而上学”之文化问题颇感淡漠的黄炎培也卷入了论战的边缘。

1月19日，十教授在上海主持召集了中国本位文化建设座谈会，黄炎培应邀出席，并发表了自己的意见。他对这个问题之关心和重视，并非始于“应邀”之时，而是早在《宣言》发表前半年。1934年8月，黄炎培在《星洲日报》上发表了一篇题为《笼统》的文章，一反常态地论述起对当前文化的看法。后来，当该文收进他1934年的文集《五六境》时，他特意作一附记：“最近上海十教授发表提倡中国本位的文化宣言，此文恰可作为宣言问题的答案。”在《笼统》中，他讲到中国文

〔1〕 陶希圣等:《中国本位的文化建设宣言》，载《文化建设》，1935年第4期。

化传统中有一种“决不屑模仿人家”的流弊，结果“弄到创造既不会，仿造又不肯，‘既不能令，又不受命’，在列国并立的时代，惟有加速自家的灭亡”，“吾以为吾们不应该有成见。应该虚心选择吸收人家适合于吾需要的长处”。接着，他话锋一转，强调了问题的另一侧面：吾们“不应该盲目地跟人家跑。从小的地方说，不应该误认无聊的装饰、奢侈的服用为现代化。从大的地方说，更不宜病急乱投医。……此时最需要者，是用科学的头脑，冷静地精精细细地分析，万万不可笼统”。那么，对西方文化的具体取舍标准又是什么呢？黄炎培设想了两条标准：“（一）从远处说来，为吾中华国家民族复兴所需要者；（二）从近处说来，于个人经济上、健康上或治事效能上实在有益者。”

最后，黄炎培暗示了中国人在文化上应该采取的姿态：

> 认清楚自己地位，充分发挥自己特性，该跑的，也许跑在人前，不该跑的，眼看人家飞跑，我一步也不动。结果反自立一群，来威胁人家，诱引人家，团他们进去，刮他们出来，于是第二中心成立。也许第一中心消灭。也许两个中心对立着，看谁强谁弱，谁存谁灭。[1]

上述所言，透露出黄炎培对复兴中国文化的热烈情愫。确实，黄炎培满怀希望地期待着在近代显得黯然失色的中国文化能够“充分发挥自己特性”，在地球上重新崛起，“自立一群”。与西方文化竞争抗衡。他不愿“盲目的跟人家跑”，他要中国“认清楚自己地位”，以民族的或个人的主体需要出发选择西学。因此，当他读到十教授的《宣言》时，内心不无共鸣之情。他在座谈会的发言中再次强调了“中国应该有中国的立足点”。然而，他似乎不太满意十教授那种“中国本位”的含糊表述，指

---

〔1〕 黄炎培：《笼统》，见《五六境》，第14～20页。

出“要建立中国本位的文化，先得研究这本位是什么？应该先有具体的研究，具体的规划，讲空话是不行的”。[1]

张君劢作为一支偏师在北平也参与了论战。他在《再生》上发表了一篇《今后文化建设问题——现代化与本位化》，并公开作答十教授之一的樊仲云，表示：“公等提倡本位之说，仆等不特不反对，且引为可喜者也。”同时，他对胡适为首的西化论者也未一概加以否定，而是以某种似乎折中的立场判定说：本位派与西化派“各有各的优点。原来可以并行不悖”。[2]显然，张君劢对于中西文化问题有着自己独特的运思。

自从在科学与人生观大论战中扬名四海之后，张君劢对文化问题的兴趣愈来愈浓。这不仅源于哲学爱好的驱动，同时也出自“民族复兴”之社会功利需要。“九一八”事变以来，他通过对国难的反省，愈来愈明确地认定变革民族心理、重建民族新文化之重要，断言新文化是“政治社会改造之先驱”，“有此新文化，不怕无新政治制度与新经济建设”，[3]因此，在从事实际政治活动的同时，他在文化研究上也加快了步伐，1934年，几乎与黄炎培发表《笼统》之同时，张君劢出版了他的文化专著《明日之中国文化》，系统表述了自己的思想。

张君劢对中西两大文化进行了全面比较。他一承以往中国精神文明、西洋物质文明的旧说，继续认定中西文化各有短长，无分高低：西学之长在知识，在名学；中国之长在伦理，在心性修养。不过，他认为，“世界史中，每一时代有笼罩一时的文化”，“从中国文化全体能否适合于现代世界来看，不能不说他是个落伍者”，因此，“中国在19世纪、20世纪，要想在世界求生存，他的政治工商都是不能不效法欧洲

[1] 黄炎培：《中国本位文化建设座谈会纪要》，载《文化建设》，1935年第1卷第5期。
[2] 张君劢：《今后文化建设问题——现代化与本位化》，载《再生》，1937年第4卷第1期。
[3] 张君劢：《立国之道》，第274页。

的，换言之，是不能逃出西洋文化之外的”。[1]也就是在这个意义上，他将西方文化比作能够消除中国文化之毒的“血清”，从而对西化论者表示了谨慎的赞同。

然而，他的真正有分量的砝码却放在天平的另一端。在他看来，固然中国的西化仍然化得不透，然而那种“自己忘掉自己”的化法却大成问题，较之于不化更令人担忧。因为“文化之创造与中兴，无论在任何时代，离不了自己”，如果“民族自己不知道自己，不要说不能有所创造，就是要模仿人家。也是不能成功的”。他特意赞许地指出：“我以为十教授宣言发表后，陶希圣‘自己发现自己’这一句话，最有价值。”[2]

如同黄炎培一样，张君劢也感到十教授的“中国本位”提法有语义暧昧之嫌。在《明日之中国文化》一书中，他通过大量的铺陈论证，提出了自己文化上的总纲领——“造成以精神自由为基础的民族文化”。

这一纲领的全部精义在于“精神自由”四字。这位彻底的哲学唯心主义者一向视精神为“世界之本原”，是创造世界的第一推动力。所谓“精神自由”，即个人无拘无束地创造，“各本其自觉自动之知能，以求在学术上政治上艺术上有所表现；而此精神自由之表现，日积月累之中，以形成政治道德法律，以维持其民族之生存……此之谓民族文化”。[3]透过这层略显晦涩的语面表述，可以看到张君劢心目中的“民族文化”，其最高社会价值功用在于“维持其民族之生存”，其实现之现实途径即保证个人精神自由充分地表现和发展。而将目标与途径联结起来的中介物就是创造。高扬“创造”使他比那些自命“保存国粹”的复古派要高瞻远瞩得多，因为他懂得“新者不能创造，旧亦无由保存”

---

〔1〕 张君劢：《今后文化建设问题——现代化与本位化》。

〔2〕 同上。

〔3〕 张君劢：《明日之中国文化》，第10讲，第121～122页。

的进化之道；同时也自感超越了“五四”以来的文化弊端，因为他已经不再停留于“只知一味模仿”的全盘西化，而是产生了“文化之自觉”，将“采取他人长处”的西化最终落实在“发挥自己文化之特色”的中国本位上。[1]

在做出了上述种种阐述后，张君劢的直觉似乎在提醒自己一个新时代的来临，他热情洋溢地写道：

> 我对于今后文化的观察，认为是一个划时代的文化。……欧洲文化动摇了我们文化基础，是比佛教动摇了我们文化的基础更厉害。只要我们急起直追，把我民族之政治基础安定之后，把我民族生存基础巩固之后，不怕不能赶上世界的潮流前面。换句话说，要拿西洋科学西洋政治同我们的儒教佛教消化而融会之，这就是我们对未来文化的使命。[2]

十教授“不守旧、不盲从”的“中国本位”，和黄炎培“充分发挥自己特性”的“自立一群”、张君劢将中西之学“消化而融会之”这些声音中，分明震荡着一种颇为相似的内在频率，一种遥相呼应的思想共振，它不仅在中国本位文化论战中占据了明显的心理优势，甚至在一个更大的范围中得到了包括不同阶级、阶层在内的广泛响应。这一切表明，到 1935 年左右，在民族危机的严重刺激下，为摆脱四重现实困境而苦苦探求的中国知识者，他们的文化心理趋向已出现了一个新的转机，即不应再像“五四”时代那样无条件地以西学批判中学，实现全盘西化，而应让中西文化在服从民族生存需要的总前提下实现融和，创造

---

〔1〕 张君劢：《今后文化建设问题——现代化与本位化》。
〔2〕 同上。

中国特色的民族新文化。自此，近代中西文化之争进入了以“融和”中西文化为基本表征的第三期历史。

然而，张君劢、黄炎培他们跳出了原来的困境，却又陷入另一团更为迷乱的困惑：重建中国文化体系的急迫历史需求与其所必需的历史条件不成熟之间的冲突。历史仿佛故意给三四十年代的中国知识者出了一道近乎戏谑的难题，它提出了创造新文化的紧迫使命，同时却又抽去了承担这一使命所不可或缺的必要前提，即“五四”时代正在艰难进行中的全面介绍西学、重新估量传统这些奠基性工作。这样，当张君劢他们在传统依然阴魂不散、西学止于一知半解的文化背景下，为民族危机所催匆匆着手于“融和”中西之学、重建民族文化大厦时，纵然他们主观上决意不再重蹈“中体西用”之覆辙，但其最终客观结局除了某种令人啼笑皆非的向调和时代回归之外，还能有什么呢？张君劢显然坠入了这口历史的古井。他的民族文化新模式不外乎西洋的科学、政治加上中国的伦理修养，仿佛东西方文明各自的优点简单交配就会合成一个比双亲更完美的新生儿，殊不料依然未曾跳出“中体西用”的藩篱，而且愈近晚年，愈是回归心切，终于成为海外的一位“新儒家”。

张君劢个人如此，整个民族亦复如此。张君劢他们不过是自觉地承担了时代赋予的使命，所不幸的是同时也竟成为身不由己的历史之奴隶。

# 通向统一的歧径：民主乎？独裁乎？

以日趋浓重的民族危机为历史幕景，30年代的中国知识者不仅在文化论坛上为中西之争所困扰，而且在政治舞台上也面临着一个更为现实的难题：要民主抑或要统一？

民主和统一，原是近代中国知识者呐喊已久的强烈心声。辛亥革命后的中国，纵然号称“中华民国”，却从来不曾是一块统一的民主乐园。大大小小的军阀们割据一方，混战厮杀，重演着五代十国的一幕乱史；议会、宪法、责任内阁在中国犹如点缀门面的装饰物，被军阀们恣意揉搓、玩弄，以致践踏。1928年全国实现“统一”之后，国民党新军阀的混战厮杀较之北洋老军阀们有过之而无不及，蒋桂大战、蒋冯大战、中原大战……杀得神州血流遍地，星月无光。至于连北洋军阀亦不敢全部丢弃的那些国会、宪法之类的遮丑布，国民党却以实行总理遗教为名，堂而皇之地将它们撇在一边。在“训政”的招牌下，偌大的中国只准存在一个主义（三民主义）、一个政党（国民党），甚至一个领袖（蒋介石）。当国难降临之际，这种不得人心的内战和独裁不仅未曾收敛，反而愈演愈烈！这一切，引起了所有爱国知识分子的深深忧虑和强烈不满。如果说在“九一八”事变之前那充满血腥味的阴暗岁月里，许多知识者不得不冷眼隐忍，那么在民族危亡系于旦夕的时刻，他们便忍无可忍，“以天下为己任”的社会责任感激励着他们向国民党统治者发出了要求统一与民主的尖锐呐喊！

黄炎培和张君劢也加入了呐喊者的行列。

矛头所向首先是国民党的一党专政。1932年年初，国民党政府宣布召集国难会议，邀请包括黄炎培、张君劢在内的各界知名人士出席，宣称欲“广集忧时之士，经世之才，各本救国之诚，共谋自卫之道”。当时，被邀的国难会议一些会员酝酿将结束训政、实行宪政的要求列入会议议题，他们派代表去南京与行政院院长汪精卫谈判。汪一口拒绝，坚持国难会议只限讨论“御侮”“剿匪”“救灾”，绝无转圜余地。黄炎培等人在沪闻讯，气愤至极，认为“政府既已严定限制，则此实施宪政之案，又无提出会议余地”，“与其徒劳往返，无补艰危，不如谢绝征车，稍明素志”。[1]于是，黄炎培等六十二位在沪国难会议会员联名致电政府，宣布抵制会议。

在北平的张君劢也不愿充当政府的陪客。他在《再生》上撰文指出，“真正之训政，必先有选举权，有国会场，有责任内阁；俾人民得以参政，得以发言，则人民有实习政治之机会”，而国民党之所谓训政，“譬之教人以游泳，而曰此间但有游泳讲义，绝不许人以入池游水，虽学生早夕读诵，而与浮沉水上之技何涉乎？”。[2]

4月5日，国难会议在洛阳开幕，报到的代表仅一百余人，不足1/3。8日，黄炎培等六十二位留沪国难会议会员再度致电政府，进一步明确表明自己的立场主张，说，欲挽救国难，“非实行民主政治不能彻底奏效”。据此，他们提出了一系列的政治要求，希望政府在未实施宪政之前，立即确保人民的言论、出版、集会和结社自由，承认各党派

〔1〕国难会议秘书处编：《国难会议纪录》，第99页，台北：文海出版社，1966。

〔2〕张君劢：《国民党党政之新歧路》，载《再生》，1932年第1卷第2期。

并允许其自由活动，集中全国人才，组织有力政府，设立民选的国民参政会监督政府、筹备宪政，并在八个月内制定宪法，还政于民。[1]

这是30年代初期一股微弱的宪政运动潮流。与这一呼唤民主的宪政运动相呼应，当时南北方的知识分子还联合工商界人士发起了一个要求统一的废止内战运动。1932年5月17日，天津《大公报》社社长吴鼎昌应邀在上海讲演。他在讲演中说："对外长久抵抗，非从政治、军事、教育、经济、文化各种建设入手不可，但惟一之障碍，为国内战争，苟内战不能废止，一切无从说起。"[2]吴的讲演当即得到黄炎培、史量才、邹韬奋、张嘉璈、钱新之等人的响应，遂联合酝酿发起一个废止内战运动。经过一段时间的筹备，8月27日，废止内战大同盟全国代表大会在上海召开，到会者有全国各地代表三百余人，正式通过了同盟会章，规定"本会认为外侮纷来，源于内战，内乱靡已，由于内战，特集全国人民为废止内战之运动"：平时为"陈述内战之罪恶，阐发和平之功效"；一旦内战爆发，则取"不合作主义"，予以调处。[3]

当时，国民党不仅相互之间打内战，而且还置民族危机于不顾，出动几十万大军"围剿"中国共产党领导下的各地工农红军。在废止的"内战"是否应包括"剿共"这一点上，同盟内部意见分歧，立场很是暧昧。但黄炎培、史量才他们却感到，不仅军阀间的混战应该废止，而且所谓"剿共"之举也属内战之列，理应一并停息。当时史量才主持下的《申报》在民族危机触动下，开始改革言论。史邀请黄炎培任报社的设计部主任，陶行知任顾问。三人每周聚会一次讨论时局政治，决定编辑方针。1932年4月12日，《申报》针对国难会议中的

〔1〕 国难会议秘书处编：《国难会议纪录》，第101页。
〔2〕《国闻周报》，1932年第9卷第22期。
〔3〕《国闻周报》，1932年第9卷第35期。

所谓“绥靖”议题，发表时评说：“吾人认为今日之‘匪’绝非‘剿’所可灭，思想不可禁锢，亦绝非禁锢所能阻遏，欲言‘绥靖’，必从澄清政治建立适合大多数人民利益之民主政治入手。”[1]不久，蒋介石调集百万军队对中央苏区进行第四次“围剿”。史量才、黄炎培、陶行知商量后，觉得《申报》有必要在这一问题上表明自己的态度，于是在6月底和7月初，《申报》连续发表社评，三论“剿匪”与“造匪”，语气沉痛地指出：

> 吾人亦认为今日举国之“匪”，皆黑暗之政治所造成；政治上既一面造“匪”，政府复一面剿“匪”。在此矛盾之行为下，“匪”既绝不能以剿而绝，或且以剿而势日以张大。抑且所剿之“匪”，何莫非我劳苦之同胞！何莫非饥寒交迫求生不得之良民！枪口不以对外，而以之剿杀因政治经济两重压迫铤而走险之人民……此诚为吾人所不解者也。[2]

史量才、黄炎培他们无异于在说：社会动乱的主要原因与其说是共产党的活动宣传，毋宁说是国民党当局的错误国策。如此不御外侮，专事剿杀政治经济双重压迫下之同胞，何怪良民从“匪”日众，“匪”势日益壮大！由于《申报》的大胆言论触犯了国民党“攘外必先安内”的国策，蒋介石遂逼令黄炎培、陶行知等人离开报馆，以后又派刺客在沪杭路上暗杀了史量才。

20世纪30年代初中国知识界中反党治和反内战的运动尽管被蒋介石悄悄地压制下去了，但民主与统一的呼声依然在知识界上空此起彼伏

---

〔1〕《论绥靖》，载《申报》，1932年4月12日。
〔2〕《“剿匪”与“造匪”》，载《申报》，1932年6月30日。

地激荡着，回应着，只是随着国难的加深，这两种声音之间发生了某种失衡。

民主与统一，本来就在中国知识者的心目之中有着内在的逻辑沟通。黄炎培等六十二位会员在抵制国难会议的电文中这样表述二者的关系："凡民族争存于世界，以合作为最［重］要条件，盛衰存亡，胥系于此。我中华民族所以积弱至今濒于危亡者，惟一症结，确在不能合作。"唯有"化除杜绝合作之党治，实现全民协力之宪政"，才能团结救国。[1]显然，在中国知识者看来，既然近代中国不幸又沦入一轮新的乱世，中央权力的式微与地方割据的并存使得国家处于分崩离析之中，那么在沉重的民族危机压力下，统一的价值自然要高于民主之上，统一是实行民主的现实目标，而民主则是实现统一的最佳途径。

在 20 世纪 30 年代的历史背景下，中国知识者对民主与统一的这种理解固然有其时代的合理成分，然而在社会实践中却蕴含着一个民主与统一相冲突，从而民主屈从于统一的现实演绎。当时，国民党中央政府和地方割据势力以民族危机为借口，各自抓住了统一与民主的两端，使得二者的冲突从两个方面同时展开。一方面，蒋介石为首的南京政府确乎很热衷"统一"，但他们走的是一条武力统一的道路，力图在对工农红军的"围剿"和对地方割据势力的蚕食中将大小权力全部"统"到南京，实现高度大一统的一党独裁。而黄炎培他们所要求的民主统一道路本身是一条和平改良之道，它的实现与否最终取决于统治者是否"纳谏"。当局如此迷恋于集权专制，这就意味着民主与统一在事实上并非如观念那般容易沟通。另一方面，打着"民主"旗号的各地割据势力，所高唱的"国民党内民主"与"国家政权民主"的高调，其实是用它们作为与中央政府讨价还价、维持地方割据的交易

---

〔1〕 国难会议秘书处编：《国难会议纪录》，第 99 页。

筹码或政治挡箭牌。这样，理想状态中分外纯洁、高尚的“民主”一俟进入政治现实，就异化为肮脏、卑下的丑角，“民主”不仅远远背离它本来的现实目标，反而与“统一”之反面“分裂”沆瀣一气！残酷的现实政治就是如此这般地将统一与独裁、民主与分裂戏剧性地捆绑在一起，而且以一种冷冰冰的语调向人们提出要挟：要民主还是要统一？换而言之，要民主还是要独裁？！

随着国难的日趋深重，这一问题愈加灼痛着中国知识者的心，迫使他们做出理性的选择。这样，在“华北事变”前后，以胡适主办的北平《独立评论》为中心，开展了一场“民主与独裁”的讨论。争执的焦点是：在国难深重和现实可能的环境下，中国政制应采取何种形式？

一派人认定唯有选择独裁。这独裁的积极鼓吹者，如丁文江、蒋廷黻、陈之迈等人绝非满脑忠君念头的旧派人物，而是堂堂留学英美的自由主义知识分子。前不久他们还在热情地要求着民主宪政，而今一旦发现民主与统一的现实悖论，就以国家统一为轴心由民主转向了独裁。傅斯年说：“好政府固是我们所希望，而没有了政府是万万了不得的。最可怕者，是中国此时大有没有政府的可能。”〔1〕当然，他们并不满意这个现存的国民党政府，但“因为顾虑取消了这个中心势力，再树立一个中心势力，不是容易的事，或将使国难更行加深，所以始终对之期待，并加以支持”〔2〕。既然现在“民主政治根本还谈不到，独裁政治当然是不可避免的”〔3〕。蒋廷黻进一步说明道，“中国的现状是数十人的专制”，“统一的敌人是二等军阀和附和二等军阀的政客”，因此，“我所提倡的是拿一个大专制来取消这一些小专制”。〔4〕不过，他们之赞成独裁毕竟是不

〔1〕 傅斯年：《中国现在要有政府》，载《独立评论》，1932年第5号。
〔2〕 王芸生：《论共产党的态度和联合战线问题》，载《国闻周报》，1937年第14卷第5期。
〔3〕 丁文江：《民主政治与独裁政治》，载《独立评论》，1935年第133号。
〔4〕 蒋廷黻：《论专制并答胡适之先生》，载《独立评论》，1933年第83号。

得已而为之，于是试图附上某些前提性条件，如独裁者须以国家利益为重，了解现代化国家性质，利用全国人才，等等。丁文江称之为“新式独裁”，他强调说，尽管这种独裁在目前中国亦不可得，但我们大家应该努力使之成为现实，而“放弃民主政治的主张，就是这种努力的第一个步骤”。[1]

另一派人坚持民主初衷。其中最有代表性的人物是胡适。他批评说：“今日有许多求治过急的人的梦想领袖独裁，是不但不能得着党外的同情，还可以引起党内的破裂与内讧的。……求统一而致分裂，求救国难而反增加国家的危机，古人说的‘欲速则不达’的名言是不可不使我们三思熟虑的。”[2]在胡适看来，统一的道路有两条，独裁是追求速成的道路，尽管一时可能成功，但最终却后患无穷；民主是追求合理的道路，尽管“一点一滴的进化”，一时效果不太明显，但日积月累却是相当可观的。他设想的统一办法“只是用政治制度来逐渐养成全国的向心力”，[3]“改革政制的基本前提是放弃党治，而放弃党治的正当方法是提早颁布宪法，实行宪政”[4]。

这场民主与独裁的讨论表明，由于民主与统一在现实政治中的背离，中国的自由主义知识分子在国势艰危的20世纪30年代中期发生了思想上的分化。这种分化不仅导致了中国知识者阶层政治上的重新组合，而且也从一个侧面表现了民族危机的压力下知识界政治思潮的微妙变迁。

远在上海的黄炎培没有介入这场讨论。他与这些自由主义知识分子存在着一种文化心理上的隔膜，不愿在理论上与他们说长论短。不

〔1〕丁文江：《民主政治与独裁政治》，载《独立评论》，1935年第133号。

〔2〕胡适：《从民主与独裁的讨论里求得一个共同政治信仰》，载《大公报》，1935年2月17日。

〔3〕胡适：《政治统一的途径》，载《独立评论》，1933年第86号。

〔4〕胡适：《政制改革的大路》，载《独立评论》，1935年第163号。

过，这并非意味着他对类似问题态度漠然，恰恰相反，随着国势的日趋衰败，他对现实政治问题的关切也不由自主地在加深。他也在思考着统一的问题，但他没有从民主或独裁这类政制的视角着眼；从先儒那遗传下来的伦理政治一体化思维定势使他习惯于从“排除心理障碍”的伦理方式解决政治问题。他认为，中国要实现统一，关键在于人心的团结，而人心的团结则需要两个必要的条件：“一须有共同的目标，二须有信仰的领袖。”如果说，将“国家和民族的生存”视作“共同的目标”，是为确立一个共同的观念信仰，那么认同一个“信仰的领袖”，就是确立一个共同的人格信仰。他将国家比作一个上百人的乐队，如果“没有一个指挥者，能奏成曲调吗？”。他感到，中国之所以在领袖信仰上发生障碍，除了人与人之间“疑忌多、信服少”，缺乏讲诚意的忠恕之道外，还由于“推倒满清，养成厌忌一切统治者的变态心理，并养成不需要统治者的谬误观念”；实行民主只是意味着“被统治者和统治者地位不固定”，“若以为不需统治者则大误”。[1]从黄炎培“九一八”事变之后的思维轨迹中可以窥见，他的思考重心已逐渐从民主移向统一。

相形之下，张君劢对这场讨论要热衷得多，这不仅由于他本人政治上也属于自由主义知识分子的行列，更重要的是他思想深处早已骚动着一场民主与独裁的大论战。张君劢曾说过：“我的哲学思想是德国的，政治思想是英国的。”的确，他的政治思想之基调是英国式的自由主义代议制政治。他到过英伦三岛，曾目睹英国“巴力门”（议会）开会争辩的情景。曾在英国留学的严复将西方政治的奥秘概括为“自由为体，民主为用”，张君劢也深谙民主政治的基础在于个人自由。这种英国式的自由主义政治思想一旦与他在德国学到的唯意志论哲学相沟通，就使

〔1〕 黄炎培：《留告四川青年同学书》，见《蜀道》，第30页。

张君劢分外重视国家政治生活中个人的精神自由和国民的基本人权。然而，当他将这套自由主义学说搬回中国，他就立即在现实政治中迎面撞上一个悖论：个人自由与国家集权的冲突。他发现，中国的近代化道路与其说接近英国，毋宁说更类似德国。近代中国人面临的主要历史课题不是像前者那样向专制君主要人权，争自由，而是像后者一般刻不容缓所需解决的是国家的独立和统一。在中国，第一位的需求不是英国式的天赋人权或个人自由，倒是德国式的国家至上和民族至上。这就意味着，作为一个工业化的后起者，中国不应削弱，而应强化国家的集权。这样，张君劢固有的自由主义政治信念便与他所意识到的国家集权现实需求发生了严重的背离。他是个思想家，他理应恪守自己的信念；他又是个政治家，他必须使自己的理想能够符合实践的需要。在万般矛盾之中，他不能不试图将二者加以调和，将他的英国式的民主政治加以德国化的修正。他之所以倾心于英国费边社会主义思想领袖拉斯基的理论，并在 1928 年翻译了拉氏《政治典范》一书，多少是因为拉氏那种将个人、社团、国家视作政治三要素的理论适合于他谋求调和的心境。他力图在民主（英国）和独裁（德国）之外寻求一种“第三种政治”，或曰“修正的民主政治”。当 1931 年他发起国家社会党，制定党纲时，他的这方面思想已基本成熟，并做了理论上的阐发。此刻，他读了《独立评论》上的论战文章，感到争执的双方无论在观察视点或思维方法上都各有偏颇，他忍不住技痒，遂在 1935 年 4 月出版的《再生》上发表了一篇《民主独裁以外的第三种政治》。

在文章开首，张君劢即承认：“统一问题实在比民主独裁问题更关于根本，因为统一以后才可以讲到政权的方式如何。”因此他首先讨论如何统一。张君劢不同意蒋廷黻的能独裁便能统一的说法，认为统一的前提有三条：一是出现众望所归的民族英雄，二是提高人民的知识能力，三是不能靠武力，要靠政治。总之，“既要有领袖，也要有民意”。

具体的统一方式或者像美国那样召开国会，推戴总统；或者像普鲁士那样以实力统一德国。在这里，张君劢似乎陷入了矛盾之中。他推崇民意，希望实现美国式的宪政统一道路，但又没有十分的把握，仍然留着一条以领袖为中心、实力为后盾的普鲁士后路。或者更现实地说，只有将二者结合起来才有可能实际统一中国。[1]

那么，统一之后的政权形式是民主还是独裁呢？张君劢根据拉斯基的个人、社团、国家“三要素说”，确定了三条立国原则：“第一，国家政事贵乎敏活切实；第二，社会确立平等基础；第三，个人保持个性自由。”[2]依循这三条准绳，张君劢判定民主政治与独裁政治各有利弊。英国式的议会政治虽则民主，却是一种“以辩论为法门的政治”，不免流于空谈和意见分散；德国式的领袖独裁虽然力量集中，政策一贯，却以自由为代价，而且势必导致个人专制。出路何在呢？张君劢感到，这二者近来在世界上出现了合流的趋势，1929年以后，英、法、美、德四国都产生了一种新的政治，其特征可以概括为十二个字：“举国一致”“注重力行”“权力集中”。张君劢说，我们国家处于今日严重国难期中，“以上三点，皆是我们政府组织中所必应具备的”，“我们既不是完全赞成十九世纪式之议会政治，但也不是抛弃民主政治。我们虽反对独裁，但并不对于独裁长处全不认识。……我们今日站在一面议会政治、一面独裁政治夹攻之中，自然应该表现我们的思想力，表现我们的创造力”。[3]

在黄炎培与张君劢的思维运行中，无论是前者的避开民主与独裁选择，抑或后者的调解民主与独裁的矛盾，总而言之，随着民族上空那团

〔1〕张君劢：《民主独裁以外之第三种政治》，载《再生》，1935年第3卷第2期。
〔2〕张君劢：《国家民主政治与国家社会主义》，载《再生》，1932年第1卷第2期。
〔3〕张君劢：《民主独裁以外之第三种政治》，载《再生》，1935年第3卷第2期。

乌云愈来愈浓，他们对国家统一的考虑也日渐显得凝重。在民主与独裁的天平上，统一犹如一块举足轻重的砝码，当他们相信民主能够实现统一时，天平是倾向于民主的；一旦发现事实并非如此，那砝码就移到了天平的另一端。尽管依然保留着对民主的向往和信念，但在沉重的民族危机压力下，他们便感到民主不得不暂时屈从于统一。到“七七”事变前夕，不少知识分子或多或少地怀有这样的想法，包括那个胡适也对“蒋委员长”表现了日益明显的倾心。民主屈从于统一，遂成为抗战全面爆发前后，中间派知识群中相当普遍的群体心理。

# 重庆与延安：两极中的持中与倾斜

（1937—1945）

# 政治天平上的平衡与失衡

拿破仑曾将中国比作一头沉睡的雄狮，断言一旦它醒来，将震撼整个世界。当贪婪的日本军国主义趁雄狮昏睡之际，凶残地撕咬它的肢体时，那被撕咬的阵阵剧痛渐渐激活了雄狮麻木良久的神经，它在梦魇中痛苦地呻吟着，沉重地翻了一个身，终于醒来了！

以西安事变为历史契机，国共两党结束了绵延十年的战争状态，开始了第二度的艰难合作。卢沟桥的隆隆炮声回荡在华北大地之后，全民性的抗日民族统一战线，犹如一道血肉筑起的万里长城，悲壮地横亘在日本侵略者铁蹄跟前。

国民党最高当局在大敌当前的严峻局面下，做出了若干开明姿态，蒋介石召集了带有民意咨询性质的国防参议会和国民参政会，邀请国民党外的各党派和无党派人士参加。纵然国民党并未从政制上放弃一党专政，也不愿在法律上承认其他党派的合法地位，然而为了全民族的一致对外，原先独树一帜的中间派知识分子都暂时收起了自己的旗帜，表达了拥护“政府抗战”和“最高领袖领导”的真诚合作愿望。他们民主屈从于统一的潜在群体心理在全民族的抗日战争拉开序幕之际，已外化为具体的政治实践。张君劢和黄炎培亦非例外，不过两人的“屈从”有着颇为微妙的区别。

张君劢的“屈从”含有政治韬略的意味。“七七”事变之前，张君劢应邀上庐山，出席国事座谈会。蒋介石摆出一副“礼贤下士”的姿态，单独约见张君劢请他发表对国事的意见。张君劢毕竟一介书生，见蒋一脸“诚恳”，便忘乎所以地将自己的想法全盘托出，说政府应对十年来执政之失误负政治责任，国家当务之急在于开放政权，结束训政，保障人权，取消特务，等等。蒋听罢仅“嗯，嗯”了几声，随即将话题扯开。张君劢方才意识到自己过于天真了。回到北平，他即在《再生》上公开发泄自己的愤恼之情，说道：蒋委员长召开庐山座谈会，其“用意至善；但在政治上说，因为方式是传统的礼贤方式，所以结果恐怕是不会有什么效果的。我再加重点说，如果为的是粉饰太平，敷衍面子，那么万事皆休，如果想于国家、于民族有点效果，则我们以为此路不通”。[1]

然而，当抗日战争爆发，国民党政府宣布他为国防参议会参议时，他还是立即赶赴南京报到。他在公开场合这样解释自己的立场：“我深信国家民族到了危急关头，不论在朝在野，应本‘举国一致’之义，为政府后盾，从前政见之争，应一切置为后图，先将敌人驱除以后再说。”[2]但在私下与自己的学生谈话时他却吐露了真意：“我以为在今日的严重局面下，国社党势必要做些让步，一切都在演变，我们有我们的主张，有我们的办法。”从心底而言，满腹经纶的张君劢颇鄙夷那些当政的国民党人，称他们“不学无术，不明立国之道、施政之方，只知头痛医头，脚痛医脚”。[3]

既明“立国之道”，又有“施政之方”的张君劢，原本尽可以不同

〔1〕张君劢：《庐山礼贤之政治意义》，载《再生》，1937年第4卷第8期。
〔2〕张君劢：《吾人立场与民族生存战争中之三字诀》，载《再生》，1947年第171期。
〔3〕傅益光：《我所知道的张君劢》，未刊稿。

这些草包为伍而标新立异以自命清高，然而他的“即知即行”人生哲学逼迫着他要将自己的理论付诸实践，成为“知行合一”的政治行动家，因之他就不能不委屈自己的理想，讲究一点政治家的韬略。1938年4月，张君劢代表国家社会党与蒋介石、汪精卫互换函件。他以一个理论家的巧辩，向蒋、汪证明国社党的国家社会主义理论与孙中山的三民主义“措施容有不同，而精神则并无二致”，表示愿意率党人“本精诚团结共赴国难之意旨”，“对于国民政府一致拥护”。[1]尽管蒋、汪在复函中只承认张君劢之个人身份，而不理睬其党派代表身份；但对张君劢而言，这已是相当心满意足了：国社党通过与国民党互换函件，毕竟得到了一席半合法的公开活动席位。

相形之下，黄炎培的“屈从”在动机上纯净得多。他没有张君劢那样的政治抱负。他仅仅是一个教育家，只是在民族危机的刺激下，他痛苦地发现政治办不好，教育也办不好的真谛，才决然违拗自己的初衷，以“我不入地狱，谁入地狱”的救世精神，参与实际政治，应聘出任国防参议会参议。他政治上一向温和持平，早年读过的《天演论》一直镌刻在他思想深层，他相信社会的进步是由一点一滴的改良进化累积而成的；他真诚地呼唤民主，希望国民党当局能够择善而从之，从训政“进化”到宪政。当统治者冥顽不灵时，他会叹息、哀怨，甚至愤慨；一旦他们表现出些微进步，他又会由衷地感到欣慰、喜悦。蒋介石召集庐山座谈会，黄炎培主办的《国讯》因此赞扬蒋具有“天下为公”精神，“深信有伟大人格之领袖，必有博厚宽大之怀抱，决不会有丝毫‘顺我者昌’的心理，决可以容纳，至少可以听受各方种种不同之见解，即使与既定国策或当局之意见有极不相同时，也能虚衷听取，勿存猜疑”。[2]

---

〔1〕《君劢先生之言行》，第27页。

〔2〕载《国讯》，1937年第168期。

不过，这褒扬的词句间却也含有一丝不易觉察的揶揄。与张君劢对庐山座谈会之牢骚相比较，这揶揄所依据的思想观念是迥然异趣的。张君劢认定“现代化的政治方式是集团的、权利的，不是个人的、礼贤的”，“政府须建筑在社团和政党之上”，因之他判定传统的“礼贤政治”“此路不通”。[1]而黄炎培的民主内涵却更多地得之于古代中国的民为邦本观念。倘若统治者在国策上能够顾及民众，在风度上能够礼贤下士，从伦理的角度而言便是一个好政府，而在政制上是否与西方现代政治吻合尚属其次。因而，他有足够的理由为国民党政府的进步而欣慰，也有同样足够的理由对它感到不满足。这就决定了黄炎培及其所代表的职业教育派对蒋介石的矛盾态度。他们对抗战的基本立场是“大规模发动全国民众，主张各党派与无党派一致合作”。但既想领导抗战又欲垄断抗战的国民党偏偏不愿给民众以自由抗战的权利。对各党派和无党派人士也多有掣制，这就使得黄炎培对国民党始终存有政治和心理的芥蒂。然而，他又担忧任何操之过急的要求会削弱刚刚形成的“举国一致”局面，因此在提出“民主政治”的同时，谨慎地加上了“逐步实行”的字样，并强调“拥护政府及最高领袖”。[2]这里，与其说他已淡意于民主政治之向往，毋宁说他更珍视来之不易的民族统一。

张君劢与黄炎培的这些差别鲜明地反映在国民参政会开幕前夕两人的答记者问上。1938年7月，国民党政府“为集思广益，团结全国力量起见”，在汉口召集了第一届国民参政会，张君劢、黄炎培等一大批国民党党外人士应邀出席。会前，《新华日报》记者对他们进行了采访：

**张君劢**：我希望政府能多多地提出提案，供大家在会上讨论和

---

〔1〕张君劢：《庐山礼贤之政治意义》，载《再生》，1937年第4卷第8期。

〔2〕黄炎培：《复刊词》，载《国讯》，1938年第179期。

商酌。至于这次参政会，能不能由此树立中国民主制度的基础，这要看政府怎样去做。

**黄炎培：** 我希望大家要使整个参政会有所成就，而不要谋某一集团的功名。……大家要抛弃相互猜忌的观念。因为一有猜忌，就不免相磨相擦。乃至相骂相争了。[1]

于此可见，两人关注的热点截然不同。张君劢所倾心的是政权参与问题。他在开会期间草拟了一个《清明政本以救危亡建议案》，以南宋亡国的历史为鉴，说明“若国人长为‘侵略’二字所蒙蔽，而置内政改革于不问，是塞国家自新之路”。要求政府“检讨过去设施，力谋庶政革新……十余年来之军事设施与行政当局之操守，皆应一一检讨，以振人心而移风气”。[2]该案本已征得罗隆基、沈钧儒、左舜生等七人的连署，按参政会议事规则可以递交大会审阅，但有几个参政员劝说张君劢，提案的“言论过于激切”，提出之后将会不利于举国一致的和睦气氛，还是不提为好。张君劢叹了一口气，只得将提案搁置一旁。他略略感到有些寂寞和惆怅，因为“战争在实际上是剥夺了他施展抱负的可能性”。寂寞之中他躲进书房，将自己在20世纪30年代初即已定型的政治思想系统地梳理了一遍，每日口述，由学生们笔录，很快积稿盈尺，以《立国之道》的书名在桂林出版。这也许是得之于“徘徊于学问与政治之间”的便利之处，一旦向外的政治抱负实践遇阻，即可转换成向内的著书立说，坐而讲道，以做学问的兴味与收获得以心理上的补偿。

张君劢在《立国之道》中谈到新文化是“政治社会改造之先驱”，

〔1〕 孟涵:《国民参政会纪实》，上卷，第88～89页，重庆：重庆出版社，1985。
〔2〕 张君劢:《清明政本以救危亡建议案》，载《再生》，1947年第172期。

“有此新文化，不怕无新政治制度与新经济建设”，“我人以为今后要改造中国政治经济，其下手处应先从人生态度入手，或曰人生观应彻底改造”。[1]既然政治改造之路暂时不通，他就转向了“更基本的”文化改造之路。不久，他着手在云南大理，一处景色旖旎的边远山野筹办一个民族文化书院，决意重振古代书院制度中德性与知识均衡发展的教育传统，招收大学毕业生入学深造，“以培育德智文修，诚明并进之学风，共同研讨学术文化，致力身心存养，以期担负文化复兴之大任为宗旨”。[2]

如果说热衷于参政的张君劢因为参政无门而不得不遁入桃花源过隐士生活，那么真正渴慕隐逸的黄炎培却反而入世日深，这与他入世的初衷是分不开的。黄炎培多次强调，自己当国民参政员的唯一目的，是“以无所属之身”，促成“政府与民众”“中央与地方”“党派与党派”之间的三大合作。他觉得，为了实现抗战胜利的最高目标，最紧要的与其说是革新政治，毋宁说是保持全民族的团结一致，尤其是党派间的团结。当他觉察到在那一派和睦的表面气氛中，国共之间的裂沟在暗暗膨胀时，由此而生的焦虑感更强化了他上述的信念。

如前所述，清末民初的中国政治格局中，曾有过一个政治力量的三角：保守的清王朝（北洋政府）、激进的同盟会（国民党）和温和的立宪派（进步党）。曾几何时，国民党推翻了北洋政府并执掌政权之后，也同时顶替了后者的保守角色，因而构成了一个新的三角：保守的国民党、激进的共产党和温和的中间派。这三角，如果说在十年内战时期因国民党内部的四分五裂所形成的多角政治而仅仅作为一种隐性结构存在

[1] 张君劢：《立国之道》第四编（辰），第274页，自印版，1947年。
[2] 张君劢：《民族文化书院组织大纲》，见《中西印哲学文集》下卷，第1432页，台北：学生书店，1981。

的话，那么到抗日战争时期就相当清晰可见了。黄炎培和张君劢又一次处于两军对垒的隔离地带——国共两党虽然在民族利益的基础上建立了抗日的合作，但在其余方面依然保持着有克制的敌意和事实上的对峙。这样，当参与重大国事决策时，他们就面临着一个现实的悖论：作为游离于国共两党之外的中间派知识分子，他们本来有着自己独特的立场、观点和判断，并保持相对的独立性，但在具体的政治实践中，他们回旋的余地又分外狭小，以至于很难避免对国共两党的实际依归。就这一基本事实而言，张君劢和黄炎培所遭遇的困境是雷同的，但他们俩解决困境的方式却颇为不一。

对于张君劢来说，现实的困境依然渊源于统一与民主的背离。倘若国家统一是至上的。他理应拥戴国家的“正统”代表国民党；倘若政治民主高于一切，那么不妨联合在野的共产党，向一党专政的国民党争得权力。敏感的张君劢未必不曾悟出此道，但他在这种两歧性的选择中分外踌躇。最后，热衷于扮演政治家角色的张君劢，以一种政治谋略的方式完成了自己的选择。当辛亥革命成功伊始，他在推敲联袁还是联孙时，曾经以“适以建设之业”的尺度挑选了前者；现在他仍然以同一尺度衡量国共两党。从纯粹的感情角度而言，他对国民党与共产党均无好感，但在心理的距离上似乎离后者更为遥远一些。这位倭铿的弟子与马克思主义者不仅在理论上有着唯心与唯物的隔阂，而且还固执地认定专讲阶级斗争的共产党人破坏有余，建设不足，是国家统一的主要障碍。既然大敌当前国家统一是最高的目标，那么在国共之间倾向于“政府”自然也与国家利益相吻合。1938 年年底，他在《再生》上发表了《致毛泽东先生一封公开信》，在“号为近代国家，以统一为特征”的冠冕堂皇理由下，奉劝共产党将军队、边区全部统一于国民党政府，甚至连马克思主义的信仰也应放弃，而皈依于三民主义。他振振有词地说：“吾辈既存心于御外敌保祖国而念念不忘者，为国家至上之一义，则何必沾沾于一党一派之利益而不肯抛弃之乎？”[1]

张君劢这篇“杰作”出来后引起一片喧哗。国民党当局自然大喜过望，又是翻印又是散发，“龙颜大悦”的蒋介石还特意拨了一大笔钱给筹办中的民族文化书院，以资奖赏。另外，不仅共产党和进步舆论对之进行了严厉驳斥，甚至一些理智的中间派人士也对张君劢的“政治失态”颇有微词。因为即使从西方自由主义的观念衡量，这封信所散发的气息也远远超越了宽容的界限。当时尚未脱离国社党的罗隆基就在昆明表示，张君劢的信不能代表该党立场，要抗战到底就不能不同共产党合作。然而张君劢并不以为然，反而自以为得计，尤其是在政治上得到当局方面的某种“报偿”之后。为了政治谋略的需要，他觉得自己有理由这样做。欲实行民主，不是首先得让国社党这些在野党有参政议政的权利吗？他不太相信靠力争就能得到这权力，毋宁说，只有通过某种政治利益的互补或交换，方能得到政权的开放。或许，一旦翦除了共产党这一心腹大患，蒋介石开放政权还会更爽快一些呢。所以，张君劢宁愿结怨于共产党而不肯开罪国民党，或者更确切地说，以得罪共产党为代价换得国民党的青睐。当然，这些近乎肮脏的政治谋略需要一种冠冕堂皇的理由，而国家统一至上恰恰成为最为适合的借口。不过，张君劢毕竟不是一位纵横捭阖、长袖善舞的职业政客，当他也讲究起政治谋略时，就不免有那种笨拙、僵硬的书卷气。以一介书生玩弄韬略，自然将给他带来难以咽食的苦涩之果。

与张君劢这种明显厚此薄彼的偏袒相反，黄炎培在国共之间保持着小心的中立。如果说张君劢从统一至上的观念中引出的是取消共产党“割据”的狂妄结论，那么黄炎培则反过来认定，只有维持这种历史延续下来的客观现状，才能求得抗日阵营的团结和统一。因而他真诚而

[1]《君劢先生之言行》，第29～30页。

热情地扮演着促成合作的媒介角色。当时，半年一度的国民参政会每每成为国共代表短兵相接的舌战场所，以和事自命的黄炎培在会场上常常费尽苦心，居中斡旋。如一届四次参政会会毕，他即在日记上如释重负地写道："余以两年来之周旋，政府及各党派对我都还不至歧视。此次第四届大会为内政审查会主席审查七个关于宪政提案，各党代表争论虽烈，而卒获圆满结果，在余总算对参政会尽了一份心……"[1]当然，内心深处他并非没有自己的看法，并非没有意识到国共之间发生冲突，"问题在国民党政策不许他党活动、在法律上有地位"[2]，但为了弥合国共之间不信任的裂缝，他依然不露声色地从事着艰难的调解，力求大事化小，小事化无。

这种高难度的调解工作需要一种走钢丝般的平衡技巧。他熟悉世务，懂得如何顺世务而行，几十年周旋于三教九流的社会经验教会他：要做一个双方信任的调解人，必须严守"不偏不倚"的超然立场。在这方面他没有张君劢那种妨碍中立的心理障碍，他对国共两党皆无根深蒂固的理论或历史偏见。对当政的国民党，他认为尽管它有着种种不尽人意的弊症，毕竟还是一国的中心，对外抗战绝不能失却这个中心，"对政府尽可以善意批评，而绝不可含怨恨"[3]，与其光揭病象不开药方，不如"抓着问题，切切实实地提供方案"[4]。像许多中间派知识分子一样，他在这个风雨飘摇的年代里，也将蒋介石视作国家的人格代表，视作民族的最高领袖，他期待着出现"君之使臣如手足，则臣视君如心腹"[5]的动人场面。当他发现政府或社会中的积弊时，为了避免可能会影响团

〔1〕 1939年9月16日黄炎培日记。
〔2〕 1939年2月19日黄炎培日记。
〔3〕 1942年8月14日黄炎培日记。
〔4〕《中华职业教育社》，第26页，社会问题研究会编，1948年。
〔5〕 黄炎培：《如何唤起民众》，载《大公报》，1936年8月30日。

结的“众人刺激”，他不是公开见诸报端或提案于国民参政会，而是常常备函径直送蒋介石。不过，他了解蒋之为人，深知“伴君如伴虎”，他不愿仿效冒死直谏的古代御史，他的丰富生活阅历和历史知识提醒他这仅仅是一种无济于事的可笑愚忠；他懂得如何适可而止。

对待比国民党力量弱小得多的共产党，黄炎培也怀着一视同仁的友善态度。尽管他对共产党的理想和主义在认识上隔膜得很，但这并不妨碍他与共产党人在一些问题上产生了语言的沟通。比如在发动民众这一点上，黄炎培就颇将共产党人引以为知己。他在日记中曾经提到，共产党“发动民众，其吸引力远出国民党之上”[1]。他邀请周恩来为《国讯》撰稿和在职业教育社举办的职业青年星期讲坛上讲演“国际形势与中国抗战”。很快，他与这些新近相识的共产党朋友建立了良好的个人和政治关系。他总觉得，在周恩来他们身上分明有着一些与自己相当契合的共通之处，但这究竟是什么，一时还难以言说。

在貌合神离的国共之间疏通调解，个中的甘苦也许只有调解者自知。伴随着黄炎培的，更多的不是成功的欢欣，却是挫折的感伤。当第一届国民参政员任期告满时，他在回顾自己促进“政府与民众”“中央与地方”“党派与党派”合作时不无悲哀地承认：“虽二年来不断努力，而所得甚微，尤其是第三项使我痛心。”[2]

然而，他尽管一再的失望却未曾绝望，每一次受挫之后，总是怀着一种“知其不可而为之”的精神继续努力、奔走。很难设想，仅仅凭着历史的使命感，一个人能够经受得了如此挫折的锤打；其中一定有一种更加深层的信念支撑着他，支撑着那近乎悲壮的达观。

这一信念就是近代中国的进化论思想。

---

〔1〕 1938年3月5日黄炎培日记。

〔2〕 1940年10月31日黄炎培日记。

渊源于西方的进化论思想是戊戌变法、辛亥革命，以至“五四”运动三代中国知识者的共同世界观。正如本书第一章所叙述的那样，黄炎培在二十岁左右读了《天演论》之后，那“物竞天择、适者生存”的新鲜道理将他从陈腐的旧学中“拯救”出来，自此他思想里就很难再抹去那曾经给他“触电般刺激”的观念印痕。这也是那个时代知识者的一种普遍精神现象。有趣的是，一方面西方进化论改造了中国的知识者，另一方面中国的知识者也改造了进化论本身。西方人文科学中的进化论思想是以斯宾塞为代表的社会达尔文主义。斯宾塞在运用达尔文的“物竞天择”自然规律描绘社会进化时，他的理论有两个突出的表征：以个人为本位和以竞争为动力。毋庸置疑，这些不仅折射了西方近代资产阶级特殊的社会经济利益，同时也渗透着西方文化的基本精神。当严复将《天演论》介绍到中国时，他保留了以竞争为动力的第二个表征，同时却改造了以个人为本位的第一个表征。显然，严复取舍的标准是民族救亡的需求，他着眼的是整个民族的生存，而非个人的存在。因而必须代之以“群”为本位。到了孙中山的民生史观那里，西方社会进化论的第二个表征也由“竞争”替代成“互助”，这是严复改造第一个特征历史的和逻辑的必然推演。因为既然“群”的对外竞争、发奋图强是近代中国的历史主题，那么势必要求在“群”的内部避免竞争，团结互助。尤其是俄国克鲁泡特金的互助进化论经过无政府主义者的介绍传入中国，则这一趋势更加得到强化。于是，西方的社会进化论思想东渐之后便逐渐中国化了。那与西方原型截然相异的以国家为本位和互助为动力的表征，不仅反映了近代中国社会环境的客观需求，而且也透露出中国文化中群体至上与和谐不争的传统底蕴。当中国的知识者将外来的西学奉为内心的圭臬时，这圭臬本身也染上了信奉者所固有的民族色彩。

构成黄炎培基本信念的正是这种中国特色的进化论。1938 年年底，他依据这一思想系统整理了自己的人生观，先后做了两篇文章公开发表。他认为，“人类和一切生物都在竞争生存与不断进化之中”，然而人类却有两种有异于生物的独特本性：“求生”和“求群”，进而产生了“爱”；“以求生而自‘爱’”，“因求群而‘爱’群”。不过，倘若过于“偏私”“偏激”地“爱”我或我群，就会走向反面“杀人”。尤其在科学发达的20世纪，“人杀人”的惨况进一步恶化了，或者像法西斯“汹汹焉欲借灭亡人国以自扩大”，或者如激进派对“所有旧制度、旧习惯，苟认为不适，不惜彻底推翻之，以觅取新途径”。这一切引起了黄炎培的深深忧虑。他觉得，竞争固然能推动人类进化，让真正的适者生存，但未免过于残酷。中华民族毕竟与“天性好斗争”的欧洲民族不同，她“生长在农业社会里”，“向来不好斗争，而且厌恶着斗争”，因此为“求生存、抗强暴”而被迫对外抗争的中国人在“群”的内部应该走另一条进化的道路，也就是将“泛爱众而亲仁”看作“人生一切行为的基本”。他认为，“人类间惟一大问题，是‘全生去杀’”。而“免除全人类之惨变，惟有凝和全人类为一体”。在这里，黄炎培借助“全生去杀”这样的佛门语言勾勒了自己心目中人类进化所应企及的理想境界——那种全世界相亲相爱的大同社会，同时也吐露了此时此境他对国共相安、团结抗战这样一种和谐局面的热烈期待。

然而最紧要的莫过于在理想与现实之间找到一条理念上的通道。黄炎培能在现实的挫折中长久不失心理上的达观，就在于他自信找到了这条通道。他指出，人们之所以互憎互杀，实在是因为所“知”甚少，所“爱”过窄。人性本善，人人皆有“不忍人之心”，只要“对全群的人，用启发方式”，“把人们的‘知’和‘爱’扩大起来，‘知’为主导，而‘爱’随之，爱既扩大，所爱的群亦扩大，若把人们所爱，逐步扩大到全人类，那么相争相杀的惨，或可减免”。他意识到，对于中国人来说，时下还不是实现天下大同的时候，当务所急应是“先把群加强团结起来”，“使人人认群为我有，我为群有”，形成一股“有抵抗他群侵略的力”。[1]黄炎培相信，只要坚持不懈地启发说服。也许人们总有一天会醒悟到群的意义和互助的必要，从而逐步实现向理想境界的进化。与此同时，这种信念也决定了他在调解中“不偏不倚”的持中态度。争执中的孰是孰非固然应该澄清，然而在大敌压境之下最重要的不是是非，而是息争，因为争本身就是一种“偏私”，而“群”的互助、“群”的和谐在价值的天平上要远远高于双方的是非。对于置身于国共之间的中间阶层来说，关键的不是评判是非，而是依循儒家的中庸原则，“执两用中”，将矛盾的双方联结在同一个“群”中。

这样，在国共之间的政治天平中，醉心于政治谋略的张君劢因此而严重地失衡，真诚维持着团结的黄炎培则谨慎地把握着那微妙的平衡。然而，无论是失衡者抑或平衡者，不久便都意识到：问题不仅在于中间党派这些砝码的置放，更重要的首先在于砝码自身的联合。

---

〔1〕 以上引文见《我之人生观与吾人从事职业教育之基本理论》《职业教育的基本理论纲要》《今后中华民众教育的方针》，见《黄炎培教育文选》，上海：上海教育出版社，1985。

# 独立与生存：淫威下的两难抉择

在抗战初期开始定型的三角格局中，国民党、共产党、中间党派之间的力量对比是如此的失衡，以至于犹如几何学中的一个直角三角形：国民党占据着一条最长的斜边，共产党代表着一条较长的直边，而那最短的一条直边即象征着中间党派。相对于有组织、有武装的国共两党来说，那中间力量之异歧、零散、孱弱，不仅在事实上无力承担起调解国共、促成团结的历史使命，而且自身的地位，也仿佛一叶漂游在水面的浮萍，仅仅依附于国民党的恩准而存在。随着调解国共的实践不断受挫和国民党专制独裁的故态复萌，黄炎培、张君劢他们愈来愈意识到这个悲哀的现实。于是，中间党派本身的联合和独立就历史性地提上了日程。

事情是从一场“晴天霹雳的宪政运动”开始的。1939 年 9 月，国民参政会在重庆大学召开一届四次大会。由于重庆大学离市区较远，许多参政员都搬入学校的宿舍居住，每日朝夕相处，谈论的多是众所关切的国内政治问题。自武汉失守迁都重庆之后，国民党政府加强了法西斯独裁专制，将抗战初期赐给人民的一些民主权利大部取消，其政策重点由对外抗日转向对内“防共”。黄炎培、张君劢他们对此深怀忧虑，大家都觉得，如果民主为统一牺牲过多，则不仅民主倾覆，统一亦难保。

要控制国民党的政策倒退，就必须建立一种凌驾于国民党之上的制约力量。于是，久违了的民主宪政在阴霾密布的雾都重庆又旧话重提。到参政会开会那天，一共出现了七个有关宪政的提案，其中中间党派提议的占五个。张君劢情绪异常亢奋，他代表国社党与青年党的左舜生、第三党的章伯钧等连署了两个提案，一为“改革政治以应付非常局面案”，一为“请结束党治立施宪政以安定人心发扬民力而利抗战案”。

9月15日晚，第三审查委员会举行扩大会议，审查上述七个提案。当时亲历会议的邹韬奋事后有一段十分精彩的描述，他戏谑地将国民党参政员称作“陪客”，非国民党参政员称作“来宾”：

> 这夜的辩论，在“来宾”和“陪客”之间显然分成了两个阵营。你起我立，火并似的舌战，没有一分一秒钟的停止，一直开到深夜3点钟模样，那热烈的情况虽不敢说是绝后，恐怕总算是空前的。尖锐达到最高峰的辩论，当然要推“结束党治”的这一点了。“来宾”们一致认为有此必要，一定要把这几个字加入决议案，“陪客”们却又一致大发挥其“不必要论”，一定不要把这几个字加入决议案；罗隆基和李璜两先生发言最多最激昂，老将徐傅霖也挺身而出，大呼“一党专政不取消，一切都是空谈！”。当时空气已紧张到一百二十分。唇枪舌剑，各显身手，好像刀光闪烁，电掣雷鸣。我在上面说过，保留对于这个提案表决权的第三审查会添了不少临时“转移阵地”的“陪客”，如此表决，“陪客”是占绝对多数的，所以当时“陪客”有恃无恐，大呼“付表决！付表决！”。主席势将付表决，大将李璜跳脚突立，大喊“‘表决’是你们的事，毫不相干，敝党要找贵党领袖说话！”，于是不敢付表决。……[1]

〔1〕 邹韬奋：《经历》，第232～233页，上海：上海三联书店，1978。

黄炎培不幸做了这一夜会议的主席，尽管在表面上不得不保持调解者的身份，然而他内心深处又何尝没有进行着一场同样“刀光闪烁、电掣雷鸣”的思想斗争？他经历过清末以来的历次宪政运动，真切期待着中国能走上民主宪政的大道，尤其在这样一个民族艰难、政治黑暗的时刻。在那七个要求宪政的提案中，有一个就是他授命自己的老友江问渔代表职业教育社提出来的，提案的名称很长，却颇反映他的思想特色：“为决定立国大计解除根本纠纷谨提具二项意见建议政府请求采纳施行案。”显然，他要求宪政的根本立足点仍在于“解除根本纠纷”。这又导致他另一面的忧虑：中国确乎应以民主来巩固统一，但倘若民主要求过急不是也会引起分裂？像会场上这种“火并似的舌战”他就很担心会成为公开分裂的导火线。作为会议的主持人，他不仅满头大汗地斡旋着各方，同时也艰难地斡旋着内心冲突的自己。最后僵持到深夜 3 点钟，黄炎培宣布将当夜各种意见记录在案，汇交第二天再行开会时“慎重考虑”，遂以缓兵之计结束了这场绵延七八小时的舌战。

国民参政会闭幕之后，各中间党派参政员在中共参政员的支持下，在重庆自发地组织了一个宪政座谈会，张君劢和黄炎培是二十五个召集人之一。座谈会前后一共举行过八次，逐渐扩展为影响巨大的政治集会。第四次座谈会还决定成立宪政促进会，黄炎培等人被推选为筹备会常委。张君劢不久即离开重庆返回大理，继续筹办民族文化书院。他途经昆明时应邀在西南联大做了演讲，呼吁“我们应该大家全体一致地使宪法实行，以期完成一面抗战，一面建国的大业”[1]。

宪政运动在国统区的蓬勃高涨，令国民党当局十分头痛紧张，国民党中央总部秘书长叶楚伧不满地说：“研究可以，最好由少数学者在房

---

〔1〕 张君劢：《中国战时宪政实施及其步骤》，《再生》，1939 年第 32 期。

间里研究研究，不要发表文章，来什么运动！”[1]蒋介石甚至恼怒地责备张君劢和左舜生：“你们怎么也说民主了！这是共产党的口号！”[2]他们只允许自上而下地谈宪政，议宪草，而一旦出现自下而上的趋势时，那脆弱的神经就立即感受到有江山不稳之虞，于是原先承诺的1940年11月12日召开国民大会，到临开前夕以交通不便为借口，被无限地延期了。热闹一年的宪政运动就此在暗淡的气氛中闭上了大幕。

然而在那关闭的大幕背后，一支新军却在静悄悄地崛起。在宪政运动期间，各中间党派经常在一起活动，同声相求，久而久之便形成了一个团体。恰巧这期间乡村建设派领袖梁漱溟从华北、华中战区旅行归来，他向大家介绍了前方的情况，特别提到那里的国共军事摩擦极为严重。他认为，国共党派问题若不速求解决，近则妨碍抗战，远则重演内战。解决这一问题，第三者责无旁贷。不过第三者现在过于零散，迅速联合实为第一要事。为此他频频在各中间党派中串联，酝酿合作的事宜。梁漱溟的这些想法与黄炎培可谓不谋而合。黄炎培曾经私下设想过，“待大局演变至某种情形时，预约国共两党以外之同志若干人，联名发表告全国同胞书”，内容可包括“痛切戒绝国内斗争，任何意见参商，总须在法律常轨上求解决；劝政府登用贤才，不分派别；劝各党派须倾诚合作”等等。[3]

经过一段时间的酝酿，1939年11月下旬，乡村建设派的梁漱溟，职业教育社的黄炎培、江问渔、冷通，青年党的左舜生、李璜、曾琦，国社党的罗隆基、胡石青，第三党的章伯钧，救国会的沈钧儒、邹韬奋、章乃器，无党派人士张澜、光升等人在重庆集会，组织了一个统一

〔1〕邹韬奋：《经历》，第247页。

〔2〕见张澜在上海各界欢迎会上的讲话，载《民主报》1946年12月28日。

〔3〕1939年10月9日黄炎培日记。

建国同志会。张君劢当时正在大理，他嫌这个组织不是正式的政党，无意列名参加。大家拟订了《十二条信约》，推派黄炎培、梁漱溟将《信约》和会员名单送蒋介石“审阅”。见蒋的这一天，由于黄炎培临时因公离渝外出，梁漱溟便单独前往，与蒋侃侃而谈：“蒋先生屡次要我们说公道话，而不知道我们说话甚难，我们说一句话批评到政府，则被指为接近共产党，或站在某一边了。我们说一句话指摘到共产党，又被人指为接近政府，或为国民党利用。仿佛我们就没有我们的立场，只能以人家的立场为立场，这是非常苦闷的……我们联合起来，是形成第三者的立场。‘我公’既以说公道话相期勉，先给我们说公道话的地位，那就是要许可我们有此一联合组织。”[1]蒋介石狐疑地提了一些问题，最后以不组织正式政党为条件勉强允许。

黄炎培他们终于向中间党派的联合和独立目标迈出了艰难的第一步。但这仅仅是最初一步而已，不仅联合的问题未曾在组织上得到切实的落实，更重要的是，他们依然在独立与依附的内外矛盾冲突中挣扎着。尽管他们在主观上急于摆脱屈辱的依附地位，在政治舞台上树立起自己的旗帜，然而国民党当局却以生存作要挟，压制着他们任何企求离心于独裁政治的举动。这样，外在的独立与依附冲突便内化为自身的独立与生存矛盾。他们缺乏那种“不独立毋宁死”的气魄，不得不在独立与生存之间寻求一种必要的张力，把握那微妙的平衡，从而使这个中间党派组织的独立品格打了一个大的折扣。这从“统一建国同志会”的名称上即可窥出端倪，这一名称是梁漱溟提议的，他认为团结统一实为当前急务，只有统一了才有实现宪政之可能。有人反对说：应先求宪政，由宪政而达统一才是现实之道。最后，大多数人还是接受了梁漱溟的初议，认为强调统一有适应环境的便利之处，因

---

〔1〕 萨空了：《民盟前身——统一建国同志会》，载《民主报》，1946年11月4日。

为国民党是喜闻“统一”，不愿“团结”的，更为不能容忍“民主”二字。这样，统一建国同志会自出生之日起就注定了它的先天不足。成立了一年多，竟然无声无息，舆论界甚至不知道有这么一个已为蒋介石默许了的政治组织。

在联合与独立的征途中蹒跚而行的中间党派很快就被逼上了梁山。1940 年冬到 1941 年春纷至沓来的几件大事，逼迫他们加快了行进的步伐。

1940 年 12 月 24 日，国民党政府公布了第二届国民参政员名单，出乎人们意料的是，一批平日比较进步的中间党派参政员，如章伯钧等竟然被除名了。黄炎培读罢报纸，心情变得十分沉重，他在家里实在坐不住，遂顶着凛冽的寒风赶到张君劢来渝下榻的住处——时任中央银行总裁的张嘉璈的公馆。不一会儿，梁漱溟、左舜生也不约而同地赶来了。四人相聚，不禁长吁短叹，愤懑异常。他们都觉得这是蒋介石向中间党派开刀的信号。黄炎培沉吟半晌，郑重地提出了自己腹议许久的想法：现在我们虽然有了统一建国同志会，但仍然是各自一摊，没有力量，如果我们进一步把国共之外的中间党派联合起来，成立一个统一的政党，团结起来，就真正有力量了。梁漱溟、张君劢、左舜生听了都连连点头称好。第二天，四人继续会商，决定分头联系第三党的章伯钧、无党派人士张澜等。散会时，黄炎培对送到门口的张君劢说了一句颇有深意的风趣话：“在蒋介石看来，你是刚收编的土匪，我是即将叛变的保安队！”一边的梁漱溟、左舜生听了都会意地哈哈大笑。国民党丝毫容不得异己的孤家寡人政策，将这些温和的中间人士逼到了悬崖；他们一退再退，一忍再忍，如今已经无路可退，无可再忍，决意联合起来自救了！

在筹备组织的过程中，震惊中外的“皖南事变”发生了。黄炎培闻讯后，深感痛心和不满，他对人表示：“不论事情经过之是非，当局如此措置，绝对错误，希望大事化小，小事化无。”[1]尽管自抗战以来黄炎培在调解国共中经历了无数的挫折和磨难，但这一次空前升级的反共事变依然在他心底激起强烈震动，他感到中间党派以往过于软弱，过于分散，以至于未能尽到斡旋、缓冲的责任，他为此而内疚不安。他认为有必要加快建党的步伐，提出：“国民党是大拇指，共产党是小拇指，我们是食指、中指和无名指，国共要合作非依靠我们来拉拢不可。”[2]同时，“吾辈调解国共，必须有第三者明确的主张和立场”[3]。张君劢等十分赞同他的意见。他们商定，无论蒋介石是否准许，一定要尽快建立起第三方面自己的独立政党。就这样，在昏暗阴冷的早春天气里，一颗萌芽正顶开头上的沉重石块，破土欲出了。

1941年3月19日，黄炎培、张君劢等十三个中间党派和无党派人士在重庆上清寺特园集会，秘密成立了中国民主政团同盟（简称民盟），通过了《中国民主政团同盟政纲》（后简称《政纲》）和《中国民主政团同盟简章》（后简称《简章》），张君劢、左舜生、章伯钧、黄炎培、梁漱溟都被推选为常委，分别代表国社党、青年党、第三党、职教社和乡建派。[4]黄炎培由于他的资望、能力以及在筹备工作中的核心作用，遂被公推为民盟主席。

中国民主政团同盟较之其前身统一建国同志会，在摆脱对国民党政权的依附、走向政治的独立这一点上大大跃进了一步。如果说同志会的成立尚要请示“旨意”，充其量不过是先斩后奏，那么民盟的组建则完全是斩而不奏，抗“旨”而行。仅时隔一年，二者的名称也是一个有趣

---

〔1〕中央档案馆编：《皖南事变（资料选辑）》，第258页，北京：中央党校出版社，1982。

〔2〕董必武：《大后方的一般状况》，内部稿。

〔3〕1940年12月24日黄炎培日记。

〔4〕救国会原是发起单位之一，由于部分发起人担忧救国会加入可能会使蒋介石将民盟视作“中共的外围组织”，从而影响生存，因而商定让救国会缓入。从1942年起，救国会正式参加了民盟活动。民盟因此有“三党三派”组成之称。

的对比。在统一与民主这一历史课题下，他们尽管在酝酿同志会时已经意识到失却了民主即失却了统一，但仍然拉来了“统一”作为自己的护身符；而一旦决定摆脱蒋介石的羁绊，他们就毅然将令蒋氏刺目的“民主”作为自己组织的响亮名字。而且，他们在民盟的纲领中也洗涤了同志会《信约》中那些带有保护色的拥护蒋、拥护三民主义之类的词句，突出了具有鲜明政治个性的独立主张：政治民主化和军队国家化。唯其在相当的程度上摆脱了对蒋介石的政治依附，成为国统区中一支相对独立的民主力量，后来当它公开的时候才受到了如此截然分明的政治礼遇：中国共产党人的热情欢迎和国民党当局的猜疑忌恨。

在民盟成立之日，大家曾经商定，为了防止国民党当局的阻挠破坏，组织暂行保密，先去香港建立言论阵地，待时机成熟后再行公开。不料蒋介石的耳目十分灵敏，仅过两天，风声便透到了当局那里。蒋勃然大怒，在宴席上当众斥责负有应付各中间党派使命的四川省主席张群：“他们在特园集会都好几次了，还制定了纲领十二条，你竟然一无所闻？”蒋气咻咻地命其立即查清。张群不敢怠慢，立即打电话向张君劢质询，张君劢闻讯色变，连连加以否认。次日张群又驱车来访张公馆，幸亏张君劢外出未遇，不然的话，依照梁漱溟后来的分析，倘若张群穷追不舍，书生气十足的张君劢也许会挺不住，如实招供的。黄炎培、梁漱溟他们接报后立即紧急磋商，拟定应付措施。随后他们主动去见张群，告以所谓组织，无非前之统一建国同志会，所谓十二条，即同志会《信约》十二条，皆承蒋委员长谅许，云云。这才搪塞过去。

此次意外的插曲在黄炎培的心底投下了忧郁的阴影。他格外强烈地感受到从事政治的艰危。独立与生存，不仅是一个手无寸铁的和平政党的两难抉择，而且也是对其中每一个成员的冷峻考验，黄炎培不是那种不知廉耻的浑浑噩噩之辈，他特别敬仰历史上那些杀身成仁的气节之士，对鲁迅这样的同时代人也感佩万分。当 1936 年鲁迅逝世的时候，他在职教社的悼念鲁迅大会上做过一次题为《从鲁迅之死说到中国民族性》的讲演，其中说了一段深有意味的话：

> 鲁迅是中华民族中的一分子，他不怕恶势力，把一切怪现象毫不客气的揭穿，这种精神就是古人所说“特立独行”精神。……我绝对相信，中华民族的生命，就寄托在这一班“特立独行”的人身上。[1]

此后黄炎培就经常以“特立独行”自勉，唯其经常自勉，也就意味着他自感有愧。他难以淡忘早年“新场党狱”所留下的阴暗记忆。特立独行者的最高精神意境在于超度了对生的执着。像鲁迅去参加杨杏佛葬礼时不带家门钥匙的那种“壮士一去兮不复返”之气概，毕竟是罕见的品质，对一般人来说可谓可望而不可即。在血淋淋的屠刀之下，黄炎培所顾虑的不仅是自己的生命，还有他的事业。职业教育不是一项营利的事业，它的生存和发展不得不维系于社会和政府的资助。他认定他的事业有利于广大的平民百姓，关系到许多人的生计。这不是他个人的事业，他没有权利为了其他的目的而连累、葬送了职业教育的前途。从某种意义上说，他将职业教育视作他的第一生命，爱这事业甚至超过了爱他自己的生命。这样，他就比一般人在追求独立的时候又多了一层顾虑。几十年在独立与生存间的踯躅徘徊，渐渐使他总结出一种在两难中力求两全的处世之道——“外圆内方”，以外圆应付生存，以内方维持独立。后来他曾这样描述自己“从二三十年艰苦奋斗中间磨炼出来的一套做法”：

> 正面绝对不通融的，但侧面未始不可以周旋。在趋向相同的某

〔1〕《国讯》，1936年第144～145期。

项工作范围内，未始不可以周旋，但立脚点是绝对不动摇的。[1]

当依循“外圆内方”的处世原则考虑民盟的处境时，他就显得分外的小心慎重。他是民盟的主席，不能不称量整个组织独立与生存的平衡；尤其当职业教育作为一块举足轻重的砝码加入其间时，思虑的天平就稍稍向生存一端倾斜。他深知蒋介石之为人，为了统治上的需要此人是什么手段都不吝采用的。老友史量才的饮弹身亡、《申报》事业因此由盛而衰的情形他至今记忆犹新。他感到，对国民党政府的抗争须像老子所说的“为士者不武，善战者不怒”，只有避其锋芒，才能以柔克刚。何况“国危至此，扶持之、弥缝之不暇，岂可复自暴其弱点，自促其灭亡”，[2]为了民族团结之大局，即使暴露黑暗也应适可而止。

1941年4月5日，黄炎培向民盟提出了四点意见：[3]

（一）对政府取协助之义，其有所见，为善意的劝告。

（二）对内各个的求充实，整个的求团结。

（三）对各友团维持友好，视情态之可能，得就某事件与之合作。

（四）在不背第一点之下，设法与国人及国际相见，咸知吾人对国事之苦心与努力。

这最后一点，指的是民盟公开的问题。黄炎培感到，在当前险恶的环境下，应“力避刺激国民党”，以免遭不测之祸。不久以后，梁漱溟飞赴香港，按原定计划筹办民盟机关报《光明报》，准备在这年“双十”节公开《政纲》，亮出旗帜。黄炎培再三斟酌了十二条《政纲》的措辞，感到最后的四条过于“有力”，建议民盟缓发为妥。在此项建议遭到否

〔1〕黄炎培：《中华职业教育社奋斗32年发见的新生命》，见中华职业教育社，《社史资料选辑》，第3辑，第103页。

〔2〕1942年8月14日黄炎培日记。

〔3〕1941年4月5日黄炎培日记。

决之后，他反复权衡，最后向梁漱溟等人表示，由于“其环境实不容其出名参加同盟”，决定不在民盟的《政纲》上列名，同时辞去主席一职。[1]

然而黄炎培并未因此而退身旁观，他以另一种婉转的方式表明了自己的心迹，补偿了自己的怯弱。

1941年10月10日，《光明报》发表了“启事”，宣告中国民主政团同盟已在重庆成立，并公布了经过修改的《中国民主政团同盟对时局主张纲领》(“十大政治纲领”，后简称《纲领》)。几天之后，黄炎培在《国讯》上发表了一篇《我之对于中国民主政团同盟》予以呼应，他说，吾自“九一八”以来，为抗日救国，竭尽努力，“兹者诸友好之有政治结合者，为民主政团同盟之组织，发表宣言于报纸。我虽未籍隶任何政团，在此何可无一言”。接着，他对民盟《纲领》中的主要主张都一一表示赞同和声援，特意强调说：“对此以民主为目标之团结组合，安有不表同情之理。”[2]

由于民盟在公开《纲领》《宣言》(《中国民主政团同盟成立宣言》)时没有有关发起人的署名，国民党方面就借此诬蔑所谓民盟组织是“招摇撞骗”，“绝无其事”，是“第五纵队”的活动。为了揭露国民党的造谣中伤，争取合法公开的地位，民盟决定以新任主席张澜、总书记左舜生、组织部长章伯钧、宣传部长罗隆基四个人的名义，趁二届二次参政会开会期间，在重庆举行公开茶话会，招待各党派参政员。这天会场的气氛异常沉闷，出席者皆知晓蒋介石“党外无党”的忌讳，因而发言者

---

〔1〕 参见梁漱溟：《中国民主政团同盟发起成立之经过略记》，见中国社会科学院近代史研究所中华民国史组编：《中华民国史资料丛稿》(增刊第6辑)，第51页，北京：中华书局，1979。

〔2〕 黄炎培：《我之对于中国民主政团同盟》，见黄炎培：《抗战以来》，第169页，重庆：国讯书店，1946。

甚寡。民盟的几个主要领导人报告了民盟的宗旨、主张之后，黄炎培在一片缄默之中缓缓地站起身。他平静地、不带任何感情色彩地讲了一个故事，大意说：上海有两个小贩穿街走巷卖油条，前面那个大声吆喝着“卖油条！卖油条！”，另一个跟在后面随声应和着“我亦然，我亦然”。黄炎培讲完这个故事就不作任何解释默默地坐下。听者无不相顾愕然，犹如丈二和尚摸不着头脑。唯有知晓内情的民盟同人听出了其中的弦外之音。黄炎培不是在表明自己的身份和态度吗？他们是民盟盟员；而“我亦然”！知情者不禁在心里暗暗感叹：任之先生为了准备这次发言，可谓煞费苦心！

其实，煞费苦心的又岂止这次发言呢？在险恶的政治环境之下，黄炎培和像黄炎培这样的知识者为了在良心与生存之间实现某种“外圆内方”的调和，付出的是何等沉重的精神代价，耗费的又是多少智慧、心计和才华！这是悲剧呢还是喜剧，抑或亦悲亦喜的悲喜剧？

# 1943 年，人心向背的转捩点

太平洋战争爆发之后，国统区的空气愈加沉闷了。当沦陷区的同胞在日本法西斯的蹂躏下痛苦地呻吟着的时候，大后方的民众也遭受着近乎同样的命运，默默忍受着蒋氏法西斯王朝的摧残和践踏。在这块所谓“自由”的土地上，一些人是肆无忌惮的主人，更多的人却是戴着镣铐的奴隶。寻欢作乐的阔佬的淫笑与五花大绑的壮丁的哭叫汇合在一起，检查官手中的大红朱笔与渣滓洞里的殷殷血迹重叠在一起，满头大汗地数着金银的大官的油脸与皱着眉头拍卖家当的教授的苦笑交织在一起……这些就是大后方的一幅幅真实景象！

陪都重庆。犹如一口上了钉的人间棺材，令人窒息得喘不过气来。在无以复加的政治重压之下，知识分子的心一个个都抽紧了。民盟自公开组织之后，不得不暂时中止公开活动。张君劢由于昆明学生游行抗议“洋狗事件”[1]，与罗隆基等人被当局一并怀疑为游行的幕后指使人。1942 年，蒋介石亲自下令，诬称张君劢领取纳粹津贴三十万，为希特

[1] 1941 年年底香港沦陷前夕，国民党政府派往香港援救社会知名人士的专机被孔祥熙一家霸占，导致大批知名人士滞港。飞机返渝时，从舱门中蹿出的竟是孔二小姐几条心爱的大洋狗，因而被称为“洋狗事件”。事发后，昆明一千多学生上街游行，抗议国民党政府的腐败和四大家族的专权，这是抗战期间国统区学生的第一次示威游行。

勒做情报工作，以此为由查封了大理的民族文化书院，并趁张君劢来渝之际，将他扣在重庆。蒋介石还派王世杰去劝说张君劢脱离国社党，专心研究学术。这年第三届国民参政会开幕时，主席团成员从五名扩充到八名，但原为五人主席团之一的张君劢却从名单上消失了。张君劢被迫困居于重庆的南岸汪山，闭门简出，潜心著述。黄炎培尽管未受到当局的直接威胁，却也感觉到了那种笼罩一切的沉重压力；他及时调整了自己的生活方式，将更多的精力从参与政治转入战时职业教育，决定“以社会事业为本位……在相当条件下，参加政治工作，一切求适合政治环境”[1]。

黑暗似乎漫无尽头，知识分子们在黑暗中缄默着。但这种缄默不过是严寒之中水面上的一层薄冰，在那冰层底下奔涌的却是一条愤懑的河流。张君劢困居山城期间读了不少中外史书，他抚今忆昔，不禁感慨万千。自秦以来，中国的历代统治者为追求车同轨、书同文的大一统，皆不惜焚书坑儒，愚弄臣民。知识分子在他们的眼里只不过是改朝换代的工具，“一朝天下定，鸟尽先藏弓”。他不无疑惑地叹道：“历史大变局，不造自仁民爱物之贤主，反起于私心自用之枭雄！”[2]黄炎培自抗战以来对国民党政府总是抱着豁达的耐心，此刻面对着眼前这黑暗的一幕，他笔下也流露出少见的激愤。一天，他接连出席了官方召开的三次会议，是晚回到家中，在日记中愤愤地写道：“政治日趋黑腐，今日之会分三幕，上午叫嚣愤骂，不负实责；下午粉饰太平，不求实际；傍晚市府之会，补苴罅漏，无关大体……”[3]

就这样，在这漫漫黑夜之中，当那架庞大的官僚机器在加速腐烂

〔1〕 1941年10月19日黄炎培日记。

〔2〕 张君劢：《读史玉言》，见《君劢先生之言行》，第32页。

〔3〕 1943年2月18日黄炎培日记。

时，知识分子的离心倾向也在暗暗滋长。如果说抗战初期他们对蒋介石曾一度充满着热望，那么随着时间的流逝，人们的失望和不满都在加深。到1943年，终于出现了一个心理上的重要转捩点："蒋介石作为国民党政府的象征，已经失去中国知识界对他的信任与忠诚。"[1]

这种心理上的变异处于外界环境的强抑制状态时很难觉察出来，而一旦出现某种适当的时机，便立即显现无遗。这样的时机果然来到了。

1943年9月，蒋介石迫于国内外的种种压力，宣布将于战后一年内召集国民大会，通过宪法，实施宪政，并在国防最高委员会之下设立宪政实施协进会，邀请黄炎培、张君劢等一批国民党外人士讨论宪政。当然，当局对这样的讨论是严格控制的，既限定了参加的范围，又规定了讨论的题旨，只允许在"三民主义"的原则下讨论钦定的"五五宪草"。然而，国民党既然赐予了知识分子们以一席发言之地，后者就很难使自己的言论保持在官方所能容忍的界限内，因为他们的思想在那沉默之中早已越了界，他们不能不伸张自己良心的声音。而且，当以往的努力一再遭受挫折，政府的诺言完全失却信用时，他们感到，他们不能再一次重复"虔诚等待"的天真，"用磕头的办法，无论如何是磕不出民主来的"。[2]唯有通过全体热爱民主的人的力争，才能实现真正的民主宪政。有人甚至沉痛地反省说：中国知识分子"只知道如何去找一个可以使我们升官发财的主子，而决不敢建立自己的政治主张"。因此，"过去五十年中国之所以不能有一种真正的宪政出现，其大部分的责任，应由中国的知识分子负之"，"这一次的民主宪政运动之能否有成，其关键即握在这班人的手里"。[3]这样，当这一次民主宪政运动来临的时刻，

〔1〕费正清：《中国之行》，载《中华民国史资料丛稿·译稿》，北京：中华书局，1983年。
〔2〕张澜对记者的谈话，载《新华日报》，1944年9月6日。
〔3〕左舜生：《谈实施宪政的先决条件》，载《宪政》，1944年第2期。

在失望中变得聪明起来的知识者们就怀着一种崭新的“争”的姿态，崛起于黑暗的大后方。

1944年年初，黄炎培和张君劢冲破了官方划定的藩篱，分别创办了《宪政》和《民宪》两份杂志，还组织了两个宪政座谈会，邀请社会各界名流作文、发言，以讨论“宪草”为名，批评当局的腐败，伸张各界的民意。尽管在运动的一开始，人们对民主的理解各个不一，然而一谈到具体的现实要求，却大都集中在对自由和人权的深切渴望上。因为自太平洋战争以来蒋介石加强了封建法西斯的特务统治，大后方的知识者们感触最深的是人身安全和精神自由的被褫夺，无往不在沉重的枷锁之中。在1月3日的宪政座谈会上，不少知识分子尖锐批评了只准讨论“五五宪草”的官方框框，有人俏皮地说：“今天肚皮饿了，明天的菜单开得再好也没有用处”；宪草每条都可“写得不错，可是与实际有什么相关呢？”。张君劢以一个政治学家的雄辩，详细论证了自由是民主不可缺少的政治前提，指出：“有宪法无人权，不能算是宪政，先有人权的保障，然后才有宪法。”[1]会后，他感到言犹未尽，写了一篇题为《人民基本民主权利的保障》的文章公开发表。文中他提出人身自由、结社集会自由和言论出版自由是人民的基本民主权利，“惟有在此方面入手，而后宪政乃有基础，犹之造屋之应先有石脚，治水之应穷其源头也”[2]。张君劢的这一“三大自由”呼声得到了山城各界人士的广泛响应，中共南方局在国统区公开发行的报纸《新华日报》转载了张君劢的这一文章，还专门发表社论，表示赞同说：

张先生所提出要保障的三项人民基本权利，虽然并不包括全部

[1]《新华日报》，1944年1月4日。
[2]《新华日报》，1944年2月1日。

> 民主权利，却已经涉及了重要的三项。一个国家是否民主，必须以此三项为重要的标志。因此，我们和张先生一样，很重视这三项人民基本权利。[1]

与张君劢的“三大自由”相呼应，黄炎培提出了一个更巧妙、更难被国民党当局所拒绝的类似要求。1月4日，他在《宪政》月刊社主办的宪政座谈会上发言说：实施宪法恐怕要到战后二三年，“现在不是还有政府所颁布的临时约法吗？约法虽然不够完备，但关于人民的权利和义务，也规定了的。人民义务尽了，权利应不应该享受呢？因此，我们有权利要求政府，切实履行临时约法，保障人民的基本权利”[2]。为此，他还向宪政实施协进会提出了一个《倡导全国上下切实奉行训政时期约法及现行一切重要法规以立宪政实施基础案》。在一次讲演中，他讲了一则故事以说明奉行约法与提倡宪政之间的关系：

> 某家有媳，不敬其姑，而远道敬香拜佛。一日，至峨眉山，遇一高僧，极口称赞其奉佛之虔诚，但言你家中亦有一佛，且是活佛，则大惊，叩头求指示何在。高僧谓活佛非他，即你之老姑也。

黄炎培说到这里，话锋一转，点破了题旨：

> 今若热诚研讨宪草，盼望宪政，而全国上下，忘却现在实施有效之训政时期约法……未免等于奉佛而不敬其姑。[3]

---

〔1〕《新华日报》，1944年2月1日。

〔2〕《新华日报》，1944年1月5日。

〔3〕黄炎培：《宪政与修养》，载《宪政》，1944年第4期。

为了唤起民众，黄炎培这年春天先后到了中央大学、金陵大学、武汉大学、复旦大学等校讲演，到处受到学生们的热烈欢迎。一个复旦大学的学生这样记述说：

在我们的心目中，黄炎培先生是一位可敬的民主战士，听说黄先生要来讲演，大家便都非常振奋。5月29日下午，虽然天气热得叫人喘不过气，复旦大学礼堂还是挤满了人。当黄先生出现在讲台上的时候，我们用热烈的掌声向黄先生表示了敬爱。[1]

这天会场的气氛特别热烈，黄炎培的精神也格外振奋，他告诫学生们：民主有真民主与假民主之分，我们要的是真民主，而且要主动去争，“我们自己不动，想别人把礼物送上门，没有那回事！”。学生们以雷鸣般的掌声打断了他的讲话。黄炎培也仿佛受到了青年们情绪的感染，他以前所未有的激昂语调大声说道：

假若我今天讲这些话后能有一部分人——即使是少数人愿为真民主努力，为真民主拼命，那敢说中华民族的希望就在这点上！……[2]

几天以后，《新华日报》专门发表一短评，评论道：

黄炎培先生在复旦大学关于宪政与民主的一篇演说，读来使人

〔1〕《新华日报》，1944年6月2日。

〔2〕黄炎培：《从宪政运动看中国前途——在复旦大学的演讲》，载《宪政》，1944年第7、8期合刊。

击节兴奋。这是黄先生最热烈坦白的一次言论；尤其值得我们重视。足见民主的要求已经达到高潮，激荡着人心。

黄先生说得好："民主是不成问题的，一定要民主，怕的只是假民主。"又说："我们是为民主而战，为自由而战，就一定要民主，要自由。"他更指出，不管别人是不是有诚意实行宪政，"我们自己不动，休想别人把宪政的礼物送上门"。所以他主张"为民主拼命"。

最重要的一点，是黄先生痛切的大声疾呼："民族的苦难日益严重，也希望我们做人要改变作风。我以前做事也未免有些怕困难，怕阻碍，今后要说的就说，要干的就干，良心以为该做的便做，硬是要做，认为不当做的便不做，绝对不做。要做民主国家的人民，这是起码的条件。"

这是完全正确的，三心二意，口是心非或口非心是，都不是做人的方法，更不是争取民主的作风。要争取民主，就先要从改变这种怕困难怕阻碍的作风做起，要敢于拼命！

黄先生的话，是值得我们记取的。[1]

确实，黄炎培这次"最热烈坦白"的演说和真诚的自我反省、鞭策，象征着温和的中间层知识分子到抗战后期某种政治的觉醒和心理的转折。当他们从一度的民主屈从于统一的歧径中重新回到以民主求统一的大道时，他们对民主的认识和追求较之20世纪30年代初不仅深化了许多，而且坚定了许多；在统一与民主的天平上他们的思考重心又再度摆向了后者。这对于宪政运动的铺展具有莫大的意义。像黄炎培、张君劢他们这些社会名流、学者教授，尽管人数甚少，然而他们的资历、名望以及活动能量常常使他们在国统区中起着某些左右舆论的重要作用，他们的

〔1〕《为民主拼命》，载《新华日报》，1944年6月2日。

声音造就了社会要求变革的心理氛围。从清末的立宪运动开始，近代中国的宪政运动大都起始于统治集团某种被迫做出的“开明”姿态，而通过社会中层的知识界人士鼓动、宣传、放大，就逐渐演变为一场真正的群众性运动。这种由上而中、由中而下的圈纹式的层层扩展，蕴含着社会上下深刻的求变心理。当宪政运动越出知识界的狭小沙龙，来到一个更广阔的社会天地时，这就预示着一个群众性的民主运动高潮即将来临了。

统治集团的拙劣表演往往为高潮的来临起了一个助产婆的作用。正当世界反法西斯战场捷报频传之际，国民党战场却发生了空前耻辱的豫、湘、桂大溃败，从1944年4月中旬到12月初的短短八个月中，国民党损失兵力五十万至六十万，丧失国土二十多万平方千米，使豫、湘、桂三省的六千多万民众陷于日寇的铁蹄之下。与此同时，大后方货币贬值，物价飞涨，蒋介石政权的腐败暴露无遗。民族的危机与社会的危机交织在一起，形成国民党统治的严重政治危机。然而，蒋介石依然在粉饰太平，捂盖实情，一再宣称：“我可以保证在军事上根本没有危险……敌人所加我们的危险，到今天实在已成过去。”〔1〕

大后方的知识分子忍无可忍了！他们的希望彻底幻灭了！他们发现，整个中华民族已处于悬崖的边缘，倘若再向后退一步，就将掉进那万劫不复的亡国深渊。在那些艰难而紧急的日子里，怯弱的变勇敢了，清高的变入世了，温和的变激烈了，千夫所指，众口所向，一致痛斥蒋介石的独裁专制！

9月5日，国民参政会三届三次会议在重庆开幕。开幕前夕，黄炎培和张君劢分别向记者发表了谈话。黄炎培直截了当地说：“希望有关人权的言论、出版、集会、结社、居住等自由能首先实行。”张君劢则牢骚满腹地说：“为政的人应该要有相信别人的这种精诚，要相信别人

〔1〕《抗日战争时期国民党统治区情况资料》，内部稿，第12页。

的言行是为国为民的，不要一味只是想着别人的一切就是专跟我捣蛋。没有这种真精诚，就难有互信，因此团结就无巩固基础。”[1]在参政会开会期间，张君劢提出要扩大参政会职权，变“咨询”机构为真正的“参政”机构；黄炎培则一反以往“对政府取协助主义”的温和立场，就民族工商业备受官僚资本管制之苦的问题向国民党有关当局提出了严厉的质询，受到全场的大声喝彩。

就在这样的气氛之中，9月15日，林伯渠代表中共中央在参政会上不失时机地提出了废止国民党一党专政、建立联合政府的号召。这一号召在中间党派中受到了热烈的欢迎。在此之前他们中的一些有识之士也曾流露出要求改组政府、实现各党派联合当政的愿望，但囿于自身力量的单薄弱小，政治上又缺乏足够的魄力，他们在公开的正式场合始终不敢提出这一为当权者所绝对不容的要求。中国共产党人在这样一个人心转向的时刻第一个说出了人们埋藏在心里，而且暗暗重复了无数遍的声音，自然就赢得了崇高的政治威望。黄炎培自不待言，连曾经是那般固执地与共产党对立的张君劢也不得不承认共产党是民主运动中一支不可缺少的友军。他不但不再反对共产党设立边区、扩充军队，而且私下认为共产党的军队还可以再强大一些，便于压迫蒋介石开放政权呢。情形就是这样明摆着，在统一与民主的这架天平上，中间党派倾向前者时，就会对国民党政府寄予较大的期望，一旦天平的指针摆向另一边，那么中国共产党人就成为民主的旗帜下众所瞩目的勇敢旗手了。

中共的成立联合政府号召犹如滚过山谷的一声春雷，立即引发了千山万峰的回应。10月10日，中国民主同盟[2]发表《对抗战最后阶段的

---

〔1〕《新华日报》，1944年9月5日。

〔2〕民盟于该年9月在重庆召开全国代表会议，决定将“中国民主政团同盟”改为“中国民主同盟”，取消“政团”二字，以吸收无党派人士以个人身份加入民盟。

政治主张》，正式响应中共的号召，要求“立即结束一党专政，建立各党派之联合政权，实行民主政治”[1]。到1945年年初，国统区掀起了一股“进言热”，文化、教育、工商、妇女各界人士纷纷联名上书当局要求立即顺从民意、革新政治，成立联合政府。在众多的“进言”中，影响最大的是郭沫若起草的、有三百一十二位知名人士签名的《文化界时局进言》。大后方的青年学生们也加入了宪政运动的行列，成都和昆明的学生们扯起“取消一党专政”的横幅，浩浩荡荡走上了街头，其间还有隐蔽的中共地下党组织者，和走在前列的进步教授。整个大后方千万张喉咙汇集成一个声音：民主是不可阻挡的历史潮流！

蒋介石处于四面楚歌之中。为了抵制中共的联合政府号召，他在1945年新年文告中宣布将提前召开国民大会，3月1日又再度发表演说，允诺设立“行政院战时政务会议”这样一个有名无实的伴食机关。这自然不会使黄炎培他们感到满意。民盟领导人经过集体会商后，于1月15日针对蒋介石的新年文告发表《时局宣言》，认为“目前全国要求民主之声，自各党派以迄文化界工商界，自国民党外以迄国民党内，已逐渐趋于一致，然当局迄无有效办法之表示”。蒋氏所谓提前召开国大之说，“欲以此而成就全国的团结统一，吾人认为必将适得其反”。黄炎培他们重申了四个月前提出的“立即结束一党专政、建立联合政权”等十项政治主张，坚决地表示：

> 吾人以为在战争未结束以前，必须将此项过渡办法切实做到，中国始有实现民主宪政之可能，否则藉延宕以资敷衍，弄名词以饰视听，则不惟当前一切困难问题无从解决，整个国家民族且有陷于

[1] 中国民主同盟中央文史资料委员会编：《中国民主同盟历史文献（1941—1949）》，第32页，北京：文史资料出版社，1983。

> 分裂破碎之虞。为国民党计，与其空谈“还政于民”，何如实行与民合作以免自误误国之为愈也。邦人君子，幸共图之。[1]

然而蒋介石却绝对不敢答应任何带有实质意义的民主要求。他始终缺乏统治的自信，他深知联合政府对于国民党来说无异意味着走向坟墓，因为这个独裁政权是以赤裸裸的暴力维持着的。他不能容忍有任何足以与国民党抗衡的力量，无论是共产党的革命武装抑或中间派知识分子的舆论力量。历代专制君主的大一统观念像梦魇一般缠住他的头脑，使他即令想披上千件“宪政”的遮羞衣，也难免露出那条遮掩不住的专制尾巴，以致人们在一场哄堂大笑中更为清醒。的确，到了 1943 年以后，中国的知识分子已经失去了对国民党领导实施社会变革的希望，黄炎培如此，张君劢多多少少亦如此。这些本来坚持“要变不要乱”的社会中层人物，当失望于自上而下的温和变革时，他们就唯有寄托于一场自下而上的民主风暴了。

在这样的历史大转折前夜，重新调整在国共之间的感情比重，也就成为中间层知识分子迎接新时代到来的必要心理前奏。

---

〔1〕 中国民主同盟中央文史资料委员会编：《中国民主同盟历史文献（1941—1949）》，第36～37页。

# 感情的天平指针摆向延安

熬过八年的苦战，人们翘首以待的胜利之日终于屈指可见了。然而，当他们眺望日趋明朗的胜利前景时，内心的情感却是忧喜交加，因为在那可见的天际又飘浮着一团内战的乌云。1945年春天，国民党和共产党分别召开了各自的代表大会，毛泽东在西北的红色一角以洪亮的声音重申了建立联合政府的主张；蒋介石却在灰蒙蒙的雾都重庆重弹召开钦定“国大”的老调。两条前途，两种未来，两个命运，中华民族处于光明与黑暗、民主与独裁、和平与内战的大搏斗前夜。

张君劢当时被国民党政府遴选为中国出席旧金山联合国大会的代表，他在太平洋的彼岸忙于各种外交活动，暂时无暇过问国内的政局。而依然留在重庆的黄炎培对潜在的内战前途很是不安，他将唯一的希望寄托在当时正在进行中的马拉松式的国共谈判上。1月28日晚，孙科宴请国共谈判的双方代表以及中间党派人士，黄炎培也应邀出席。宴毕，大家开始漫谈国共和谈问题。中共首席谈判代表周恩来重申了中共的联合政府主张，希望彼此以互信互让之精神解决一切。黄炎培提议说，可以经常举行像今天这样的非正式会议，商量出眉目后再举行正式会谈，一席谈不足，在座各位可轮流做主人继续商谈。他的提议得到了大家的赞同。黄炎培满怀希望地大声说道：“吾惟愿如恩来所说，各以互信互让之精神，解决一切：各抛弃地位，纯凭客观；不用感情，纯凭理智。吾人须下大决心，必须由我人手中，解决此大问题！”[1]

然而，由于蒋介石在联合政府问题上坚持不肯让步，国共谈判陷于僵局，周恩来不久被迫返回延安。黄炎培对这事一直牵挂于心，郁郁不欢。当时宪政实施协进会奉蒋介石旨意还在继续讨论那部“五五宪草”，黄炎培在会上多次提出：必须先解决国共的政治问题，宪法才是全国的宪法；宪法必须在全国和谐一致的气氛中产生，否则万一酿成纠纷，反为宪政施行的障碍。[2]当时，褚辅成、章伯钧、冷遹、左舜生、王云五、傅斯年等人都赞成他的意见。黄炎培与这几位参政员商谈后于6月2日联名致电延安，表示团结问题的政治解决，为全国国人所渴望，希望从速恢复商谈，促成团结。22日，毛泽东、周恩来回电表示：只要国民党当局愿意，中共方面乐于恢复谈判，并邀请黄炎培等七名参政员赴延安当面商谈。黄炎培等接电后十分高兴，他们立即商定了有关解决团结问题的三条建议：

> （一）由政府迅速召集政治会议；（二）国民大会交政治会议解决；（三）会议以前，政府先自动实现若干改善政治之措施。[3]

黄炎培他们兴冲冲地准备递交蒋介石批复后赴延安斡旋，不料竟遭到国民党方面谈判代表王世杰的阻挠。王声称此建议“如送领袖，必大遭拂怒”。一时有人感到心灰意懒，提出散伙拉倒。黄炎培却颇不甘心，他说：“撞壁须撞到壁，今壁尚未见，仅凭旁人预测势将撞壁，便放手了，

---

〔1〕 1945年1月28日黄炎培日记。

〔2〕 1944年12月26日黄炎培日记；黄炎培：《八十年来》，第110页。

〔3〕 1945年6月26日黄炎培日记。

岂为合理？”[1]在他的坚持下，七参政员于27日下午见了蒋介石，当面陈述了自己的想法。处于空前孤立境地中的蒋氏这次显得出人意料的“大度”和“宽厚”，他满脸堆笑地说，“余无成见，国家的事，只须于国有益，都可以商谈的”，并对黄炎培他们赴延安慰勉有加，“中间人，公道话，原来最难讨得双方的喜欢”，最后送客时还连道“辛苦！辛苦！”。

1945年7月1日，一架美式军用运输机从九龙坡机场起飞，在山城上空盘旋了一周之后，载着六位热心国事的参政员（王云五临时因病未去）径直向北飞去。机窗外边晴空碧澄，白云相缀，千里河山一览无余。黄炎培俯视着这一片几经沧桑的美丽国土，不由升腾起一缕甜酸苦辣难以分辨的复杂情感。他似乎很自豪，为自己属于这个美丽的国度；又似乎很痛心，因为这个国度的人民遭际了过多的战争命运，而且这命运令人难以望到它的尽头。他微微叹了一口气，内心深感此次使命的责任重大。他想起了那句“为生民请命，为万世开太平”的著名古训，内心不由平添了一抹庄严的色彩。

视野里出现一片褐黄色的山岭，飞机已飞临陕北上空。眼下这块被称作陕甘宁边区的特殊土地，对于黄炎培来说，似乎蒙盖着一层诱人的神秘感。尽管她已经生气勃勃地存在了八年之久，然而由于国民党当局的严密消息封锁，大后方的知识分子对她的了解并不比关于地球外情况的知识更多。1944年夏天，有一个中外记者团从重庆出发，到延安访问了一个多月，归来后在报纸上和私下场合陆续透出一点消息。然而观察者既然有不同的政治背景，他们笔下所描述的延安在形象上自然多少有点互相抵牾了。像《新民报》记者赵超构、《大公报》记者孔昭恺都做了比较客观公正的报道，而那个带队的国民党外事局副局长谢宝樵

〔1〕 1945年6月27日黄炎培日记。

却居心叵测，到处作“访延报告”，竭力渲染延安“言论不自由”“主义不合国情、作风不合人情”云云。黄炎培曾经在一次聚餐会上耳闻了这位谢副局长的谰言。他隐隐觉得，这与自己平时在重庆从中共高级领导人周恩来、董必武等人身上感受到的那种亲切气氛不尽吻合，但他又缺乏有力的论证推翻人家从那里带回来的“第一手”说法。黄炎培不是个独断论者，几十年从事实际工作的经历和习惯使他更相信亲身的经验，那些建立在实际调查研究基础上的经验。也就是在那一刻，他萌生了一种访问延安、了解延安的强烈渴望。除了那调解国共的一片“痴情”之外，也许正是这种不断撩拨着他心绪的内心冲动驱使着他当王世杰阻访延安，别人都打了退堂鼓时，他却还是那般执着地坚持“撞壁须撞到壁”，最后竟意外地如愿以偿。黄炎培深知在中国这块土地上枪杆子的分量。在八年全面抗战之中，共产党已经羽翼丰满，蔚为壮观，主宰战后中国之命运的非国共两党莫属。对当政的国民党，太平洋战争以来那黑暗的一幕幕已使黄炎培看得很透，他不愿再对这个党存有任何热情的幻想；而对陌生的共产党，他心里却充满着好奇、兴趣，甚至希冀，他想通过在延安的实地考察，看看今后究竟“谁得国人信仰”，谁主历史沉浮？

飞机循着两峰对峙的山谷，插向大地，最后稳稳地停靠在延河畔的简易机场。黄炎培等六参政员走下飞机，看到迎面而来的欢迎人群，不禁略略吃了一惊：毛泽东、朱德、周恩来、林伯渠……中共几乎所有的高级领导人都到场了。毛泽东与风尘仆仆的六位参政员一一握手，当走到黄炎培的跟前时，毛泽东劈头一句话就说：我们是老相识啰！见黄炎培的脸上露出惊诧的表情，毛泽东笑了起来：先生知道吗，我在二十六年前就有缘见到你啰，1919 年我在上海，江苏省教育会召开欢迎那个杜威博士的大会，我在台下聆听过先生的讲话！黄炎培也笑了起来，连称：不敢当！不敢当！场上的气氛霎时从宾主间的客套变得像久别重逢后的家人一般融洽。黄炎培对这个场面印象极深，后来他回到重庆曾一再提及毛泽东那番出其不意的风趣话，而且还不无得意地补充一句：想不到当初吾做报告时，台下竟坐着这样一位英雄！

黄炎培等人在延安总共待了五天。在这期间，毛泽东同他们进行了三个半天的会谈，交换了对时局的看法，最后在和睦的气氛中达成了向国民党政府提出“停止国民大会进行、从速召开政治会议”的一致认识。在会谈的间隙，黄炎培抓紧时间，马不停蹄地到处参观探访。起初，他受谢宝樵报告的影响，尚担心触犯这里的“戒律”，因此处处小心翼翼，不敢造次。不久，他便发现自己的担忧纯属多余，不仅无人前来干预他们的行动，而且主人还一再鼓励他们“随便走走，多提意见”。他们一行人“要到哪里、看哪里，都绝对自由”。几天下来，好动的黄炎培几乎跑遍了小小的延安城。

神秘感，往往源自隔阂和无知。一旦亲手撩开这层因距离而产生的神秘晓雾，黄炎培就惊喜地发现了一个阳光下的真实世界。

> 就我所看到的，没有一寸土是荒着的，也没有一个人好像在闲荡。乡村有变工队和扎工队。变工队是交换工作，扎工是地方的名称，扎工队替人家做工，或受酬金，或答还工作。
>
> 公务人员不论男女都是制服，女子学生装短发，都代表十足的朝气。当地老百姓，衣服也都很整洁，衣料是蓝或白的土布。绝对没有褛褴污秽的流浪者。女子皆天足。此等士人，是代表朴实和体格的健全，却从没有发现过绅士式的男子和涂脂抹粉、洒香水、穿高跟鞋等摩登装束的女子。
>
> 政府好像对每一个老百姓的生命和他的生活是负责的。医院不多，但有若干医疗队，巡回各乡村替老百姓看病。医药公费，其他用品，如纸笔等，皆供给，但有限量。一位女士笑着说：“连妇女

卫生纸都由公家供给的。”

毛先生说：我们要打倒主观主义和宗派主义。我们要向老百姓学习。……他主张有些书本知识的人，快回到实际工作里去。这都是中共三年来的新方针。至于执行的比较彻底，不马虎，在延安几天里，随处可以见到，这是事事有组织、人人有训练的缘故。我们应该知道中共政治作风已变了。不是变向别的，而是变向平凡。

至于中共重要人物毛泽东先生，依我看来是一位思想丰富而精锐又勇于执行者，朱德先生一望而知为长者。此外，轰轰烈烈的贺龙、彭德怀、聂荣臻、林彪、刘伯承……诸位先生（徐向前先生在病中没有能相见）在一般人想象中，一定脱不了飞扬跋扈的姿态。料不到，这几位先生都是从沉静笃实中带着些文雅，一点没有粗犷傲慢样子。天天见面谈笑，真是古人所说“如坐春风中”，这一点太出我们意料了。

各个人得投书街头的意见箱，也各个人得上书建议于主席毛泽东。……[1]

这一切的一切，对黄炎培来说，似乎又陌生又亲切。他感到陌生，是因为有生以来他还是第一次身临这般新异的世界；他感到亲切，是因为这世界依稀又是他所久久憧憬着的。他仿佛有点疑惑地揉揉眼睛：怎么回事？这不分明就是自己在理想中盼望已久的大同世界吗？

理想世界，作为知识分子的一种“终极关切”。最能体现主人公的文化素质。如前所述，黄炎培属于洋学堂出身的那一代新旧交替中的知识分子，纵然在时代的欧风美雨中经历了西学的洗礼，但在心理深层黄炎培却依然不失一个儒生的本色。他始终未曾摆脱过自幼熟读的儒家经

〔1〕 黄炎培：《延安归来》，见《八十年来》，第109～154页，以下不再一一注明。

典所赠予的文化印记。他的终极理想依旧是《礼运篇》中所描绘的“老有所终，壮有所用，幼有所长，鳏寡孤独废疾者皆有所养……”这样一幅曾经激动了无数代中国士大夫心灵的“天下大同”的古老画卷。黄炎培的心灵一定也不止一次地被它打动过，否则就难以想象他八十高寿时，依旧能够将这些“时时记在心头”的名句一字不差地默写下来。不过，塑造黄炎培理想世界的并非仅仅是以“仁”为核心的儒学。儒学只不过提供了理想的框架，而框架之中的具体图景却大多得之于先秦时代与儒学齐名的两大显学之一——墨学。黄炎培对墨子的热情绝不逊于孔子，早年他在诸子百家中独独偏爱庄子和墨子，绝非偶然。儒道互补构成了他对时世的出入进退之道，而儒墨相济则完善了他心目中的理想世界。近代中国许多知识者的终极理想都是以“天下大同”为旗帜，但“大同”所蕴含的实际历史内容却大相径庭。黄炎培之所以独独偏爱富于平民气息的墨子，以至于在自己的理想世界中以墨释儒，恰恰在于他本人就是一个染有浓郁民粹色彩的知识者！

如前所述，黄炎培出生在乡村环抱的城镇，他一生中的前二十年都是在农村这样一个环境氛围中度过的。他的思维方式、语言风格、生活习惯无不染有明显的“土”味。后来他虽然长期厕身于繁华的大都市，周旋于十里洋场，但他与城市的和谐度始终没有达到水乳相融的境界，他依然保持着原先那种故我，那种类似于农村士绅的精神气质。他的思维方式不脱中国农民所固有的经验主义，那种感性的直观、朴实、固执。人们几乎不记得他曾经有过穿西装的场合，他给人的印象似乎总是理着一个平顶头，着一件整洁的长衫，或者衣扣扣到颈脖的中山装。他甚至可以因儿女们的服饰、发型稍微时髦一点而大发雷霆。他的上流社会密友圈内也充溢着农村士绅的“土”味，多半是那些土生土长的民族资本家、知识界人士，或者说，多半是与张謇这个最典型的现代农村士绅在精神上有着某种血缘联系的人们。他尽管已经脱离农村，脱离平民阶层，但他毕竟是从这个阶层升上来的，因而对社会底层始终怀有那种出身低微的士大夫所特有的关切、怜悯和同情。他搞职业教育除了想为民族工商业造就一批技术人才外，一个更强烈的动因是想解决城市贫民的失业问题。他也不曾忘却农村，他耗费了大量精力，在江苏昆山县徐公桥办了农村改进试验区，他似乎隐隐感到，自己的归宿不是在城市，而依然在农村。

这样，当黄炎培在《墨经》中读到“节用”“尚贤”“赖其力者生”“兼相爱交相利”等充满小生产者理想的社会政治主张时，他就不能不感到格外的倾心，以至于不自觉地用墨家的理想色彩来涂抹自己的理想世界，憧憬着一种人人劳动、各个平等、相亲相爱的东方田园牧歌式的大同乐园。尽管冷静务实的黄炎培从来不作罗曼蒂克的幻想，不曾像康有为那样兴味盎然地将自己的理想世界精致化，然而作为一种隐性结构，那理想世界确确实实埋藏在他的潜意识里，甚至连他本人也不曾清晰地意识到。一旦它与某些类似的现实图景相邂逅，就会被闪电般地激活！

请看在延安住宿了第一夜后，清晨起床黄炎培那充满诗意的感受：

> 清晨5点钟起身，朝阳给一道山脉挡住，还没有露面，而红霞已布满天空，这时候空气最清新，很像北平秋天之晨，肌肤和它接触，发生无法形容的爽快。就招待室门外空地，照例举行早操，散步小园里，成七律诗一首。

这种沾着朝露、生意盎然的感受无疑是与前日那雨雾蒙蒙的重庆相比较而油然触发的。繁华都市的喧闹，现代文明的奢侈，人与人之间的隔膜、奸诈、勾心斗角……这一切仿佛都在那种灯红酒绿、铺陈摆设中腐烂、发臭、变质，使黄炎培对此总感到有些不自在，不顺眼；他似乎得到了一些什么，但失去的更多。完全出乎黄炎培意料的是，从他踏上延安土地的第一刻起，那些在陪都重庆已经所剩无几，而内心依然无限眷恋的东西，在这山沟沟里竟然又重新浮现了：清朗的山水、素雅的生活、淳朴的民风……起初，这些新鲜的感觉暂时还显得有点支离破碎；随着感觉的累积、叠加和重复，就逐渐聚焦成一个相当清晰的总体表象：这莫非就是自己朦胧希冀着几十年的理想梦境吗？你看，这军民共同垦荒种地的壮观场面不就意味着“赖其力者生”？那交换劳力、互助合作的变工队、扎工队不就实践着“兼相爱交相利”？而齐耳的短发、自织的土布、简朴的窑洞不正洋溢着“节用”精神？“各个人得投书”的街头意见箱、“如坐春风中”的“见面谈笑”不又是从善如流的“尚贤”吗？

黄炎培禁不住大声赞美起延安。延安对他来说与其是一块陌生的绿洲，毋宁更像一方苦觅良久的梦中乐园。一旦内心的理想模式被现实催醒，那么这被催醒的理想模式势必对现实图景加以主观化的阐释、理解和重新组合。这其中或多或少存在着一些对延安的误解，但恰恰是这误解本身构成了一条通道，使黄炎培这样具有民粹意识的知识者在观念上未接受马列主义之前，首先在感情和心理上将自己与共产党做了沟通。

关键在于有一定的民粹意识。倘若张君劢作为参政员的身份同黄炎培一起来到延安，很难想象他会产生像黄炎培这样的心理感应。尽管张君劢也出生在农村城镇，但他毕竟在深宅大院中长大，与一般的平民存在着无法消除的隔膜。自从十二岁考入广方言馆后，他就没有再回过乡村，他与乡村的关系无论在生活上抑或心理中完全中断了。几度的漂洋过海留学生涯又使他沾染上那种自矜狂傲的“洋”味。在物质享受上他可以与城市有产者格格不入，但在精神上他却是个道道地地的城市人。他属于那种从骨子里感到清高的士大夫阶层，他的社交圈也多局限于同梁任公在精神上有着某种血缘联系的人们，诸如大学教授、学者名流之辈。他在民众面前始终有一种类似于西欧绅士式的心理优越感。尽管在近代民主思想熏陶下，他对人民在理论上做了充分的弘扬，但这“人民”仅仅是抽象意义上的集合名词；一涉及具体的民众，尤其是乡村的农民，他总是怀着不可抑制的疏离感，甚至鄙夷感，言辞之间多少具有否定的意味。他真正推崇的只是少数社会精英，像他这样的社会知识精英。这样，他对充满农村“土”味的共产党和八路军自然就难以产生亲切感，倒在自己那有偏见的理论支配下，对之还更多一点心理上的反感。与黄炎培一起来到延安的左舜生和傅斯年，正因为与张君劢有着相似的“贵族”气质，因而他们的延安之行不仅未像黄炎培那样沟通了与共产党的感情，在一定的程度上反而朝相反方向拉开了距离，一年之后公开倒向了国民党一边，这似乎可以充作张君劢的一个小小旁证。

而黄炎培自从踏上延安的土地起，他内心那架国共之间的感情天平，就以一种加速度迅速倾向后者。他既然是带着审视今后“究竟谁得国人信仰”的主观意识来到这里，那么他的目光所到之处，势必自觉或不自觉地同重庆做着比较：当看到“代表朴实和体格的健全”的延安人时，他就会联想到山城街头那司空见惯的“绅士式的男子和涂脂抹粉、洒香水、穿高跟鞋等摩登装束的女子”；当发现赫赫有名的共产党将领们“一个个都是朴实稳重”时，他就不由得将他们同陪都衙门中那些“飞扬跋扈”的大官们对比……不过，最最打动黄炎培的，从而促使天平指针发生决定性摆向的莫过于国共政府对待民众的不同态度上。

中国的古代文化，无论儒、墨，抑或道、佛，都十分看重民的利益。深受这一文化熏陶的黄炎培，他的思想中心支点就是“仁民”二字。在社会政治问题上，黄炎培习惯于只谈问题，不问主义。但他对各种主义的评判却有着自己的看法，认为任何主义，要看它是否有“爱护大众的热情”和“帮助大众的方法”，这也成为他判别一个政府好恶的主要价值尺度。“九一八”事变之后，黄炎培曾无数次上书蒋介石和国民党各级政府大员，苦谏这些当政的要“以国养民”，“取民之财，取其有余，用民之力，用其闲居”，给小民一条生路。但当局却对此都置若罔闻。这几年，他又以国民参政员的身份，先后视察了大后方的许多地方，到处目睹国民党军政当局以抗战救国为名，置民众的生活于不顾，肆意搜刮民力、强拉壮丁。这些惨不忍睹的景象令黄炎培对国民党政权逐渐感到失望和幻灭。就在这样的时刻，他却在中国土地最贫瘠的西北一角，惊喜地发现了另一个政府治理下的截然相反的景象！当一位延安的朋友告诉他，共产党政府对每个老百姓的生命和生活都负责的时候，他异常兴奋地说：如果这一点做到了，那么在政治上就再也没有什么其他问题了！他开始认定：共产党政府的确是一个好政府，一个“爱民如子”的政府。他怀着无比欣慰的心情说道：

> 延安五日中间所看到的，当然是距离我理想相当近的。我自己也明白，因为他们现时所走的路线，不求好听好看，切实寻觅民众的痛苦，寻觅实际知识，从事实际工作，这都是我们多年的主张，也曾经小小试验过，为了没有政权和军权，当然一切说不上，路线倒是相同的。

正是在这黄炎培视作至关重要的一点上，重庆败给了延安。

但在黄炎培的心中还存在着一团疑惑。他毕竟熟读古今历史，有着六十多年的丰富阅历，他觉得，中国历史有一种可怕的周期率，一种使人堕落、使物变质、使时间逆转的无形支配力。但凡一个团体、一个政党初起之时，都是艰难困苦、聚精会神，力求从万死中求得一生，因而无不显得生气勃勃、气象一新。及至环境渐渐好转，精神也就渐渐放下，于是惰性发作，日趋下坡，或政怠宦成，或人亡政息，或求荣取辱……真是“其兴也勃焉，其亡也忽焉”。国民党初起时不也是一个万众瞩目、人心所归的革命政党吗？共产党会不会重蹈前人的覆辙呢？

在离开延安前的一次闲谈中，当毛泽东问起他参观延安的感想时，他坦率地道出了上述的忧心，最后诚恳地说：中共诸君从过去到现在，我略略地有所了解了。就是希望贵党能够找出一条新路，跳出这周期率的支配。

毛泽东略作沉吟，便朗然答道：先生！我们已经找到新路，我们能跳出这周期率。这条新路，就是民主。只有让人民来监督政府，政府才不敢松懈。只有人人起来负责，才不会人亡政息！

黄炎培听罢连连点头，心中暗暗称好：是的，正是这话！只有用民主，恐怕才能有效地打破这周期率。萦绕在他心头的那团疑惑涣然冰释。

黄炎培在新中国成立之后曾经说过：我一辈子都在寻求着真理，一直未曾如愿以偿，而使我认识到可能是真理所在的，就是1945年的延安之行。他具有一种感性的固执，“不看清是真理所在，是决不盲从的”，然而一旦发现了真理，就“必须服从真理”。从延安回到重庆之后，他内心的那股“发现真理”的激情催迫着他将自己五日来的所见所闻以及真实感受告诉大家。为了让更多的人分享自己的收获，了解延安的实情，黄炎培决定在日记的基础上整理出版一册书，题名为《延安归来》。当时有一些朋友好意地劝他：“这万万使不得哟，你替共产党宣传太危险了。”但黄炎培坦然地答道，这不是替谁宣传，我不过受了“良心的使命”，“我们说话只有坦白，行动只有勇敢和正直”。他知道，如果遵奉国民党当局颁布的《战时书报检查令》在出版前送交检查老爷审查，不是被枪毙，就是给删个七零八落。他在周围一些青年朋友鼓励下，以前所未有的勇气决定拒交审查，径直印刷出版！

1945年8月10日，国民党统治区战时第一本拒审书《延安归来》在重庆国讯书店出版了。在书中，黄炎培热情赞颂了共产党治理下的延安抗日根据地，朗声宣布：

> 我认为中共朋友最可贵的精神，倒是不断地要好，不断地追求进步，这种精神充分发挥出来，前途希望是无限的。

在此之前，尽管有过一些能够客观介绍延安的书籍，但如此富于感情色彩，而且出自一个著名中间人士手笔的，却还是破天荒第一本。《延安归来》立即在整个国统区不胫而走，它前前后后总共印刷了十几万册，成为当时青年们争相传阅的必读之书。

在这样一个历史大转折前夜，黄炎培在国共之间感情天平上的这种倾斜具有深刻的象征意义。它兆示着在相当一部分中间层知识分子心目中，一个新生的、生气勃勃的形象正在悄悄地取代另一个陈腐的、死气沉沉的形象。如果说此刻黄炎培的这种感受仅仅属于他个人的话，那么几个月以后当毛泽东亲赴重庆谈判，以他那非凡的政治气魄和领袖魅力征服大后方知识分子的心时，它就逐渐扩展为整个中间层知识者的群体心理。尽管他们对中共的若干政策暂时还存在着歧见，尽管他们还将继续坚持自己的中间立场，然而在客观实践中他们已经不再严守真正意义上的“不偏不倚”。在决定民族未来命运的国共决战到来前夕，他们的感情、他们的目光、他们的希望都已经转向了延安。

# 从独立到依归：不可违抗的必由之路

（1945—1949）

# 幻觉中的第三条道路

山城的夏夜是那般酷热逼人，黄炎培从参政会开完会，回到自己的寓所菁园，他没有进屋，而是与家人坐在星空下面纳凉闲谈。《延安归来》出版了，他给参政会的友好们人送一册，大家都如获至宝地向他致谢。苏联对日本宣战了，美国在广岛、长崎扔下了两颗原子弹，看来胜利之日近在咫尺了……黄炎培随意闲聊着，神情之中所透出的那种喜悦之情是许久以来未曾有过的。

蓦然，一阵隐约的欢呼声由远而近，其间还伴和着乒乒乓乓的鞭炮声："小日本投降啦！小日本投降啦……"黄炎培猛地站起身，兴奋得心都在发颤。尽管他早预料到必有这样一个历史的时刻，甚至想象在这样的时刻里自己会显得十分安然、沉着，然而一旦这时刻真的来临，黄炎培依然激动得不能自已。胜利，胜利，盼了多少年的胜利！"七七"以来，足足八年又三十二天，他们残杀了多少中国同胞！天网恢恢，元凶终归殄灭，但被杀戮的死者又岂可复生呢？但愿从此中国能有和平，世界归于太平……与许许多多听到这一喜讯的知识分子一样，黄炎培在亢奋与感慨之中度过了一个不眠之夜——是为1945年8月10日之夜。

四天之后，日本天皇正式宣告无条件投降；十八天之后，毛泽东自延安飞抵重庆与蒋介石谈判；两个月之后，国共谈判代表在张治中将军的官邸桂园签署了“双十”协定，中国上空出现了短暂的和平。

然而这和平的天空却并非万里晴日。人们看到那天际尚有几朵不祥的内战乌云在游荡，其间还夹杂着若明若暗的黑色闪电。和平在稍纵即逝的历史瞬间。在那些日子里，黄炎培紧张地奔走着，为争取一个和平民主的永久环境而努力，远在美国的张君劢也密切注视着国内的形势演变。

中国民主同盟提出了“民主统一，和平建国”的口号。在这样一个充满选择机遇的历史性时刻，黄炎培他们认为作为中间力量的民盟，不仅应该而且可能在国家未来命运的决策中起到关键性的作用。这种想法并非起于此时，而是酝酿良久。这年春天，黄炎培在参与调解国共谈判的过程中，发表了一封《致国民党诸友好公开信》，提出“至危至艰之中国前途”应当由中国国民党、中国共产党和中国民主同盟“共同负责”。[1]在公开场合将民盟与国共两党并列而提，黄炎培尚属首次。它意味着黄炎培对民盟的地位和使命较之成立之初有了更加明朗的确认和自信。几乎与此同时，民盟中央宣传委员会主任罗隆基在昆明发表了更具代表性的言论。曾获美国哥伦比亚大学政治学博士头衔的罗氏，以他那富于论辩性的文笔全面论证了“中国需要第三个大政党”的主题，认为要想打破国共两党武力对峙的局面，唯一的出路是建立“真能代表民意”的第三大党，团结中间人士，形成“畸轻畸重的平衡力量”，以“防止内战”“促进民主”。[2]

这种建立第三大党、实现第三条道路的设想，如果说在1945年春天还仅存在于个别人的头脑中，那么到了抗战结束时刻，在骤然降临的客观环境刺激下，在民盟内部就迅速演化为一种相当普遍的精神现象。这年10月，中国民主同盟在重庆召开了第一次全国代表大会，通过了

---

〔1〕《宪政》，1945年第14、15期合刊。

〔2〕罗隆基：《中国需要第三个大政党》，载昆明《民主周刊》，1945年第1卷第16期。

民盟的新的政治路线。由罗隆基起草、大会批准的政治报告提出：民盟应该是一个“具有独立性与中立性的民主大集团。所谓独立性是说它有它独立的政纲，有它独立的政策，更有它独立自主的行动。所谓中立性是说它介在中国两大政党对峙的局面中，是两大对峙力量组织中间的一种。要求它保持不偏不倚的谨严态度，不苟同亦不立异，以期达到国家的和平、统一、团结、民主”。民盟的神圣使命就在于“把中国造成一个十足道地的民主国家”，而英美的政治民主加上苏联的经济民主，“这就是中国目前需要的一种民主制度”。〔1〕

中国民主同盟亮出了自己鲜明的第三条道路旗帜。在那样一个历史时刻里，在那样一个政治格局中，这不仅毫不足奇，而且一切似乎都顺理成章：在近代中国，主宰中国命运的历来都是军人的武力，在这样一种多元的军事抗衡环境下，作为一支和平的、在野的、改良的中间力量倘若能够在国家政治生活中取得一席畸轻畸重的重要地位，关键不在于它本身拥有多大的非军事实力，或者代表了何等范围的民意，而是取决于下列外部条件，即对抗着的军事力量暂时相衡并且由此产生短暂的和平环境。毋庸置疑，抗战结束后的这段时间。正是这“千载一时的机会”。黄炎培、罗隆基他们敏锐地注意到了这一点，他们深知这机会的稍纵即逝，瞬息万变，倘若一旦失之交臂，也许将永不复返。于是，他们的全部兴奋点都集中在“怎样把握住这个千载一时的机会，实现中国的民主”。〔2〕他们有一个理论上的幻觉，以为他们是真正代表民意的。在他们看来中国的阶级结构是两头小、中间大的橄榄形。国民党所代表的上层大资产阶级、大地主是少数，共产党代表的下层无产阶级亦是少

〔1〕 中国民主同盟中央文史资料委员会编：《中国民主同盟历史文献（1941—1949）》，第7页。

〔2〕 同上书，第71页。

数，而包括乡村农民和城市小资产阶级在内的中间层是绝大多数，是他们的政党、路线和旗帜所能代表的。在和平的年代里，民意和人心将取代武力而左右一切。因此他们对第三条道路的实现充溢着自信，对中国的未来前途满怀着憧憬。反过来这又强化了他们作为独立性、中间性政党的自我意识。

处于这样一个历史的关键时刻，黄炎培对政治的热情上升到"九一八"事变以来的最高点。尽管就本意而言他对政治不无淡漠，但"从四五十年来社会演变"之中，他深切感受到："有效之服务须着重于政治，政治重于一切，虽亦须与其他配合，但须有此认定。"[1]为了国家和民众的未来前途，他觉得自己有责任勉为其难，在政治上发挥更大的作用。他考虑到，民盟毕竟是一个三党三派的松散政治同盟，除了这件"外衣"之外，还必须有一件思想更为一致、组织更为严密的"内衣"。他开始在实业界和知识界的志同道合者中酝酿筹建新的政党。经过一段时间的筹备，这年12月16日，黄炎培、胡厥文、章乃器、施复亮等在重庆发起建立了民主建国会。在公开组织的茶话会上，黄炎培说了一段很有意思的话：

> 自经过极艰苦之对日八年抗战，人人不约而同地发生一种新的觉悟，认为各自守住岗位，任何努力，为公为私，总觉不够，每一个人，都须关怀政治，研究政治，在可能状态下并须参与政治。[2]

黄炎培的这一段话颇代表了战后知识界和工商界相当一部分人士的心理。《民主建国会成立宣言》沉痛地说："我们这一群人，都有自己的工

[1] 1946年6月3日黄炎培日记。
[2]《中国民主建国会重要史料选编》，内部出版。

作岗位，并不需要玩弄政权以发展自己的抱负。实在是因为过去几十年的教训太惨酷了！……所以我们必须有一个自己的经常组织，积极地与闻国家大事。……我们愿以纯洁平民的协力，不右倾，不左袒，替中国建立起来一个政治上和平奋斗的典型。”[1]

由于历史造就的千载难逢机遇，中间党派如同一块举足轻重的砝码，国共两党都积极地争取他们以加重自己一方的分量。毛泽东在重庆谈判期间抽出大量的时间与中间党派人士进行广泛的接触，到渝第三天即在桂园会见了不久前访问延安的黄炎培等六参政员，以后又多次与民盟领导人张澜、黄炎培、沈钧儒等人交换意见，共商大局。毛泽东对有着反共历史的国社党也做了一些工作。当时张君劢仍在美国未归，毛泽东在同国社党成员的交谈中表示此次未能与君劢先生晤面，甚感遗憾；同时又提到1938年张君劢致毛泽东的那封公开信，幽默而辛辣地说：君劢先生当初劝我交出军队，交出边区，实话说，幸亏得我们几十万支枪杆存在，不然你们恐怕只能被蒋委员长扔在一边，无人理睬啰。[2]这一连张君劢也私下所承认的事实，使得国社党人不得不心服口服。与此同时，国民党对中间党派的拉拢也在加紧之中，他们纵然匮乏真理，却有的是金钱和虚位，常常以津贴、官职等种种实利笼络人。此类风格极低的政治行为，当然见不得人，只能偷偷摸摸地暗中进行，效果也极不理想——碰壁的居多。

然而民盟内部毕竟不是铁壁一块，各派之间的政治理想、理论主张乃至实际政治倾向差异甚殊。如果说在蒋介石的高压之下他们尚能维持共同的中间层利益，那么一旦政府改变策略，即改压迫为拉拢，分化就势不可免了。随着政治协商会议的临近，这一分化迅速表面化了。

---

〔1〕《民主建国会成立宣言》，见《平民》，1946年第1～3期。

〔2〕参见蒋匀田：《张君劢先生一生大事记》，《传记文学》（台北），1969年，第14卷第4期。

国共曾经商定，参加政协的代表名额分配是国民党、共产党、民盟以及无党派社会贤达各九名。但在民盟协商这九席代表内部如何分配时，左舜生突然发难，宣称：青年党是民盟三党三派中最大的党派，在九席中一定要占五席，一席也不能少！不然将以独立的单位参加政协，而且代表名额要与民盟平起平坐。青年党的这一挑衅得到了国民党方面的怂恿和支持。蒋介石对青年党的收买奏效了。

当民盟与青年党相持不下的时候，共产党挺身而出站在了民盟一边。周恩来向国民党方面提出：民盟九个代表的席位绝对不能减少，既然青年党坚持要占去五席，那么由共产党让出两席、国民党让出一席，另外增添两席的办法维持民盟的九席名额。国民党方面同意了。这样，除了社会贤达之外，民盟成了出席政协各党派中人数最多的代表团。尽管青年党分化出去了，但民盟因此却更团结了。这件事情使黄炎培他们看清了在国共之间谁是政治上的真正盟友，这决定了民盟在不久召开的政协会议上与中共结成反蒋统一战线的政治姿态。

黄炎培与张君劢都被选入了民盟的政协代表团。联合国大会闭幕之后，与张君劢同行的其他代表都连忙赶回国内，准备出席酝酿中的政治协商会议，但张君劢对国内政局观察的结果，得出了一个悲观结论，认定国共两党历史仇恨太深，政治协商十有八九难成，遂转赴伦敦，前去考察战后新近执政的英国工党政绩。直到政协开幕前一日，接到国内拍来的催其归国的加急电报，这才匆匆搭乘班机回国。而黄炎培在政协开幕前两周，突然腰疾复发，难以支撑，不得不卧床静养。但他在病榻上依然十分关心会议的筹备情况和国内的政局，他内心充溢着兴奋和不安。兴奋的是翘首久望的政治协商会议终于屈指可待了；但令人不安的是内战的枪声依然没有停息，他难以想象在一片战争硝烟之中大家能够心平气和地坐在一块，就国事问题达成一致协议……黄炎培按捺不住内心的焦虑，躺在病榻上每日与友人商谈着如何为政治协商会议组成后援的问题。1945年12月30日，他为民盟主席张澜起草了一份吁请国共双方元旦停战的紧急函件。1946年1月7日，政协会议召开筹备茶话会，黄炎培尽管不能赴会，但还是托人带去一份提案，恳切地建议国共双方停止新闻战，政协会场的会桌最好采用圆形，以象征团结……

1946年1月10日，举世瞩目的政治协商会议在国民政府大礼堂正式开幕。在会议开始之前，会场上已经传遍一个皆大欢喜的消息：国共双方已签署了一项停战协定，内战从此可以停止了，中国从此有和平了！这消息为本已相当热烈的会场平添了几度喜悦的气氛。是日清晨，黄炎培偕同全家临时住进国府路300号民盟代表团宿舍，扶病出席了会议。当他听到国共停战的消息时，其欣喜之情难以抑制。紧接着，蒋介石在会场上做了一幕精彩的政治表演，他显出一副满面春风的神情致了开幕词，最后故作惊人地大声宣布了"政府决定实施"的四项诺言：人民自由、政党合法、普选自治和释放政治犯。这一下，使得对和平和民主渴慕已久的天真的人们更加欣喜若狂，他们纷纷相互握手拥抱，热烈庆贺。黄炎培也被裹挟在这狂喜的人流之中，他不知握了多少双手，道了多少声"恭喜"，及至散会回家，他蓦然惊异地发现：自己的腰病在这欢乐的瞬间竟然不治而愈！

开幕式之后，会议分五个专题分组讨论，分别就改组政府、施政纲领、军事善后、国民大会和宪法草案等问题进行协商。黄炎培分在施政纲领组，参加起草作为"宪政实施前施政之准绳"的《和平建国纲领》。1月16日，张君劢抵达重庆，稍事休息，便赶往政协会场，他立即被那里的气氛所感染，情不自禁地全副身心投入进去。他一向以"宪法专家"自命，遂当仁不让地参加了宪法草案组。

尽管在开幕式上弥漫着一股吉祥如意的和睦气氛，但随之而来的实质性政治协商却使得这气氛即刻化为一缕过眼烟云。斗争是尖锐的，在谈判桌上同样笼罩着刺鼻的火药味。国民党方面谈判代表秉承蒋介石的旨意，在各项问题上都顽固坚持国民党主宰天下的既定立场，为民主在中国的实现设下了一道又一道的人为屏障。以周恩来为首的中共代表团则将民盟紧紧地团结在一起，为扫除那些屏障坚韧地战斗着。黄炎培、张君劢他们在斗争中也愈加深切地感受到：只有与中共紧密携起手来，结成强大的民主力量，才能迫使国民党做出实质性的让步，争取一个较为理想的政治前途。在民盟和国民党代表中间，有不少是在西洋留学多年、精通欧美资本主义议会政治的留学生，张君劢、罗隆基等民盟代表便运用西洋议会政治这套原则和规范与同样号称信奉西方民主的孙科、王世杰等国民党代表周旋，倒也常常起到一些意想不到的可喜效果。

当时，在政协会议上的国民党代表往往多面受敌，处境窘迫。每当中共和民盟方面义正词严，驳得他们难以招架时，他们就黔驴技穷，破口谩骂对手如此热衷于参与政治，改组政府，是心怀私图，想将政协开成一个分赃会议。对此谰言，黄炎培特别反感和恼火。1 月 15 日，在讨论施政纲领的全体会议上，黄炎培代表民盟发言指出：所谓赃者，乃盗窃得来之物也。怎么可以说国民政府的政权竟是赃物？别人说说也罢，政府中人如此骂人，岂非自己承认所握政权是赃物吗？我不能承认政治协商是坐地分赃，全国人民也不会这样承认。希望从今以后，会场中再不准用“分赃”二字。[1] 此段发言可谓击中谩骂者的痛处，使得他们理屈词穷，无从回驳，从此“分赃会议”的谩骂有所收敛。

在五个专题小组中。张君劢所在的宪法草案小组属于争论比较激烈的一个组。在政协之前，国民党方面由孙科主持曾搞过一部“五五宪草”。这部宪草根据孙中山的“权能分离”和“五权宪法”学说，仅仅设置了一个一年只开一次会的国民大会来行使创制、复决、选举和罢免

〔1〕 见 1946 年 1 月 15 日黄炎培日记，中国民主同盟中央文史资料委员会编：《中国民主同盟历史文献（1941—1949）》，第 128 页。

这四大民权，而没有能够切实行使民权、监督政府的常设议会。作为政府的行政院只向总统一人负责。显然，这样的“宪政”是最适宜于个人独裁的。张君劢和罗隆基曾私下议论这部“五五宪草”是“人民无权，总统万能”。但它又戴着一顶“总理遗教”的大帽子，不容人对其基本框架做任何修改。张君劢不愧为“宪法专家”，他灵机一动，提出了一个“无形国大”设想，规定全国选民行使四权即名之曰“国民大会”，同时规定立法院为国家最高立法机关，其职权相当于西方的议会，由选民直接选举之，而行政院则对立法院负责。经过这番偷梁换柱的聪明把戏，尽管形式上还保留着国民大会和五院，但实质已悄悄塞进了西方内阁制的道地货色。显然，这一方案是不利于蒋介石个人独裁，而有利于中共和民盟通过议会实现对政府监督的。在野各方面莫不对此欣然色喜，周恩来脸上也露出了赞许的笑容。负责宪草的国民党方面代表孙科出于将来出任不受“蒋总统”掣制的行政院长考虑，对张君劢的“杰作”竟然也拍板同意了。

经过二十天的激烈讨论，政治协商会议于1月31日达成了五项协议。在大会闭幕式上，张君劢怀着成功的自矜，步履轻松地走到话筒跟前，代表民盟发言说：

> 此次政治协商会议给大家无上安慰，就是有了和平以后，自然可以民主，不用武力，自然能采用法律的解决，或政治解决途径；此次协商会成功，既以和平解决，统一与团结的效果，自随之而来，民意亦随之实现，走上政治的路线，亦自在其中。[1]

〔1〕中国民主同盟中央文史资料委员会编：《中国民主同盟历史文献（1941—1949）》，第141页。

张君劢说到这里，兴奋之状溢于言表，一个月之前在国外的那种悲观失望早已抛到了九霄云外。在全场的“极度和谐兴奋中”[1]，政协会议宣告闭幕。

中间党派的喜悦之情达到了空前的沸点。罗隆基在美国“调停”特使马歇尔将军面前兴奋地吐露了内心的感想，他说：政治协商会议意味着“共产党的让步多，蒋介石的苦恼大，民盟的前途好”。[2]这颇能代表此时此景这一般人的心理状态：政协协议所勾勒的国家蓝图不正是他们所希冀的那种英美的政治民主加上苏联的经济民主吗？谁又能说在中国没有以武力为后盾一定前途暗淡呢？你看，在双雄对峙之下，相互容让、彼此妥协的结局不正是第三条道路吗？

一时，张君劢、黄炎培他们都沉浸在无比的亢奋之中。他们的眼前仿佛已浮现出一架彩桥，它将使苦难的中国有希望越过黑黝黝的内战深谷，抵达和平、民主、幸福的彼岸。他们佩服共产党人的深明大义，为了全民族的利益做出如此慷慨的让步，他们体味到与共产党联合作战的力量与成效；他们也增强了自信，自信他们的理想、他们的追求、他们的道路确乎代表着民意，代表着中国光明的未来。

然而，这一切仅仅是一时而已。犹如遥远的地平线上兀然而现的海市蜃楼，随着那捉摸不定的风云变幻，这奇景瞬息之间就将消失在深深的幻灭之中。

---

〔1〕1946年1月31日黄炎培日记。

〔2〕罗隆基：《从参加旧政协到参加南京和谈的一些回忆》，见中国人民政治协商会议全国委员会文史和学习委员会编：《文史资料选辑》，第20辑，第151页，北京：中国文史出版社，2011。

# “死马当作活马医”：以喜剧收场的一幕悲剧

倘若他们不是过于心切地为现实抹上幻想的色彩，本该保持足够的冷静和清醒，因为在那庆贺胜利的欢呼声中，分明掺杂着某种磨刀霍霍的不祥噪声。

还是在政协开会期间，国民党政府言行相悖、食言而肥的劣迹就早已露出了蛛丝马迹。当“蒋主席”在开幕式上那令人激动的“四项诺言”尚在会场余音袅袅之时，堂堂政协代表黄炎培寓所被军警特务非法大搜查的惊人消息就传了出来。1 月 26 日上午，四名荷枪实弹之辈突然闯进菁园，翻箱倒柜，到处搜检，还以枪威胁看家的女佣、男仆，喝问黄炎培藏枪何处。这帮人足足折腾了半个小时，随后又追至国府路 300 号黄炎培临时下榻处搜寻。众人闻讯，无不震惊，民盟政协代表团当即举行紧急会议，宣布抵制第二天的小组会议以示抗议，并要求国民党政府切实履行“四项诺言”，保证政协代表的人身安全。国民党当局立即表示道歉，声称纯系“误会”所致。蒋介石亲自饬令“切实彻究”，还派专人登门慰问。当时，为政协成功而欢欣鼓舞的黄炎培他们对“误会”之说信以为真，谁也不曾想到，这其实是一个寓意颇毒的政治警告，不惟警告在《延安归来》中写了良心话的黄炎培和与中共密切合作的整个民盟代表团，而且也是那接踵而至的践踏政协决议系列丑剧的一幕试探性预演。

果然，政协会议刚刚落下帷幕，那出丑剧就迫不及待地开演了。2月10日，当陪都二十多个群众团体集会校场口广场庆祝政协成功时，几百名国民党特务拳打脚踢，挥舞铁棒，首演了一幕血染校场口的全武打；3月17日，国民党六届二中全会落幕，在CC派分子的一片喧嚣声中，各党派达成的一致协议公然被撕毁；与此同时，东北平原狼烟突起，国民党“接收”大军开到哪里，哪里就燃起了熊熊的战争火光……

企盼的总是那般姗姗来迟，而不愿发生的偏偏又是如此纷至沓来。黄炎培、张君劢等中间人士因政协成功而稍稍显得轻松的心骤然又变得格外沉重，他们意识到，要想抵达政协决议所指向的理想彼岸，还必须经历一场更为艰巨的长途跋涉。尽管他们内心充满着感慨和悲哀，但依然没有失却那执着的信念；他们相信，这仅仅是分娩前那阵阵不可幸免的剧痛，一旦熬过了这一最可怕的时刻，和平与民主就会呱呱坠地。他们感到，作为国共之间的中间党派，应该义不容辞地扮演一个助产婆的角色，帮助和平与民主这对双胞胎早日降生。于是，黄炎培和张君劢等立即投身于贯彻政协决议、争取全面停战的紧张活动中去。

2月23日，黄炎培、张君劢、沈钧儒和彭一湖联名发表对时局主张，要求“东北一切内部纠纷，应依政治方式协商解决”[1]。黄炎培觉得，调停东北内战，仅仅停留在书面的呼吁远远不够，必须付诸具体的调停行动。他当时已先期回到上海，遂给留在重庆的张澜等民盟同人发出急函，说：

> 报载政府与中共间，为东北问题，大见裂痕，此间一般人士大为焦虑，极望本盟同人出面尽力斡旋，恢复合作。大局安危，

[1] 1946年2月23日黄炎培日记。

视此一举！[1]

是时，民盟留渝诸人已经开始有所动作。4月10日，民盟邀请国共双方政协代表在张澜住所特园调停长春之争。民盟提出了调停方案，周恩来表示中共方面可以接受，但为国民党方面主战大将陈诚一口拒绝。此后，张君劢和罗隆基一起继续奔走于国共与美国特使马歇尔之间，并拟出新的调解方案，周恩来阅后表示可以考虑。张君劢、罗隆基喜出望外，迅即驱车赶往马歇尔处，催他去蒋介石处接洽。不想那位号称“中立”的马歇尔当面答应，翌日却不告而别，飞往南京去了。罗隆基、张君劢闻讯气恼之极，一时想甩手不管。但民盟的朋友们苦笑着劝说他们：我们是为和平而奔走，又不是为了什么别的目的去奔走大人物门下，有什么可生气的呢？孔子说“知其不可而为之”，让我们回到南京和上海再去继续努力吧！

5月初，张君劢等回到上海，与先期抵达的黄炎培会合。小别重逢，老友相聚，免不了一串长叹短嘘，感慨国民党方面无信无义，搞得东北时局日趋恶化，中国的前途岌岌可危矣！5月20日，沈钧儒自重庆抵沪，黄炎培约沈钧儒、梁漱溟、章伯钧，一起到张君劢在沪寓所会商。他们的内心是沉重的，但他们感到更沉重的是第三方面的责任。无论经历多少痛苦的挫折，这命定中的十字架也只能背负到底，直到无路可走为止。他们五人拟定了一个新的和平建议，次日分别致电国共双方最高领导人蒋介石和毛泽东，带着沉痛的声音大声呼吁道：

东北停战签字逾五十日，而双方激战未已，外失盟邦友情，内失全国人心，同人等奔走匝月，愧无寸功。然及今再不停止，势必

[1] 1946年4月5日黄炎培日记。

> 牵动全局，举累月以来之协议而破坏之，同人宁愿今日死于公等之前，不愿身见其事……[1]

两天之后，毛泽东自延安复电，对民盟的和平建议“原则上极表赞同”。但蒋介石正兴高采烈地庆祝“国军”占领长春的“重大胜利”呢，何有兴致顾及黄炎培、张君劢他们的一纸电文！不久，蒋介石借避暑为名，溜上庐山，踌躇满志地俯视着一切准备就绪的各地国民党大军，终于撕下了和平的面具，挑起了蓄谋已久的全面内战。战争的烽烟从关外燃烧到关内，从江北弥漫到江南，苍茫中原淹没在一片血泊之中。

民盟调解东北内战的努力付诸东流。关于谁是战争的罪魁祸首这一疑案，如果说在内战初起时黄炎培等人还难以判断，因而采取的是“各打五十大板”的模糊立场，那么经过这半年多的斡旋调解，目睹国共两党对和平的两种迥然相异态度，孰是孰非自然早有定论了。但这并未改变黄炎培既定的中间立场。他依然虔诚地呼号着和平，奔走于国共之间，苦口婆心，百般劝说，设想以共产党军事上的让步换取国民党政治上的让步。在炮火连天的背景之下，这种对和平的苦恋似乎显得有些天真可笑，但对黄炎培而言却是一个极其神圣的不可背离的信念。塑造了他精神灵魂的儒、道、墨、佛学说中，几乎无不深含着“和平主义”的思想内容。像儒家的“和为贵”、道家的“无争”、墨家的“非攻”、佛家的“慈悲为怀”等等，尽管各自表述的语言不一，但内中所蕴含的深层语义却是同构的，即避免人与人之间的生存竞争以及由此而生的相互残杀，维系社会生活的高度和谐、稳定和平衡，回复原始氏族内部那种温情脉脉的和睦互助、相亲相爱的人际关系。黄炎培对儒、道、墨、佛

---

〔1〕中国民主同盟中央文史资料委员会编：《中国民主同盟历史文献（1941—1949）》，第170页。

尽管各有取舍，唯独在这一点上却兼收并蓄，他将“仁爱”与“不争”奉为人世间的圭臬。在他看来，人际纷争中的孰是孰非固然重要，但倘若仅仅执着于是非，那未免缺乏深远的意境，人们追求的最高理想境界应该是消融了一切是非的无争，泛化于全体族类的仁爱。他痛切地感到，现实世界距离这样一个理想境界是何等的遥远！身为中华民国的子民，却自民国建立的三十多年以来一直挣扎在无边无尽的战争苦海之中。对于参战者来说纵然有他千百条理由，但对广大平民百姓而言却没有义务再度流血了。况且，杀人者与被杀者岂不都是炎黄子孙，岂不都是一家兄弟？天下还有比同室操戈更痛心的事吗？

因此，黄炎培对这场内战的是是非非已经明察秋毫，但他企求着比是非更高的无争境界。他隐隐感到，这是一场势均力敌的战争，这场战争将不会有胜利者，厮杀得精疲力竭的双方最后的共同归宿只能是谈判桌。然而那迟到的和平将是何等的残酷，那是要有无数的白骨和废墟为之奠基的啊。既然如此，与其让一场无谓的内战毁灭一个国家，为什么就不能早点回到谈判桌来，在理智的合作中获得共存呢？黄炎培感到自身责任的重大。随着内战烽火的蔓延全国，这种责任意识就愈加尖锐地刺痛着他的心。他感到失职，感到惭愧，而这一切又再度强化了他促成和平的意愿。

黄炎培的这些心理状态在民盟上层领导人中很具代表性，可以说他们之中的每个人都或多或少地存有类似的意念、估量和焦虑。张君劢亦不例外，不过对他来说，出于另一层个人的考虑，他对国共停战更具一种紧迫感。自他年初海外归国后，对他冷淡许久的蒋介石突然显得分外热情起来。在他抵渝的第五天，蒋便躬亲其事地摆下盛宴为张君劢“接风”，以后还多次召见。谆谆劝说张君劢抛弃在野生活，到国民党政府做官。及至全面内战爆发，蒋的那层意思表露得愈加透彻。张君劢意识到，蒋介石有打算撇开共产党，单独召开国大，改组政府了。显然，这是违拗各党派一致达成的政协决议精神的。[1]张君劢当然不敢答应。这样，国民党方面颇有责怪他跟共产党太紧之意。不惟如此，他在自己的党内也压力重重。这年8、9月间，张君劢领导的国家社会党与伍宪子为首的民主宪政党合并，共同组成民主社会党（简称民社党）。党内讨论与民盟的关系时，出现了尖锐的意见冲突。以蒋匀田为首的一批人竭力主张与民盟分家，像青年党那样取得“独立”的身份，以便单独参加政府和国民大会。以张东荪为首的一批人则认为在此时局艰危之际中间党派没有理由自我分家，坚持要在重大问题上与民盟共进退。张君劢处于两派对峙之中内心颇为犹豫。他本是个书生，在理论问题上他往往固执己见，一俟面临实际政治决策，他就变得瞻前顾后，优柔寡断。他天生匮乏那种一言定乾坤的党魁气魄，他在两种意见的相持之中左右摇摆，无所适从。他看透了蒋匀田这批学生是想做官，即使国共分裂也想入庙堂过过官瘾，他没法儿抵御他们的贪欲。但他又不甘心跟着蒋介石去践踏自己参与设计的政协蓝图，不然就有悖于政治家应有的政治人格。他苦恼万分，希冀得到解脱。他知道倘若国共停战，携手共同改组政府，召开国大，那么他就可以从两难困境中挣脱出来。因而他像黄炎培等人一样，对国共和谈的中断满怀着忧虑，竭力促使交上了手的双方重新回到谈判桌边来。

这样，黄炎培、张君劢怀着相同而又相异的动机，在国共和谈濒临破裂之际，仍然继续奔走着和平。他们的内心都交织着希望与失落、乐观与悲哀、自信与颓丧。在断断续续的枪炮声中和乍晴乍阴的谈判气氛中，他们的情绪、精神和心境都随着外界环境的变幻而上下沉浮。在冰

[1] 按照政协有关协议，必须在全面停战的前提下，由各党派联合改组政府，随后由改组了的联合政府主持召开举国一致的国民大会。通过宪法，实行宪政，是为政协精神的基本内容。

冷的心底，有时会透入一丝惨淡的阳光，但这含着希望的光影很快又悄悄消失，化为阴暗的失望；所幸这失望又不致导向彻底的绝望，他们依然期待着一轮新的希望……

9、10月间，国民党军队进攻张家口。中共首席谈判代表周恩来在上海严正声明："如国民党不立即停止对张家口及周围一切军事行动，我方则认为政府公然宣告全面破裂。"但国民党一意孤行，于10月11日攻下张家口。接到"捷报"的蒋介石简直有点得意忘形，于当晚发布了将于11月12日召开国民大会的命令。当时民盟秘书长梁漱溟正来回奔波于沪宁线上，准备将周恩来劝回南京，重开谈判，事情居然有了一些眉目。当他兴冲冲地乘坐夜车于12日清晨返回南京时，他在车站意外地看到了《晨报》登载的"国军"攻下张家口的消息，梁漱溟大失所望，叹息地说："一觉醒来，和平已经死了！"

几乎在同一时刻，黄炎培在上海的寓所里也从报上获知了这一噩耗。他只觉得从头到脚一阵发凉，意识中的第一个反应就是"完了，国共和谈从此破裂了"。他立即打电话约张君劢等人会商。本来民盟诸人约定于当日下午乘机同赴南京"催生"和平，此刻大家呆呆地注视着报上那触目惊心的粗黑字体，感到心灰意懒，再也无人提起入京之事。

"和平已经死了！"黄炎培怀着绝望的心情，拖着疲惫的身躯回到寓所，他似乎想哭，却又欲哭无泪，只是默默地坐在灯下，在日记本上写下一行沉重的文字：

> 我本无意涉足政海，"九一八"以来，为了抗日，二十九年以后，为了调解国共纠纷，至今未获返吾原有岗位。至今日国共破裂已达无可挽回之境地，吾决意不参加此项工作了。[1]

---

〔1〕 1946年10月12日黄炎培日记。

退隐学海，又一度强烈地诱惑着黄炎培。近半年来，这一久违了的欲念，不知怎么总纠缠着他。还是在政协行将闭幕前夕，当民盟诸代表聚在一起漫谈政协成功后个人志向时，黄炎培就萌生过退隐之念，他辩白说："在社会上从事建设事业，其贡献于国家乃至贡献于本同盟，其价值绝不下于参加政局。"[1]当然，这是一种令人神往的功成身退。可惜，以后的局势变幻不仅使得"功成"日趋渺茫，而且逼迫自己在政治的漩流中越卷越深。他知道这一切皆是身不由己，自己摆脱不了"以天下为己任"的儒家本分。然而，他在理智上入世愈是自觉，在情感上却愈是不可抑制地向往着出世。他曾经作过一首题名《吾心》的七律，郁郁地抒发了自己内心的真实情愫。6月份在一次秦淮酒楼的聚会上，他将这首诗写给郭沫若看，其中后半段曰：

渊静被驱鱼忍逝，巢空犹恋燕知归。
谁仁谁暴何须问，未许西山隐采薇。[2]

尽管黄炎培未作任何诠释，聪明的郭沫若依然揣摩到了此时此景他的心境：

心境无疑是寂寞的，但也在彷徨。在政治协商会议开会的期中，任老的住宅曾被军警无理搜查过。这样被驱入渊的鱼，虽欲逝而实犹不忍。回到自己的岗位上去吧，职业教育运动是抛荒了。这芜旷了的岗位值得留恋，就跟春来的紫燕一样回到自己的空巢去吧！义利之辩不能容你有丝毫的挟杂，孰仁孰暴，对立分明，而两

[1] 1946年1月29日黄炎培日记。
[2] 1946年4月11日黄炎培日记。

者之中不能有中立的余地。像伯夷、叔齐那样，既不赞成殷纣王，又不赞成周武王，那种洁身自好的态度似乎是无法维持的。〔1〕

黄炎培的心境确如郭沫若所猜度的那样。他在入世与出世、进身与退隐之间踯躅彷徨。在这国家政局近乎绝望的时刻，他不知道究竟何种抉择更适合他的本意。倘若是梦境中的功成身退，黄炎培一定会无所眷恋地翩然离去；他心安理得，他是凯旋的英雄。然而在残酷的现实之中，伴随他离去的将不是褒奖，也不是勋章，而是凄凉的惆怅与遍身的创伤。在他怏怏离去的身后隐隐传来的将是百姓们幽幽的哀怨和绝望的呼号，他将负着沉重的内疚熬过那毫不轻松的隐居生涯。显然，黄炎培很难接受这样的生活。这又意味着他将不得不接受生活的另一面：在无所作为的政局里继续那无所作为的作为。黄炎培又一度陷入了进退维谷的窘境。

然而局势的变幻具有惊人的戏剧性。10月15日清晨，国民党方面代表雷震偕孙科致张君劢的亲笔信抵沪，信中透露政府对和平仍然有意，希望第三方面能够劝说共产党代表回京，重开谈判。张君劢本也处于唉声叹气的绝望之中，读了此信犹如绝处逢生，他立即将黄炎培等第三方面政协代表招来聚谈。张君劢力主将向共产党劝驾的使命承揽下来。黄炎培原先那冷却的心顿时又有所复苏。凭着他对蒋介石的多年了解，未必不对蒋氏的这次主动献诚不无疑惑，但他对国家的和平是那样的一往情深，对进退失据的内心烦恼是那样地急于摆脱，以至于他的思维判断只愿向乐观的一面开拓想象。即令在这想象中不时掠过以往挫折所累积的不祥预兆，他还是决意以先儒那种"知其不可而为之"的悲壮精神去做最后的拼搏。张君劢、黄炎培他们来到了马斯南路的周公馆，苦劝周恩来回京。中国共产党人早已洞察了蒋介石摇晃橄榄枝背后的险

〔1〕 郭沫若：《洪波曲》，第563～564页，北京：人民文学出版社，1979。

恶用心，为了在政治上赢得主动，揭穿蒋氏的伪善面目；周恩来最后答应奉陪第三方面代表飞赴南京，让无情的事实教育、唤醒所有真诚渴望和平的善良人们。

10月21日，一架美军专机载着中共和第三方面政协代表，从龙华机场起飞，一幕由第三方面担当主角的和谈大戏正式开演了。

也许是胜负成败在此一举，黄炎培、张君劢等人的心里都透着紧张。在紧张的背后，还隐含着一种悲壮，一种“死马当作活马医”的悲壮。他们犹如西方神话中那个可怜而又可敬的西西弗斯，一次又一次将和平的希望之石推上山顶，随后连人带石一块儿从山顶滚下，落回那深不可测的山脚谷底。他们拍拍身上的尘土，交换着互相激励的眼神，振作起全身仅存的那点精力，重新踏上了布满荆棘的征程……他们知道，这肯定是最后一次机会了，他们的虔诚、他们的悲壮、他们的顽强，会不会在最后一刻感动冥冥之中的上帝呢？

他们在南京一下飞机，就发现主人摆下了一台“恕不奉陪”的“空城计”：“蒋主席”仿佛是故意躲避似的，于当天下午偕夫人宋美龄飞到台湾“视察”去了。这对满怀热忱专程跑来向蒋介石讨和平的张君劢、黄炎培他们来说，不啻是迎头泼来一盆凉水。尽管一出场就受此愚弄，他们还是本着“知其不可而为之”的初衷，认真地扮演起调停人的角色。几天过去了，不惟停战之事毫无进展，而且从前线又传来了蒋军攻占安东、围攻烟台的消息。周恩来闻讯，放下手中的茶杯，严肃地说：“从此以后，再不谈了。我们要回延安了，蒋介石一点也不了解共产党，殊不知共产党是不怕压的，共产党是从无到有，从最底层翻上来，如果怕压，当初就没有共产党这回事了！”[1]黄炎培等这才恍然大悟，原来蒋介石躲到台湾是为了在和谈中继续打解放区！但他们还是竭力劝说中

〔1〕 梁漱溟：《我参加国共和谈的经过》，见《中华民国史资料丛稿》，增刊第6辑，第98页。

共代表团暂时不要退出和谈。为了宽慰周恩来的愤慨之情，黄炎培、梁漱溟代表民盟主动提出，今后第三方面若有重要主张和行动，民盟将事先同共产党协商并征求同意。周恩来答应了。

对于斡旋者来说，最为困难的莫过于提出一个既能为国民党接受，又不致伤害共产党的两全方案。在他们来南京之前，国共双方已分别提出了恢复和谈的八条办法和两项条件，彼此要求相距甚远。如何将二者糅合在一起，确实令他们绞尽脑汁。这时梁漱溟提出了一个大胆的设想，认为第三方面只有将两方的提案都撇在一边，摘一个独立的折中方案，他强调说：“到了现在我们只有用第三方面的力量来压服不肯接受折中方案的任何一方。我们第三方面的作用就在这里。要不然，我们就只好撒手不干。”〔1〕接着，梁漱溟便拿出了他的“国共双方一律就地停战”的具体方案，虽然有人提出了此方案是否过于偏向国民党的“八条”，但在谁也提不出更好的方案情形下，便一致认可了。经过进一步的修改和补充，28日，第三方面全体代表匆匆在方案上签字，随后一式三份分别送交国共和马歇尔处。

梁漱溟、李璜和莫德惠三人来到梅园。梁漱溟将方案读给周恩来听，尚未读完，周恩来脸色骤变，右手猛地一挥，打断说：“梁先生，你不要往下说了，我听着心都碎了！你们拟定出这种方案，这种做法，还能算是我们的朋友吗？我们不是有约在先，政治上新的重要的举动，彼此要互相通气，互相关照吗？为什么决定分交这样重要的方案之前，你们不同我们打个招呼？这是怎么搞的嘛，究竟是为什么……”〔2〕

梁漱溟等大惊失色，方知闯下大祸。军事战场上的形势是瞬息万

〔1〕 罗隆基：《从参加旧政协到参加南京和谈的一些回忆》，见《文史资料选辑》，第20辑，第174页。

〔2〕 汪东林：《访梁漱溟问答录》，载《人物》，1987年第1期。

变，个中微妙幽曲之处远非他们这些书生所能理解得了的。倘若在方案拟定之后能够谨慎从事，先征求国共双方的意见再行修改提出，或许尚存缓冲的余地。然而偏偏第三方面失去了耐心！当时大家的心情都很烦躁，来京不过一周，令人沮丧的消息已经不绝于耳。颇知内情的人士透露说，国民党内定要打下去，国民大会将如期召开，和谈不过是一骗局……在内心深处，他们对此次调解使命已明明白白地不抱任何成功的奢望。他们意识到，那块沉重的石头推上山顶之后必将照例滚下来，眼下所能做的仅仅是例行公事，将它推上去而已。他们以为这样就对得起自己的良心了。万万没有料到，石头滚下来后所砸中的，正是他们本以为无愧的公正良心！

梁漱溟急得惊慌失措，幸而李璜还算机灵、冷静，他立刻驱车到民盟总部叫来了黄炎培、罗隆基紧急磋商。大家决定，事不宜迟，方案必须马上收回！于是，黄炎培、罗隆基、李璜和莫德惠急急跳上汽车，直开国民党首席代表孙科的公馆。路上他们商定，方案不能硬要，唯有“智取”。

当他们赶到孙科家，国民党大员们已讨论过方案，并通过电话向蒋介石做了汇报。孙科面露喜色地连连夸奖第三方面的提案“公正不偏，细密周到”。黄炎培镇定了一下情绪，以从容的口吻对孙科说：“好是很好，可惜我们做事不细心，还抄漏了一条呢。”他要孙科将方案拿出来以指给他看。孙科将文件交给他后，他手指着文件，口中不断念叨着“喏，喏，喏”，一副记不起来的表情。孙科不耐烦了：“你记不清楚了，就另外抄一条送来好了。”机敏的罗隆基在一边赶紧插话：“我记得，你给我，我来说。”他从黄炎培手中抢过文件，藏进西装内袋中，正色说道：“这种正式文件怎能补抄一条呢，还是赶快回家誊写一份正式的送来吧。”遂不等孙科反应过来，四人便告辞而出，“抢”回了方案，连同马歇尔处那一份，一起带回梅园，送到周恩来手上。虽然黄炎培他们为这事着实急出了一身热汗，但看到中共朋友们转怒为笑的表情，他们心里也就轻松多了。

当天晚上，国民党宣传部长彭学沛打电话给民盟，催促第三方面快交方案以便送报馆连夜发稿。罗隆基回答说第三方面将对方案重新考虑。彭学沛气恼地说："我知道了，你们演的好一出'月宫盗宝'呀！"罗隆基笑着回敬了一句："不算盗宝，我们演的是'完璧归赵'！"[1]

一幕开场显得分外悲壮的戏剧竟然在这样一种喜剧气氛中收场，这是黄炎培、张君劢他们始料不及的。他们悄悄离开虎踞龙盘的古都金陵。神色黯然地回到了上海。他们内心浸透着绝望的悲哀，归途中，黄炎培脑海中那缕缕愁丝编织成一首淌着酸楚泪水的小诗：

> 苍生痛哭岂无人，苦口哓哓又一旬。
> 梦逐河边新万骨，觞歌白下醉千春。
> 才驱敌去思劳止，复为谁来点卒频。
> 缫出和娘丝又熟，受降城月尚如银。[2]

他不得不承认，和平已经死了，死马毕竟不能当作活马医了。不过，他还不曾意识到，他们梦寐以求的第三条道路事实上也随同和平一块儿死了。

---

〔1〕 罗隆基：《从参加旧政协到参加南京和谈的一些回忆》，见《文史资料选辑》，第20辑，第179页。

〔2〕 1946年10月31日黄炎培日记。

# “国大”门槛上的人生大曝光

调解国共的努力最后地、无可挽回地失败了。时光漠然地流逝着，不管人们怀着什么样的复杂心绪祈求它停止这无情的行进，它依然无动于衷地步步逼近那难以幸免的一天：11月12日。人们知道，蒋记“国大”于这一天在南京城里开演，将意味着中国的重新分裂。分裂的趋势是如此地不可遏制，以至于中间党派不得不面临一个历史性的抉择：参加还是抵制伪“国大”？

这是非此即彼的政治分水岭，这是落子定局的千钧一着。他们自身的命运、前途、依归、人格、道德……都将取决于这公开的、最后的抉择。公元1946年11月，成为黄炎培、张君劢他们人格上争死活的关键时刻。

蒋介石在军事上取得“胜利”之后，企求在政治上赢得更“辉煌”的胜利。他恨不能将所有第三方面人士统统拉入伪“国大”，形成除共产党之外的“举国一致”局面。但他明白这是可望而不可即的奢求，尽管青年党已经基本控制在手，可日益向共产党靠拢的民盟势必不会乖乖地“尽入吾彀中”。于是他便采取了恩威并施、多方夹击、拉上一个算一个的手段。党派色彩一向右倾的张君劢和政治态度较为温和的黄炎培自然成为蒋寄于“厚望”的重点诱捕对象。

这类诱捕攻势早在这年春季便展开了试探性的前哨战。针对他们两人的不同情况，国民党有关方面绞尽脑汁，设计了两套诱捕的战术。在黄炎培身上运用的是混淆视听的谣言战。他们放出大量风声，说在政府改组中，当局将以教育部长一席倚重任之先生，任老已有所考虑云云。他们企图以此离间黄炎培与民盟的关系，从而以假乱真，由假变真，逼迫他束手就范。如果说对淡于仕途的黄炎培不得不如此"曲径通幽"的话，那么对好大喜功的张君劢则要直截了当得多，采取了短兵相接的攻心战。国民党政学系几大要员轮番访问张君劢，当面晓以政治利害，并邀他到南京与"蒋主席"晤谈。

在这些攻势面前，黄炎培、张君劢都表示了明确的态度。7月10日，黄炎培通过《联合晚报》记者向社会辟谣，声明无意参加政府。8月8日，他再度在答记者问中表示："政府此次曾使人以改组政府事，征求个人意见。我当即答以：第一必须实施政协决议，第二要国共真诚合作，第三要各党各派共同参加以构成一统一之政府，若凭几个人来做，是无用的。"[1]张君劢也谢绝了"蒋主席"的盛邀，表示目前主题仍为停战，其余一切均是空言。10月初，他代表民社党发表对时局问题之意见，指出，在全面内战中，"要各党各派参加国府，参加'国大'，任何人都知道这是不可能的事"。他希望"政府先行停战再商政治问题，达到中国之团结"。[2]

尽管他们的政治原则立场从字面来看基本一致，但倘若从实处推敲，却有着微妙的差别。黄炎培关切的重点在于国共合作。倘若失却了这个前提，在他看来什么国民大会、政府改组，皆是粉饰太平的天下滑稽戏一场，混杂其间无疑是政治上的自轻自贱。因而在10月和谈以喜

---

〔1〕《民主报》，1947年8月10日。
〔2〕《再生》，1946年第133期。

剧式的结尾降下帷幕之后，他对国事的兴意就阑珊了大半。他已看透蒋介石非打到底不可了，他忧虑的倒是共产党的实际力量究竟如何，是否足以抗衡国民党方面气势汹汹的军事挑战。[1]倘若抵抗不住，今后就再难出现重新和平的机遇。他静悄悄地待在上海，从每日的报纸上冷冷地观察“国大”开演前那乍阴乍晴的风云变幻，眼见撕下的日历纸一天天接近“12”这一预示着重新分裂的日子，他的心犹如坠入冰窟窿一般渐渐地下沉、冷却。他似乎无兴趣再赶回南京去力挽狂澜了。

张君劢却尚未死心，他在做着最后的一搏。尽管他像黄炎培一样坚持必须先行停战、改组政府，随后才能递交名单、参加“国大”这一共同立场，但在停战与“国大”这二者之间，他的兴奋中心却在后者。召开“国大”在黄炎培看来不过是团结促成的结果，抑或巩固团结的手段，但在张君劢的心目中，“国大”俨然是目的本身。他觉得，只有在“国大”的母体之中，才能孕育出国家的宪政前景；只有在“国大”的神坛之上，在野党派才有可能对自己的合法身份得以可靠的确认。相形之下，国共停战，举国一致，不过是气氛的烘托，春意的点缀，低吟的伴唱。纵然如此，这一切毕竟也是不可或缺的。为了使隆重庄严的国民大会名副其实，成为民主宪政的真正起点，张君劢所要争取的就是这必要的铺垫。但他明白自己纵有妙手回春之术，也难于在短短的十天工夫里一展身手；唯一的希望就是缓开“国大”，在缓期中寻求突破。

11月2日，张君劢从上海赶到南京面见蒋介石，要求“国大”改期。蒋介石经过前一阶段游说攻势的试探，已大致明白在民盟中最有希望的突破口是民社党，而民社党的关键人物是张君劢。而且，早已允诺卖身的青年党怕在中间党派里形孤影单，坚持非要有民社党做伴娘不可，只有民社党交出“国大”代表名单，他们才能提名。因此当张君劢

---

〔1〕 1946年10月24日黄炎培日记。

提出缓开“国大”时，蒋介石虽然未曾应诺，却满脸堆笑地慰勉有加，一再鼓励他“你这回要多多负责”，言下之意，要他在动员第三方面参加“国大”上挑起大梁。会谈结束后，蒋介石迅速调兵遣将，在张君劢的周围布下大网。次日，他将正在东北担当重任的张嘉璈紧急召回南京，布置他此次回京的使命在于“劝君劢家兄采取独立立场，勿受共产党影响”。蒋特意强调说，君劢此时处于举足轻重之地位，可做一历史上有意义之举动。他要求张嘉璈务必“促成其事”。[1]张嘉璈果然衔命而行。从这一天起，他成为环绕在张君劢周围的一个最有影响的人物。

张君劢从蒋府告辞后，那声“你这回要多多负责”的嘱托使他且喜且愁。喜的是自己竟然成了各方瞩目的风云人物，一旦促成大局，扭转乾坤，势必在青史上留下精彩的一笔；不幸的是，这种奇迹绝难出现，自己在绝望之中求其一逞，这种处境未免悲哀。不过，他还愿意试一试。他向第三方面政协代表说：“蒋介石对‘国大’的延期不是不可能的，我曾经私人向蒋谈过这个问题。”[2]张君劢抓住了青年党的李璜和社会贤达中的胡政之等人，拼命做“国大”延期的文章。

距离国民大会开幕的日子愈来愈近，国民党和第三方面的活动也日益紧张。国民党迫不及待地要诱骗第三方面交出参加“国大”的名单，而第三方面抓住当局这一急切心理，坚持非依照政协决议规定的步骤行事不可：首先停战，其次改组政府，最后召开“国大”；为了实现这一点，“国大”必须延期。双方都在斗智斗勇。11 月 8 日，蒋介石突然颁布了停战令，企图抢得先手，逼迫第三方面就范。张君劢等人起先颇有措手不及之感，觉得被蒋逼紧了一步，下一步既然是改组政府，就不得

---

〔1〕 姚崧龄：《张公权先生年谱初稿》上册，第 760 页，台北：传记文学出版社，1982。

〔2〕 罗隆基：《从参加旧政协到参加南京和谈的一些回忆》，见《文史资料选辑》，第 20 辑，第 180 页。

不交出国府委员名单，虽然明知要上当，在道理上却难以拒绝，因而分外沮丧。及至他们细细研读蒋氏声明，才发现蒋介石在宣布停战的同时却将政府改组之门悄悄地关住了。他们欣喜若狂，当即起草书面谈话进行反击。

蒋介石一计未成，又生一计。11 月 10 日，他向第三方面表示：只要第三方面先交部分“国大”代表名单提供保证，政府便可同意“国大”延期。不待说这又是一个阴谋，蒋介石将第三方面踢回的球又恶毒地踢了过去，以承担破裂的责任相逼迫。第三方面紧张万分，分头开会酝酿对策。这时，张君劢出了一个主意，建议以第三方面政协代表的名义致函国民党方面政协代表，提出只要“国大”延期至 12 月 1 日，在此之前能按政协步骤进行和谈，改组政府，第三方面将保证提名。张君劢的建议被接受了。是晚，他们挂长途电话，催促在上海的民盟政协代表黄炎培、沈钧儒和章伯钧立即赴京会商。

黄炎培前日在报上读得蒋氏的宣布停战兼取消政府改组的声明，淡淡地摇头：“一切无从说起了。”他致函张君劢等表示自己暂不去京。及至 10 日，他在报上获悉国共及第三方面政协代表在南京举行非正式综合商谈，他的希望稍稍有了回升。他在理智上对大局已近绝望，但在感情上总是不愿接受这过于残酷的现实，任何一个有助于缓解绝望的小小迹象都会给他带来一丝聊胜于无的慰藉，进而重新燃起希望的火苗。他接到南京催行的长途电话后，次日清晨即同沈钧儒、章伯钧乘飞机抵达金陵。

11 月 11 日上午 11 时，全体在京的第三方面政协代表聚集在交通银行会议厅，在致国民党方面的信函上一一署名。午后，沈钧儒、章伯钧和张申府到梅园向周恩来汇报此事，周恩来当即指出：“保证提名”将会给国民党抓住把柄，造成第三方面政治上的被动。三人既经提醒，立即赶回交通银行，将信函上自己的名字用黑笔涂去。张君劢看到这三个大墨团，不禁勃然发怒，大骂沈钧儒等是“中共尾巴”。盛怒之下，他甩袖而去，连夜登上火车回上海去了，临行前还扔下一句话：“此后民社党不得不自由活动了。”[1]

当日下午4时，胡政之等五位社会贤达携带被涂污了的函件去见蒋介石。为敷衍这些社会贤达的大面子，蒋勉强答应“国大”延期三天。

是夜，黄炎培躺在床上，睁着两只眼睛，久久不能入睡，回想着白日那光怪离奇的一幕幕，他心绪纷乱极了。他感到，民社党有步青年党后尘分裂出去的危险，眼下急务倒是民盟同人应该内部协调，立场一致。他知道“国大”延期三天纯属儿戏，民盟对于是否参加“国大”已到了不容回避、明确表态的时刻了。他撑起身体，在枕上草拟了《民盟对参加“国大”问题之态度》一稿。

次日清晨，民盟在京的中央执行委员召开紧急会议，通过了黄炎培起草的声明：

> 民盟历次宣言，拥护政协决议。一切行动，以此为惟一的依据。同人愿竭尽最后一切努力，以求政协决议关于“国大”开会以前各项手续之完成。完成之后，即一致参加“国大”。未完成以前，决不参加。[2]

随后，黄炎培将这一决定用长途电话通知了回沪的张君劢，恳切希望民社党能够与民盟共同行动。

黄炎培在矛盾的旋涡中挣扎着。随着国共分裂的时刻步步逼近，他内心仿佛也分裂成两个自我。一个自我在理智的指挥下漠然地旁观着时事，坦然地准备接受那即将降临的可怕一刻；另一个自我则感情冲动地

[1] 见《中华民国史资料丛稿》增刊，第6辑，第123页。

[2] 1946年11月12日黄炎培日记。

力图挽狂澜于既倒，希冀在最后一刻能奇迹般地化险为夷。两个自我还在互相打架。前者嘲笑后者过于天真、可笑，在这样的时刻还一厢情愿地怀着恋人般的痴情；后者则责备前者过于冷漠、无情，违拗了先儒“知其不可而为之”的遗训。不过，与在上海不同，置身于南京这样一个紧张、火热的气氛中，感情的自我毕竟略占上风。这天中午，第三方面聚在交通银行继续会商，周恩来也应邀出席。当听到周恩来表示“国大”延期三日毫无意义，自己准备返回延安时，黄炎培绝望与焦虑交织在一起的泪水不禁夺眶而出，他失声痛哭，苦劝周恩来在此三天务必照常出席三方的综合会谈。随后，他又拉周恩来至内室，两人进行了推心置腹的深谈。周恩来深深地理解黄炎培等人对和平的一片痴情，他诚恳地说，我们愿意谅解各位的苦衷，但我们必须坚持政协决议。国民党的用心很清楚，请大家进“国大”，为的是在脸上搽粉，而把中共踢开。我们共事了多年，现在临别了，我们对将要继续挨打的处境无所畏惧，我们党就是在围剿压迫中发展壮大的。我们有武装，可以同国民党周旋，而诸位将难免受压迫，希望有一天仍能在一起为和平民主奋斗。〔1〕周恩来的这席话使黄炎培大为折服，他也理解了中共朋友的原则立场，感到心里轻松了一些。

转瞬间，“国大”延期的三天又将期满了。11月14日，张君劢在张嘉璈的陪同下于清晨飞抵南京。上午，第三方面人士在交通银行会议厅举行了最后一次聚谈。张君劢当众表示民社党将不提“国大”代表名单，黄炎培根据12日民盟通过的决议事先准备了一张写有“民主同盟决定暂不参加”的小纸条递给会议的主持人，由主持人代为宣读。从“决不参加”到“暂不参加”，这一字之改流露出黄炎培内心的期艾。当然，分裂的“国大”他决然无意凑合其间，但他毕竟是儒家“乐感文

〔1〕 李维汉：《回忆与研究》下册，第651页，北京：中共党史资料出版社，1986。

化”熏陶出来的知识分子，尽管一度又一度自感绝望，但这绝望从来不曾达到彻底的、虚无的境地，即令在极度的悲观之中也不失某些相信“否极泰来”的远眺。也许这是人类一种不自觉的心理自卫，倘若没有那些永恒的希望支撑着他，就很难想象他能够长久忍受得了由希望到失望，由失望到绝望……这样漫无尽头的精神磨难。他的下意识里似乎还幻想着和谈的成功，他不忍斩断这微弱的希冀，因此也不能不为民盟留下一点转圜的余地。

当天晚上，距离“国大”开演不足十二小时的时候，黄炎培与张君劢默默地告别在黑幕中沉睡的金陵古城，联袂乘夜车返回上海。他们神情黯然地坐在同一节车厢里，然而是同车异梦。黄炎培垂下沉重的眼帘，大脑中跳出了几行苦涩的诗句：

> 莫道阴霾冻不开，无心终盼一阳回。
> 闭门忍听千家哭，袖手何曾万念灰。[1]

后来，他为这首诗题了一个抑郁的诗名：“阴冻”。此刻他的心似乎也“阴冻”着。他记起白天有好几个国民党委员来纠缠他，劝他留下参加明日的“国大”，自己却淡淡地一笑，婉言谢绝了。他有点鄙夷地想到，这些厚颜无耻的政客竟然公开以利相诱，真是以小人之心量君子之腹……在单调的轮轨撞击声中，他终于疲倦地进入了梦乡。

近在咫尺的张君劢却是通宵睁着眼睛。白天的一幕终于使他不得不承认：那最不愿想象的已经成了无可挽回的现实。这天上午，他抵达南京后，即找到青年党的李璜，共同拟定了包括改组政府在内的民、青两党参加“国大”的共同条件。但张君劢对在国共分裂的情况下参加“国

〔1〕 1946年11月16日黄炎培日记。

大”依然有所保留，他另外单独提出了要求蒋介石与毛泽东举行最高商谈、政府对共方驻军地点做最后让步等附加条件。[1]他知道，唯有内战停止，宪政才有其真实的意义，自己才能问心无愧地登上国民大会的讲台。他仍然希冀着奇迹，然而，不过几个小时，就又化为无情的泡影。中午，当在梅园听说周恩来将在明日返回延安时，他沮丧地承认：再也不能用幻想欺骗自己了。他不得不面临二者必居其一的选择，这使他痛苦不堪。他觉得，自己仿佛是身不由己地被什么东西前呼后拥地往“蒋主席”那张开的怀抱中走去，而周围又有无数双尖锐的眼睛阻止着自己，犹如千夫指骂。他茫然地挣扎着，彷徨不定。当政府方面逼迫他表态时，他吃力地回答：在此情况下，“国大”延期与否，已无关重要，只须政府实行政协决议。[2]言下之意，是暗示共产党既已退出“国大”，民社党是否参加“国大”，当取决于国民党如何做表面文章。蒋介石闻之大喜，趁势鼓励他“出面担任完成宪法”。张君劢推说还须返沪同党内诸人商量，暂时躲避了拍板的责任。此刻，当他坐在归行的车厢里，他不寒而栗地想象着今后几天的日子将是多么的难熬……

天边泛起了鱼肚白，南京国府大礼堂中犹如马戏团开场，已是一派嘈杂的喧嚣。蒋记“国民大会”正式粉墨登场了。中共首席谈判代表周恩来在群魔乱舞之中毅然返回延安，民盟正式向外界公布了拒绝参加“国大”的严正声明，青年党终于等不及民社党的陪伴，匆匆忙忙上了贼船。一些“德高望重”的社会贤达也厚着脸面在“国大”代表签到册上一一用略略颤抖的手签下了肮脏的名字。唯独张君劢尚在举棋不定，众人的视线蓦然从四面八方会聚到他的身上。

张君劢那几天被各种各样的人簇拥包围着，他受到了上下、左右、

〔1〕姚崧龄：《张公权先生年谱初稿》上册，第767页，台北：传记文学出版社，1982。
〔2〕同上。

内外的全方位夹攻。在民社党内，蒋匀田等一帮学生吵嚷着：饿着肚皮跟了先生这么多年，别无奢求，就求先生让我们到政府中混碗饭去！而在北平的张东荪和一大批民社党党员警告说：民社党交出名单之日，便是他们脱离民社党之时。当张君劢拖着疲乏的步子、焦头烂额地回到家里，他又发现一大群左翼朋友坐在客厅里等自己归来，那情形“简直形同请愿”。大家热情地围住他，说服他，一直说到张君劢似乎动了容，当众表示：“第一，我不会交名单；第二，我就是我，我不会受任何人影响；第三，我曾告诉公权（即张嘉璈——引者），叫他问政府，拆了第三方面，于他有何益？”大家热烈地鼓掌，感情奔放的郭沫若还拥抱他、亲吻他，大声地笑着说：“你的大旗怎么倒，我就怎么倒！”[1]好不容易将这批浑身燃着火的朋友打发走，其妹张幼仪又凑近身来，往他耳边吹相反的风，极力怂恿他参加“国大”……张君劢处于铺天盖地的万弩齐发之中，不由左右为难，进退维谷。他竭力想从困境中杀出一条生路，他觉得民社党事到如今，递交名单已成了不得不放的上弦之箭。但他还得顾及那个要紧的面子，他的党必须体面地，至少是自感体面地跨入“国大”之门。他苦思冥想，开始酝酿一个“有条件参加‘国大’”的两全之计。

11月16日下午，张君劢飞抵南京。一下飞机，即被张嘉璈接到张公馆，与民盟同人隔绝开来。在张嘉璈的催促下，张君劢于当晚拟定了致蒋介石的函件，为“有条件参加‘国大’”下了最后的决心。19日，民社党在南京开会，通过了张君劢的提议。蒋介石大喜过望，是晚在官邸盛宴嘉奖张君劢对“国家”的贡献。在主人忘乎所以的狂笑声中，在杯筹交错之中，张嘉璈隐隐发现张君劢那张勉强陪着笑的脸很是苍白。知兄莫如其弟，当晚张嘉璈在日记中写道：

〔1〕 姚崧龄：《中华民国史资料丛稿》增刊，第6辑，第128页。

> 晚间蒋公设宴款待君劢……好似庆祝。不过吾知君劢有无限痛苦；以为中共不解决，即开“国大”会议，亦无补于国家统一与政治安定。但彼一生迷信立宪政治，总觉有法胜于无法，以致矛盾环绕于胸中。[1]

确如张嘉璈所猜度的那样，张君劢那几天被内心的焦虑折磨得痛苦不堪。友人们去张公馆看他，竟诧异地发现：几日不见，张君劢已变得面容憔悴，神情颓唐，与平日昂首高声那种自得之态迥然相异。他见到民盟同人，初是赧然相对，继则泫然欲泪，讷讷表白：“现在我是没法，不牺牲自己，就牺牲党，两条路只有一条。”言下似乎有万般难言之苦衷。他是要面子的。当23日蒋介石与他正式交换函件，民社党终于交出了“国大”代表名单时，他个人则声明既不参加“国大”，也不加入政府，仅愿意以在野之身贡献于宪草的讨论。

犹晚矣！张君劢的这一切给人的感觉只能是掩耳盗铃般的自欺欺人。郭沫若嘲笑他是“犹抱琵琶半遮面”，《文汇报》赠其“袭人出嫁”的黑体标题，甚至连张君劢的几十年老友梁秋水也在报上公开作诗挖苦他：“漫道鹓雏争腐鼠，却怜彩凤逐群鸦。”张君劢自己埋葬了自己。他无颜以对江东父老，27日偷偷地返沪之后，躲进深宅，拒绝见客，借称“闭门读书”。

相形之下，同是蒋介石苦拉之人，黄炎培的洁身自好却受到社会舆论的普遍赞扬。黄炎培在“国大”开锣之日刚回到上海，国民党要员雷震就追踪而至。雷喋喋不休地劝说黄炎培返京到“国大”报到，那架势大有不达目的死不罢休的无赖味道。黄炎培从心底涌起一阵阵厌恶，但脸上依然不露声色，始终“笑而谢之”。雷震软缠硬磨了两个

---

〔1〕 姚崧龄：《张公权先生年谱初稿》上册，第769页。

多小时，终于悻悻离去。黄炎培为摆脱纠缠，遂于16日下午偕夫人去杭州“避难”。等到三天之后回到沪寓，各路说客又是蜂拥而至，黄宅门前车水马龙，使者如云。他们轮番向黄炎培发起潮水般的游说攻势。黄炎培再次重申了7月间他对衔陈立夫之命前来游说的杜月笙表示的那三点态度：

> 第一，我不能同意于不统一、不团结之下，通过宪法；第二，此路不能通，我不能助朋友走不通之路；第三，欲我离同盟，我不能自毁人格。[1]

黄炎培终于挺过来了。当时，民主建国会重庆分会特地发来电报，热情赞曰：

> 先生中立不依，坚定如常，表真正之民心，留和平之余地，疾风知劲草，富贵如浮云，当为先生咏之。高风亮节，举世盛钦，东望海云，弥增崇敬！[2]

在这“国大”的“门槛”上，黄炎培和张君劢以自己的选择书写了截然不同的两种人格、两类形象、两个人生，他们做了一次自身形象的大曝光。

〔1〕 1946年7月27日黄炎培日记。
〔2〕《文汇报》，1946年12月26日。

# “一念之差”背后的深层动因

在这一历史性的选择中，黄炎培选择了光荣，张君劢选择了耻辱；黄炎培维持了气节，张君劢失落了人格。他们的这一切差异绝非一时的“一念之差”所致，而是潜伏着主人公种种内在的深层动因。

是否参加伪“国大”，在当时的三角政治格局下，对于中间党派而言无异是一个与谁结盟的问题。尽管他们一再强调“不偏不倚”的中间性、独立性立场，但国共的关系一旦破裂到1946年11月这样的程度，黄炎培和张君劢脚下的中立地盘就狭窄到几乎荡然无存的地步，最后不得不在国共之间有所依归。纵然在他们主观看来，他们的选择都是基于自己的独立立场，并非一种“依归”的考虑，然而这种依归不仅客观效果如此，而且确乎渊源于他们的主观心理结构。

抗日战争胜利之后，民族独立问题在形式上得以解决了，余下的最突出、最尖锐的时代主题是国家的统一。统一的道路何在，统一中国的中心何在，对这两个问题的解答将直接影响参加“国大”的态度取向。张君劢和黄炎培尽管都希望以政治协商的方式、通过各党派的联合执政统一中国，但涉及对于统一中枢的认同，两人的看法迥然有别。以“国家本位”作为思维起点的张君劢依然着眼于执掌国权的国民党。在他看来，无论这个党如何保守、腐败，它毕竟是维系国家平衡的重心，倘若失却这个重心，国家将陷入万劫不复的混乱动荡之中，一切国家建设、宪政蓝图就统统无从说起。他的基本思路依然是四十年前的“要变不要乱”。共产党虽然是一支主张变革的有生气力量，但张君劢总怀疑共产党的治理国家能力。他顽固地认定：近代中国之所以长期混乱，就是因为革命太多了，而革命并不一定如人们期望的那样必然带来一个好政府。因此，他将共产党视作是“国家的一大祸患”。犹如当年辛亥革命之时张君劢在袁世凯与孙中山之间依据比较“适于建设之业”的尺度，选择了前者一般，他如今在“保守”的国民党与“革命”的共产党之间，也只能选择保守，因为他的价值尺度限制了他。他玩弄着“两害相衡取其轻”的把戏，曾亲口向国民党方面表露心迹：“我们虽然是对立的，但是我们的合作比与共产党的合作的机会要多要大。”[1]他还执迷不悟地继续做着那与“蒋主席”合作建国的白昼幻梦呢。

如果说张君劢的种种思虑以及最终决断所依据的理论都是他的“国家本位”，那么黄炎培所信奉的显然是“民众本位”。黄炎培也看重国家，但这看重仅仅相对于个人而言，一旦国家与个人的集合概念“民众”相比，就毫无疑问是“民为贵，社稷次之”了。他从来不像张君劢那样将国家视为至高无上的神物。虽然在相当长的时期里也曾将国民党政权看作国家的象征，然而自从 1943 年下半年以后，这个“正统”在他的心目中渐渐地、难以觉察地动摇了。他发现它在法律上可以代表国家，却不能在利益上代表民众，因而也就怀疑它真正有力量统一得了中国。他内心那个本来属于国民党的中心位置发生了偏移，开始从重庆（南京）缓慢地移向延安，因为 1943 年的延安之行在他面前展现了一个崭新的世界。以前他也像张君劢那样怀疑擅长搞暴力革命的共产党是否

---

〔1〕 黄季陆：《回忆与君劢先生的一段谈话》，见《传记文学》（台北），1976 年第 28 卷第 3 期。

有能力治理得了一个国家，但在延安的所见所闻使他发现集中了“一大群有才有能的文人武人”的共产党政府，竟然将“这一片不小也不算大的地方”治理得有条有理，更重要的是，它“对每一个老百姓的生命和他的生活是负责的”，推而广之，让这样一个“贵民”政府来治理整个国家，也未必不是一件幸事。当然，黄炎培在抵制伪“国大”的时候这种意识尚不十分明晰，但那种由此（国民党）及彼（共产党）的偏移趋势确乎存在，不过，那偏移正值新旧交替途中，正处于“泛中心”的多元状态，他坚信只有国共与中间党派“共同负责”，民主化的统一才有真正的保障。摈弃了共产党的“国民大会”只能是伪国民大会，决然不代表真正的国民意志，也丝毫无助于解决国家的和平和统一。他甘愿同共产党一起站在门外冷眼旁观，而不屑挤进身去，在乌烟瘴气的会场中与那些强奸民意的政客们同流合污。

应该说，张君劢当时也不无清醒地意识到了“内战一日不停，我们国家就一日没有民主自由”[1]，而且还一度向人表示：“我们决不单独参加‘国大’。当年进步党坐视袁世凯压迫国民党，而其结果，进步党与国民党一样，同归失败。”[2]但这种对现实局势的理智估计竟大半被他自己对立宪政治的狂热崇拜所稀释、抵消。他坚信近代国家的立国之道在于立宪政治，在于法治，这一信念本身并非谬误，但张君劢的谬误恰恰在于将信念推向了迷信，在实践上常常以为有了宪法，就可以解决一切。清末民初以及抗战期中宪政运动的再三挫折并未使这个宪政迷有所醒悟，他反而更昏沉沉地辩解道：“国民党决心要放弃一党专政，建立近代民主国家的规模，民、青两党自然乐于帮助，好比一个人犯了错误，肯改过自新，我们岂有不帮助使他向上的理由呢？”总而言之，张君劢相信：

---

〔1〕《中华民国民主宪法十讲》第1讲，第6页，上海：商务印书馆，1948。
〔2〕陈桑（胡绳）：《帮忙与帮闲》，见《自由丛刊》（香港），1947年第1辑。

“中华民国有宪法终比无宪法为好、为进步、为更接近民主一步。”[1]

反观黄炎培的“立国之道”，他的中心思想是“得民心”。在他看来，一个国家的政府，倘若不为民有，不得民心，那么纵然形式上的制度再好、再完善也是枉然。他重视的是治者与被治者在社会生活中的实际关系，他的唯一价值尺度是民心向背。他将“民主制度的政治”解释为一种“‘群为我有’下的政治”。具体言之，即“群的事是我们事，我必须尽我的义务；群的利是我的利，我必须取得我的享受”。[2]这与其说是一种法律上的权利义务关系，毋宁说更接近宗法家族中的伦理道德联系。于此可见，黄炎培与张君劢观念中的“民主”其内涵迥然相殊。黄炎培的民主是一种伦理政治，一方面民尽其力，另一方面民得其利，这样的治理就达到了“得民心”的境界。张君劢的民主是一种契约政治，人人依循共同的法律规则，平等地享受权利、履行义务。这就要求首先订立契约，制定宪法，然后才能有所谓立宪政治。同为“立国之道”，前者重视的是臣民关系这一“软件”，后者重视的是国家体制这一“硬件”。显然，张君劢的民主直接脱胎于西方的近代民主观念，而黄炎培的民主却更接近古代中国“民为邦本”的思想观念。然而，黄炎培凭借传统的价值观念一眼就判定国民党政权的“不得民心”，纵然蒋记“国大”涂上多么浓艳的宪政色彩，他也不屑与之为伍；而西方正宗的民主观念在张君劢这里偏偏成为引入歧途的障目一叶，使得他真的以为立宪政治会随之带来久候不至的和平，铺下终止内战的捷径。他近乎天真烂漫地说：

> 假定第三派不参加“国大”，训政不结束，始终为国共武力争

---

〔1〕张君劢:《两党共同勉励——在成都青年党招待会上的演讲》，载《再生》，1948 年第 245 期。

〔2〕黄炎培:《职业教育的基本理论纲要》，载中华职业教育社:《社史资料选辑》，第 3 辑，第 198 页。

> 个你死我活之状态。反之第三派参加以后，和平虽未实现，然在法制方面定了一个基础，万一行之有效，可逼成中共承认第三派宪法之一日，岂非山穷水尽之际，另生一柳暗花明之境界乎。[1]

然而惟其过于天真烂漫，反使人难免疑窦丛生，隐隐觉得张君劢在故意装傻，在那冠冕堂皇的托词背后一定躲藏着一个非理性所能解决的隐秘矛盾。

在民社党被民盟开除之后，张君劢等曾经发表过一个声明为自己参加"国大"辩解，声称："本党既无武力，又无地盘，对于接近民主之路，岂能舍而不顾。"[2]这里就分明透现出交织在张君劢内心的信念与功利的矛盾冲突。这一矛盾不仅属于张君劢，也属于黄炎培和其他参与政治的知识者，问题仅仅在于对矛盾的不同选择。本书曾一再提及，张君劢是个注重行动的政治学家，"对他而言，一切理论必须落实在人生的层面上方始具有意义"，"在他有生之年里，他一直试图找寻并创造机会来扮演他的政治哲学里，以政治作为专门职业的优异分子的角色"。[3]他是个经世者，他的最高理想是在政治实践中一展内心的抱负。黄炎培尽管也重视经世致用，反对玄想空谈，却又很注意经世致用与自我完善间的某种平衡，他珍视自己的信念，自己的人格，多次强调："做人必须自己立定脚跟，切不可依墙傍壁"[4]，要"切切实实地服从良心命令，它认为对的，一定要做，认为不对的，一定不做"[5]。他始终高扬人格的

〔1〕张君劢：《两党共同勉励——在成都青年党招待会上的演讲》，载《再生》，1948年第245期。

〔2〕张君劢：《民主社会党关于退出民盟声明》，载《再生》，1946年第145期。

〔3〕江勇振：《我对君劢先生政治思想的几点认识》，载《传记文学》（台北），1976年第28卷第3期。

〔4〕黄炎培：《延安归来》，见《八十年来》，第150页。

〔5〕黄炎培：《坚定地和是是非非的群众站在一起》，载《国讯》，1948年第456期。

完善、人生的修养，甚至认为没有金一般的人格修养就不配谈救国。在人生理想上，黄炎培与张君劢追求的恰是两种价值体系，一个希冀的是内圣，期待以自己内在的道德修养体现人生，另一个渴慕的是外王，力求以自己外在的功名业绩证实自我。

这样，当现实境遇中信念与功利发生激烈冲突时，他们两个的实际取向就截然不同。黄炎培能够从一般的经世致用中超脱出来，他宁愿牺牲功利，也要维护住气节。尽管他的处世哲学是“外圆内方”，有其世俗的、功利的一面，但倘若违拗了内心的信念、损及了立身的人格，他就会置这些功利于身后。参加伪“国大”，在他看来就属于“自毁人格”之举，因而他无论如何也不越此界。后来，黄炎培曾说过一段相当有意味的话，足以印证他当时的想法：

> 原来人无不爱惜其人格者；但在现今时候，欲全人格，行动必须非常谨严，操守必须非常竣洁。并非备责苛求，当前事实告诉吾人亦已明明白白。人格一经毁损，其人见弃于群众，那有功名事业可言？[1]

其实，诸如人格独立、信守理想之语，张君劢亦常常谈及，在理论上甚至比黄炎培认识得更深刻。他曾多次义愤填膺地抨击民初议员的不知廉耻，大声疾呼要改善中国政治家的道德风气。他的失足不在于他思想上的无知，而是他那种过于看重功利的人生态度。他不像黄炎培那样在介入世俗的同时又有超然的另一面；他一旦介入进去，就很难自拔。他的信念在功利的诱惑面前没法儿不屈从。他之所以如此脆弱，除了其他原因，还就是由于他欲望过深，他理不胜欲。

黄炎培的儒家入世态度有他道家出世的另一面平衡着，他有他的职

〔1〕 黄炎培：《黄炎培教育文选》，第318页，上海：上海教育出版社，1985。

业教育阵地，他对政治从根底而言是无欲的，因之他在种种利诱面前可以做到淡泊宁静，无动于衷。他的那种有可有不可、有为有不为的飘逸人生态度，使他能够进退自如，在一般场合下积极有为，无所不可，但到关键时刻，却可以断然有所不为，有所不可。而张君劢的“经世致用”却匮乏老庄那无为的一面平衡，他过于追求作为，他艳羡功名。对于向以清贫、清高、清白这“三清”自诩的士大夫来说，他们的贪欲往往不是物质上的，不是具体有形的金钱、官职、美女，他们追求的是一种精神上的无形雅名，一种名垂青史的流芳百世。张君劢就是如此。他生活廉洁朴实，对聚敛财富也向无兴味；他作风严谨刻板，在女色面前也自矜自爱；他对高官厚爵尽管并非无意，但也绝非嗜欲极深。唯独对于“宪法之父”这一虚名，长久以来他却实实在在心向往之。他饱读外国近代历史，他觉得真正称得上划时代英雄的，与其说是叱咤风云的打江山人物，不如说是安邦定国的一代治才。尤其使他钦慕不已的是各国那些“为万世开太平”的宪政奠基者，如汉密尔顿、加富尔等人。他很希望自己的名字也能够以中国的“宪法之父”荣誉侧身其间。因此，每当国内酝酿制宪时，他总怀有抑制不住的非凡热情。政治协商会议以后，各党派曾组织过一个宪草审议委员会，共同起草宪法草案。委员会原欲分为十个小组分章起草，但张君劢却有志于全盘规划，他兴致勃勃地私下起草了一个宪草，拿出来后成为各方讨论的蓝本。由于各方的意见不能调和，这个被称作“政协宪草”的文件就成了一堆悬而未决的废纸。张君劢在叹息之余，对自己的这份大作依然“敝帚自珍”，他命自己的英文秘书将其译成英文，寄给马歇尔等人欣赏。他暗地哀叹自己的怀才不遇，祈愿内战赶快停息，“国大”如期召开，以使自己那份“杰作”能够重见天日，实现“宪法之父”的毕生夙愿。

蒋介石早已窥察了张君劢的这一私欲，他决定抓住这一突破口以投其所好，进而摧毁张君劢的精神防线。蒋再三通过张嘉璈向张君劢致意，谆谆邀其"出而担任完成宪法"，"为国家树一民主初步基础"，[1]并且表示可以采纳张所起草的"政协宪草"。这一下果真击中了张君劢的要害。他可以在国府委员、政府部长面前保持文人的清高，但他没法儿抵御"宪法之父"的声名诱惑。张君劢堕落之力点正在于此。11月18日，当民社党尚未最后正式拍板参加伪"国大"时，张君劢本人却耐不住技痒，一头扎进了蒋介石设下的圈套，与国民党、青年党一起会商"政协宪草"。他唯恐别人抢了"宪法之父"的头衔，也不愿自己呕心沥血的"杰作"到头来只是"为他人做嫁衣裳"。11月23日，张君劢在报上发表长篇谈话，表白民社党参加"国大"的唯一目的是为"赞成大法之完成"。他谈到个人的进退出处，表示绝对无意登庙入堂，官袍加身，唯独讨论"宪草"一事则当仁不让，"如需要君劢说明或参加意见，无不乐从"。[2]

不过，张君劢在堕落的时候并非心情坦然。相反，他处于无可摆脱的理欲交战之中。还是在9月份的时候，他在给张嘉璈的信中明白指出：倘若内战不停止，分裂的"国大""即使开成，将为曹锟宪法"。[3]直到"国大"开幕前夕，他还信誓旦旦地一再表示："我做人有个人格，党有个立场，分裂的'国大'，我们不会参加。"[4]这说明他内心有清醒的理智一面。但他偏偏理不胜欲。他仿佛被一种莫名的力量推搡着往无底深渊走去而刹不住自己的脚步。但他内心尚未完全泯灭的良知却使劲地鞭挞着他，斥责他为了功名竟全然不顾人格和脸面。良心的自我与私欲的自我你争我夺，闹得张君劢那几天面容憔悴，神志黯然，见人若有万般难言苦衷。不过，最后还是支撑不住，明知"国大"炮制的只能是

---

〔1〕姚崧龄：《张公权先生年谱初稿》上册，第768页。
〔2〕《再生》，1946年第141期。
〔3〕姚崧龄：《张公权先生年谱初稿》上册，第756页。
〔4〕姚崧龄：《中华民国史资料丛稿》增刊，第6辑，第123页。

一部“曹锟宪法”，自己还是忍耐不住凑近身去，做了一个不敢挂名的“猪仔议员”！

堕落以后的境遇无疑是凄凉孤独的，张君劢知道他不能见容于舆论，也不能见容于自己。但他是要强的，他必须想出种种理由为自己的丑陋形象辩白，论证它之所以存在的合理性。于是就出现了前述的那些近乎天真烂漫的谬论。所谓立宪能够带来和平一说，这种逻辑上的牵强附会印证了张君劢对立宪的迷恋已变态成癖。不过，以其以往的精到目光，未必就窥不出蒋记“宪政”不过是独裁者脸上的一抹油彩；他之所以依旧如此强词夺理，乃因为在这种所谓理性论证的背后潜伏着不自觉的非理性需求。毫无疑义，那是他个人心理防卫的需求，他需要抑制那种自感堕落的心理焦虑。他只能求助于心理防卫机制中的“理性作用”，让冠冕堂皇的理性论证为自己洗刷良心中的斑斑污垢。这一切当然是不自觉的，倘若他意识到在自我欺骗，将陷于精神崩溃。他自欺欺人地以为他的选择不是为了私欲的满足，而是为了国家。即使个人的信念、人格、声誉有所牺牲，他以为也是在为国家而牺牲。也许他还由此得到了一种“殉道”的快意呢。于此可见，张君劢的堕落是彻底的，他无可救药了。

在国家社会党刚刚成立的时候，张君劢在《再生》上曾写下一段话：

> 无论何人，当其初动念想救国的时候，未尝不有清明之气，但这个清明之气经过了许多的磨折，便只剩了实际利害与个人私欲。所以中国人们直接间接与政治有关系的，降至今日，其道德破产已成了公认的事实。[1]

---

〔1〕 张君劢：《我们所要说的话》，见《再生》，1932年创刊号。

张君劢万万没有想到，仅仅过了十五载春秋，这记清脆响亮的耳光就打在自己这张丑陋的脸上！

也许张君劢唯一可以聊以自慰的是，在那考验人格的时刻，“道德破产”的不止他一个人，整整一批“社会贤达”“名人学士”都显露了原形。尽管如此，他们在广大中间人士中仍属孤家寡人。黄炎培的形象本来并不显得多么高大，但在张君劢这些“鹓雏”争逐“国大”这头“腐鼠”之时，他这只“彩凤”却不屑于追逐这些“群鸦”，他维持了自己的气节、尊严、人格，无怪人们会以“高风亮节”这样的词句热烈地赞颂他！

历史对他们两人是公平的，他们是荣辱自取。

# 旅程的归宿：新生与毁灭

黄炎培与张君劢分道扬镳了。

1946年12月24日，民盟中央常委会决定，将参加伪“国大”的民社党党员一律开除出盟，其中包括曾经参与创建民盟的张君劢。黄炎培对张君劢的自甘堕落殊感痛心。他们是相识几十年的老友了，尽管谈不上十分的亲密投机，但毕竟有过共患难的岁月。在“国大”召开的前后日子里，黄炎培曾在多种场合一再劝说老友自尊自爱，维持晚节，但这位老友竟是那样的执迷不悟。黄炎培知道这不是他的一念之差，他的选择正符合他本身的思想逻辑。他们不再是同路人。在翻过这座人生旅程中的分水岭后，他们虽然还维持着浅淡的私交，但政治上彼此实实在在地分了手。

他们在那个历史性的时刻选择了各自的道路。选择所造就的环境和惯性又反过来推拥着他们往相反的方向继续走下去，他们的信念、追求、思想以及后半生的脚印将随着逐渐分离的身影愈距愈远、愈距愈远。

黄炎培仍然执着地祈祷着和平，尽管和平的微光在风雨飘摇的黑夜中是那样的渺茫。1947年3月初，在反革命内战中打红了眼的蒋介石悍然命令中共谈判代表限期撤退，彻底锁上了本已关闭的和谈之门。那把锁仿佛是挂在黄炎培的心扉，锁住了他仅存的一丝希望，他感到沉闷，感到窒息，在忧愤之中提起笔，将自己的一腔哀情倾诉在文字中：

> 民盟同人在此一年间为奔走和平，不遗余力，因而曾遭遇不能忍受之毁谤，与无法抵抗之高压。至于殴辱，至于残杀，而不惧，而不悔，无他，在求实现和平、民主、统一，以救吾国，以救吾民耳。不幸今日国共两党，终于正式宣告和平破裂，痛心！痛心！[1]

这场战争打下去又有什么结果呢？他判断国共之间谁也消灭不了谁，即使能够分出胜败，还不是“所屠杀者都是中国人民，所断丧者都是中国之元气”吗？他几乎对和平失却了信心，但他觉得自己除了“倍守政协精神，以祈达成和平民主统一之实现”外，似乎别无选择。他嘶哑着喉咙，带着哭声说道：

> 吾人可以一生不参加政府，吾人不能一日而忘国家。国共调解工作，虽已宣告失败，同人仍当日日怀念吾天职之所在，吾舌尚存，必发为言论，吾笔未秃，必写为文章。……如定欲横加诬陷，甚而迫害之，则眼前之刀锯斧钺，决不苟避幸免，将来之是非黑白，天下自有公评！[2]

“横加诬陷”的迫害之举果然应声而至。这年5月，国民党公布了一个捏造的《中共地下斗争路线纲领》，诬称民盟等中间党派“其组织

〔1〕《中国民主同盟为和谈正式破裂发表宣言》，见《中国民主同盟历史文献（1941—1949）》，第306页。

〔2〕同上书，第308页。

已为中共所实际控制，其行动亦均系循中共意志而行”，“甘为中共之新的暴乱工具”。国民党政府新闻局局长董显光公开扬言：“民盟与中共曾公开否认宪法及国民大会之合法性，该盟与反叛政府之中共既有密切关系，虽仍称系一和平之政党，然政府对该盟之态度将视其政策及行动如何而定。”[1]为了澄清事实，恪守初衷，民盟决定发起一场和平运动。

5月20日，四届三次国民参政会在南京开幕，黄炎培等全体民盟参政员出席，向大会提出了《政治解决党争，以停止内战，恢复和平案》，建议“迅速恢复国共间联系，商讨停止战争恢复和谈的具体方案”，并要求“政府先明令停止征兵与征粮征实，以为倡导和平之表示”。[2]在28日的全体会议上，黄炎培以提案人的身份发言，他痛述内战给全国民众带来的灾难，大声疾呼：“政协是解决内战的盘尼西林！”[3]然而，就在当晚的参政会宴会上竟遭到蒋介石的当头叱问：“中共区人民还要苦，何以不向他们诉苦，而责我征兵征粮？！”在蒋介石凶相毕露的眼睛里，黄炎培这些中间人士已经愈来愈不为所容了，因为他们不仅不肯就范，而且至今还念念不忘“和平”！

以张君劢为首的民社党在肮脏的泥沼里越陷越深了。“制宪国大”收场之后，蒋介石为装潢“多党合作”的门面，又继续玩弄“改组政府”的把戏，邀请民、青两党入阁“行宪”。张君劢多少窥出了个中换汤不换药的奥秘，他知道民社党即使能摊上几个部长，也是受人操纵的木偶傀儡，难以推行本党的政治主张，不如继续以在野政党的身份出现，履行“监督政府”的职责，以便“说较多的话”，“发挥较大的作用”。因此他提出民社党不参加政府，以争取立法院、监察院、参政会、

〔1〕 转引自中国民主同盟中央文史资料委员会编：《中国民主同盟四十年》，第42～43页。
〔2〕 中国民主同盟中央文史资料委员会：《中国民主同盟历史文献（1941—1949）》，第334页。
〔3〕 1947年5月28日黄炎培日记。

国民大会这四大“民意机构”的席位为本党的奋斗目标。他本人亦公开表示：“个人无意参加政府，惟愿代表政府赴各地演讲宪法要义。”

不料张君劢此语一出，民社党内立即炸了锅。一大批利欲熏心之徒在高官厚禄的诱惑下早已神不守舍，垂涎三尺，纷纷扯下脸面顶撞张君劢，表示自己“入阁谋官”的铁意。张君劢拗不过他们的软缠硬磨。4月16日，蒋介石、张君劢和曾琦分别代表各自的党签订了所谓“新政府施政方针十二条”。然而，民社党内又为争夺那几顶有限的乌纱帽吵得人仰马翻，不可开交。那几天里，张君劢被手下这群利令智昏的党徒闹得心烦意乱，只能躲在家里，连电话都不敢去接。曾几何时，他是那样尖刻地抨击民初的政党无非“功名之地”，党员议政皆“科举时代学士大夫之心理”；他建党之初，是那样雄心勃勃地欲以西方政党为楷模，使民社党成为中国立宪政治下政党活动之表率。如今他不得不暗自承认这个党“腐朽透了”。

可是，这一切又能怪罪于何人呢？不是张君劢本人亲笔在那张向蒋介石“卖身”的契约上签字的吗？不是作为党魁的他第一个堕为招致全党腐败的烂点吗？当时沈钧儒与罗隆基在公开场合毫不容情地批评说：“今日中国的‘民主宪政’戕害了中国。民主宪政至此境地，张君劢所负之责任，比任何人为大。政党政治水准的低落，亦为张君劢所造成。”要强的张君劢急急发表文章为自己辩白：“抑吾民主社会党何尝以现状为满足哉？”吾人“亦只可认为闻政而不负行政责任”，“难道我之责任，能在蒋先生之上乎？能在党国要人之上乎？”。但他毕竟理屈词穷，最后悻悻地哀叹曰：“岂有去年11月朝夕晤对，共谋国是之人，今暌离不及数月。而劢之为人，在两公眼中，竟成为一文不值矣。此种毁誉，听公等自为之，劢自无法变更。”[1]

---

〔1〕 张君劢：《答复罗努生、沈衡山两君评语》，载《再生》，1947年第185期。

7月初，蒋介石冒天下之大不韪，发布了反共内战的“戡平共匪叛乱总动员令”，露出了战争狂人的赤裸裸嘴脸。黄炎培在《国讯》上写下了一行沉痛的文字：

> 政府终于下总动员令了。从此，中华民国正式地陷于极不幸的状态里。从此，根据吾们一片爱国痴情所发出的热望，一时间感到绝望。[1]

他内心煎熬着绝望的剧痛，但这剧痛不久即转化为深沉的麻木。他明白和平已经确确实实地死了。国难以来，他走出教育界，在布满荆棘与陷阱的政治舞台上奔走了十几载春秋，经历了无数的艰难困苦，直到人生七十依然报国无方。他自感衰老了，他很想悄悄地退出疆场，“摒弃一切，潜心著述，将七十年社会蜕变经过，就所亲历，写示国人，借过去以策未来”[2]。他感到自己这一代的奋斗也许就此了结了，中国的希望只有待之后人了。然而，他又深知自己很难摒弃一切。这毕竟不是一个可以问心无愧地超然物外的时代呵。在充满着战火与血污的世界里，他内心不能没有祈求，而除了和平之外自己又能祈求什么呢？他怀着向绝望抗争的心情忧郁地写道：

> 父母有病，子女明知病不易医好，总是要医的。吾们冒大不韪，依然本着爱怜老同胞的痴情来祈求着，世界总有一天会和平吧！

张君劢到这个时候对“和平”还是深有兴趣的。他不能放弃这面旗

---

〔1〕 黄炎培：《从此》，载《国讯》，1947年第421期。

〔2〕 1947年10月18日黄炎培日记。

帜，他知道在战火纷飞之中，他的宪政蓝图必然是一纸空文，他的民社党也无“英雄用武”之地。他小心翼翼地与国民党的“戡乱”保持一定的距离，私下声称：“国共两党对我们来说同是友党，我们没有参加一方打另一方的道理。并且，我们既无军队又无权力，凭什么要参加国民党打内战？”[1]张群就任“改组”后的第一任行政院院长后，曾托人请张君劢以在野身份在台下“帮忙”。张君劢应诺说：“在野帮忙，自无问题，但在张院长的内阁中，我也有一事可做。”来客问是何事，他一本正经地答曰：“国防部长。”众人听了不禁哈哈大笑，张君劢指着来客一声长叹：“你在美国很久，难道不知道国防部长都是文人干的吗？方今国共和谈，症结在共产党军队的改隶，国共彼此猜疑甚深，我如担任国防部长，共军改隶或还可商量。国民党人做了国防部长，谈判就更复杂而困难了。”[2]这种书生气固然天真得可笑，但实际效果上恰恰迎合了蒋介石的另一面需要。倘若蒋氏哪一天需要重新祭起“和谈”的招魂幡，计算着将共产党军队诱入“国军化”的圈套，那么张君劢一定会心甘情愿地充当这阴险的诱饵。

张君劢尽管在主观上反对内战，但在客观上早已沦为助纣为虐的帮凶。这年年底，他应华盛顿大学之邀赴美演讲“中国之新宪法”，在讲学期间，他受国民党政府之托，与美国国务院远东司司长会晤长谈，乞求美方以金钱援蒋，以稳定摇摇欲坠的法币币值，安顿困局中的“人心军心”。他心里未必不清楚濒临崩溃的财政经济危机皆因长年累月、开支浩瀚的军费所致，而且争取到手的美援势必又将化为杀人的枪炮、弹药和坦克，但他已经上了贼船，他的命运已经同蒋介石的命运同舟相济，生死共存了。当时有学术界的朋友劝他不要再介入政治活动，还

[1] 罗静轩：《我所知道的张君劢与民社党》，见《文史资料选辑》，1980年第4辑。
[2] 梁敬錞：《君劢先生二三事》，见《传记文学》（台北），1976年第28卷第3期。

是趁早洗手，重操旧业，张君劢摇着头，唉声叹气地回答："我也是没有办法呀，就好像穿了一件湿衣服，现在脱也脱不下，只好这样做下去了。"[1]他满脑子的"国家至上"观念，尽管这个"国家"被一个所谓"正统"的政权糟蹋得惨不忍睹，但张君劢还是决意为这个"国家"奉献、牺牲。这只过河卒子再也没有回头是岸的余地了。

就在张君劢随同那条破船越漂越远的时候，始终站在岸边的黄炎培却愈来愈看清那条破船的底牌，洗亮他眼睛的不是别人，正是蒋介石本人。这年春夏之际，蒋介石不仅暴露了他的嗜战既深的武夫本性，而且还暴露了一张独裁残暴的法西斯嘴脸。5月20日，来自全国的五千多名学生在南京举行联合请愿游行，当队伍走到珠江路口时，竟遭到埋伏着的手持凶器的军警特务野蛮殴打，酿成震惊全国的"五二〇"惨案。这天黄炎培正在南京出席国民参政会开幕式，听到这一消息，他急忙跳上车子，赶到医院去看望受伤的学生。当目睹几百个天真可爱的学生被打得满脸鲜血时，他不禁老泪纵横，愤愤地在心里喊道：我黄任之从事教育四十多年了，政府打学生的事也见得多了，可是下这么狠的毒手还是第一回，第一回领教呀！他怀着一腔悲愤，怀着一个教育家对学生特有的怜护之情，四处奔波，劝说国民党有关当局万万不可对学生采取高压政策，甚至还为此事找了美国大使司徒雷登。但蒋介石却蛮横无理地在黄炎培等人面前宣称：军警阻止学潮，是奉令！是我叫他们打的！[2]不久以后，三名武汉的学生又被军警枪杀。黄炎培忍无可忍，他在《国讯》上愤然做了一篇短文《你们闻得血腥臭么？》。在韬奋逝世三周年的那一天，黄炎培触景生情，为亡友写下了一首挽诗：

---

〔1〕唐君毅：《从科学到玄学论战谈张君劢先生的思想》，见《传记文学》（台北），1976年第28卷第3期。

〔2〕1947年5月28日黄炎培日记。

> 我悲君死何太急，死时国耻不曾雪！君早死，三年了！君若生今时，不死于病，必死于淫威。淫威！淫威！何可以久长？四年史实，多么彰彰！怎样上场，怎样下场，君其安眠，晓钟当当。[1]

自1943年以来的四年之中，那历历在目的彰彰史实使黄炎培对蒋介石彻底绝望。如果说在张君劢的观念中国民党政权同国家仍然是合二为一的话，那么在黄炎培的心目中这二者已经完全分离了。这个政权已经不能代表国家了，更不是属于民众的，它同民众的关系不仅是疏离，而且存在着事实上的对立。他相信“多行不义必自毙”的古话，一个不仁不义的、以淫威维持着自己生命的暴政，又如何能久长呢？它昔日在如何的淫威中上场，将来也势必在如何的淫威中下场！

7月26日，黄炎培与民盟部分领导人借游玄武湖为名商谈时局和出路时，信笔写下了“痛毒宁惟一暴秦，别开蹊径为平民”的诗句。他已经将国民党政权认作一个应该推倒的“暴秦”，他决意别开一条平民的蹊径了。他内心隐隐感到：对于这样一个“暴秦”，倘若不采用大泽乡起义一般的疾风暴雨去涤荡它，就很难指望它会自动“禅让”。不过，这种历史主义的理性判断却与他思想中力避“杀生”的人道主义情感发生着抵牾，他暂时还未能从这抵牾中挣脱出来，他对和平的改良还抱有最后一丝微弱的希望。

就在这样的时刻，蒋介石又一度扮演了黄炎培的反面教员的角色。

10月28日，国民党政府以“勾结共匪，参加叛乱”等罪名，宣布民盟为“非法团体”，将按《后方共产党处置方法》“严加取缔”。中国民主同盟和全体盟员的生命处于生死存亡的紧急关头。肩负着民盟同人的千斤重托，黄炎培于这天同民盟中央委员叶笃义赶赴南京，会同在京

---

〔1〕 黄炎培：《八十年来》，第99页。

的罗隆基，试图做最后的挽救。他们连日四处奔走，希望美国大使司徒雷登和某些国民党要员能够出面疏通。

挽救工作也在上海紧张地进行着。褚辅成、王造时等一些无党派人士热心地找来了张君劢、李璜、胡政之，要他们站出来说话，上庐山向蒋介石力争。胡政之推托身体有病，不愿与闻；张君劢、李璜也面露难色。王造时提醒他们说：此事不仅关系民盟存亡，更重要的是关系到民主政治的命运。最后两人答应联名致函行政院长张群，以示“抗议”。但那“抗议”是那般有气无力，以至于仅仅恳请“政府适可而止，不必株连，以安人心”。[1]在淫威之下，张君劢内心的“正义”早已荡然无存！

南京的抢救工作也陷于困顿。一贯自称“民盟忠实朋友”的司徒雷登表示此系中国内政，他本人“爱莫能助”，反过来劝说民盟自动“光荣解散”。好心的邵力子先生也告诫黄炎培等：“事情发展到现在，一切无能为力了，民盟‘不成仁便成义’，望诸君从长计议。”国民党当局则以政府已宣布民盟为非法为由，拒绝同他们作任何正式谈判。黄炎培不得不以个人的名义同国民党方面进行协商。陈立夫等人凶相毕露，逼令要解散民盟，否则将“严惩不贷”。在这样一种极其严酷的气氛中，黄炎培几经力争，最后无可奈何地与国民党方面达成协议，以国民党当局“免除民盟盟员登记”，“对无共产党党籍的民盟盟员”不采用《后方共产党处置方法》为条件，“民盟宣告自动解散”。

11月4日，黄炎培、罗隆基和叶笃义在特务的监押下返沪，临行前陈立夫恶狠狠地丢下一句话：“协议内容不得修改，若有一字修改，就全盘作废！”翌日，民盟总部在张澜寓所楼上开会讨论。此时门外特务云集，大声吆喝，以示威胁。在会议中，虽有人对协议内容表示

[1]《君劢先生之言行》，第42页。

了异议，但终因迫于形势的压力，最后决定以主席张澜的名义宣告自动解散。

当叶笃义拖着沉重的步履下楼向等候已久的记者们宣布这一违心的决定时，他眼眶中充满着泪水。而楼上那些首创民盟的老人则犹如刚刚经历了一场殊死的内心搏斗，一下苍老了许多。这是何等的淫威，何等的屈辱呵！他们承受着巨大的感情创伤。这创伤在发炎，在流血，在剧烈地灼痛着他们那颗不屈服的心。张澜当晚卧在床上，辗转反侧，通宵未眠，次日清晨起床即派人往报馆送去一份个人声明，宣布“对国家之和平民主统一团结之信念，及为此而努力之决心，绝不变更”[1]。他想洗去内心的耻辱，他要让国人了解他的真心。

黄炎培的心里，交织着更为激烈、复杂的情感冲突。应该说，这样的选择并未违拗他的“外圆内方”原则，当形势已经险恶到危及个体的生存时，他没有权力将全体盟员的生命，包括他自己的生命豁出去作为抗争的代价。他觉得，与其轰轰烈烈地壮烈牺牲，不如更加韧性地战斗。他相信，“外圆内方”绝非一保命哲学，而是一种随机应变的理性精神，一种着眼长远的顽强抗争。然而，谁又能理解这些呢？他感到孤独、苦闷和惆怅。

在南京交涉期间，黄炎培曾去玄武湖遣愁。面对着满目凄凉的萧瑟秋景，他感慨万千地吟道：

黄花心事有谁知，傲尽风霜两鬓丝。
争羡湖园秋色好，万千凉叶正辞枝。
红黄设色补寒苔，点缀秋光枉费才。

---

〔1〕中国民主同盟中央文史资料委员会：《中国民主同盟历史文献（1941—1949）》，第361页。

> 毕竟冰霜谁耐得，青松圆角后雕材。[1]

“傲尽风霜”、两鬓雪丝的黄炎培，不屑与青年党、民社党这些争相“点缀秋光”的无耻之尤为伍，他似乎要人看一看，究竟谁是耐得冰霜的雪后“青松”？

一个星期后，黄炎培在《国讯》上发表了《我与民盟》，对国民党当局的卑劣行径表示了公开抗议：

> 一部大历史，信而见疑，忠而被谤者，不知几几。民盟已矣，自我发之，自我收之。知我罪我，其惟春秋。我只平心静气地问一句话：请大家公正检讨民盟从创始到结束，前前后后所有文件，曾有一字一句，足以构成危害国家颠覆政府的罪行者否？[2]

然而，他内心如何能够“平心静气”，忧愤之情早已跃然纸上！

强大的政府压力、连日的谈判奔波，特别是精神上的深深抑郁使得他腰疾复发，卧床不起。他一生中，尽管不乏淫威下的委曲求全之举，但如此屈辱的违心事确还是唯一的一次。他的理智与情感、忍耐与冲动、世故与正直在内心激烈地冲突着，他的精神承受着痛苦的折磨。他懂世故，常常顺世故而行，但他绝非一个毫无信念的世故之人。他的迫不得已的违心举动尽管都是理性自觉选择的结果，但每一次都要付出良心上的苦痛代价。他很注意道德上的自我完善，羡慕鲁迅那样彻底的“特立独行”人格。唯其如此，当险恶的环境逼迫他不得不服从冷静的理智，压抑正直的情感时，他除了愈加憎恨那个给他带来屈辱的淫威，

---

〔1〕 1947年11月2日黄炎培日记。

〔2〕《国讯》，1947年第439期。

同时也需要疏解自己的良心。黄炎培在病中挥动寸毫，再度以《黄花心事有谁知》为题。借花抒志：

> 她的环境尽管恶劣，在肃杀的金风里，撑起了天生一般傲骨，牢守着将荒而还没有荒的三径，把短短的东篱，做她的天然堡垒，风风雨雨，百战不屈。好像凭她内心的至诚，抱着悲天悯人无限惨苦，甘心和恶势力奋斗。[1]

黄炎培仿佛是对着自我，对着整个世界宣誓，他内心充满着憎恨。知识分子对待淫威的行为模式无非三种：抗议、离心和退隐。在抗议无效的情况下，黄炎培已无心退隐，他决意与“恶势力”抗争到底了！

蒋介石扼杀了一个民盟，却唤醒了无数个善良温和的中国知识分子。当时有人曾尖刻地说：

> 今日全中国人民，对于现政权，可谓人人离心，个个厌恶。现政权中的人，恐怕也未尝不顿脚叹息：为什么这些人都“左倾”了！假如不满政府就是“左倾”，那么老实说，在二十年来国民党这种统治作风下，假如还不“左倾”，那这个人即使不是奴才，也是个大大的糊涂虫。……是谁驱使大家不满国民党，反对国民党，痛恨国民党的？不是别人，就是国民党自己。今日国民党脑子里所想的是如何消灭共产党，然而他两只手所做的却无一不是在培植共产党，替共产党制造有利于共产党的政治形势。[2]

---

〔1〕《国讯》，1947年第440期。

〔2〕储安平：《中国的政局》，载《观察》，1947年第2卷第2期。

事实确是如此。当人们发现独大蒋介石连一个坚持和平民主的中间党派都容忍不了，那么便只有倒向共产党的一边，将希望寄托在人民革命的雷霆万钧之中。此时人民解放军已从战略防御转向战略进攻，毛泽东以洪钟般的声音向英勇挺进的前线勇士发出了“打倒蒋介石，解放全中国”的号召。1948年年初，黄炎培在上海秘密阅读了毛泽东的《目前形势和我们的任务》，明确表示：“两大局面已成过去，今后只有一件大事，我们应该依靠中共，与中共取得联系。”〔1〕眼前的事实使他相信，那条和平改良的第三条道路已经断然不通，要推翻“暴秦”一般的国民党政权，唯有借助共产党领导下的人民武装革命。墨子不是也将战争分为“攻”与“诛”吗？攻者，非义也；诛者，正义也。今日的人民革命战争不正属于连墨子也赞许的“诛”吗？儒家不是也认为失民心者即失天命，得民心者即受天命，受天命者代替失天命者，倘若不能“尧舜禅让”的话，亦可“汤武革命”吗？黄炎培终于从原先那困扰着他的历史主义与人道主义的抵牾中解脱出来了。

1948年1月5日，秘密潜赴香港的民盟中央常委沈钧儒、章伯钧在香港主持召开了民盟三中全会，宣布重建民盟总部，放弃中间立场，与中共“携手合作”，“彻底消灭整个反动集团的统治”。黄炎培、张澜、罗隆基等留沪的民盟中央领导人对此感到由衷的欣慰。十分理解和赞同三中全会制定的“一边倒”路线。黄炎培还作诗寄赠远在香港的沈钧儒：

> 口纵予瘏岂忍缄，心无私欲有民岩。
> 傥劳行者怀居者，犹是张园隔枣岚。〔2〕

〔1〕 社会问题研究会编：《民主建国会》，1949年。
〔2〕 1948年1月13日黄炎培日记。

他热情地向香港的同志们表示：尽管我们相隔千山万水，但彼此的心情不是像重庆时期的张园（黄炎培在渝寓所）与枣岚（沈钧儒在渝寓所）一般邻近吗？

正当黄炎培放弃了中间立场，逐渐地“一边倒”时，张君劢也加速向相反的方向“一边倒”去。1947年年底到1948年年初，国民党举行所谓“行宪国大”代表选举，民社党与青年党再度凑进去参与瓜分席位。三党订立了一个“无竞选区制”的瓜分协定，三千名“国大”代表，国民党占得8/10的大头，民、青两党各得1/10以解馋。然而选举的过程却是一场乱哄哄的闹剧，国民党地方组织倚权仗势，包办选举，诸如贿赂选民、涂改选票之类的舞弊丑闻层出不穷，民、青两党当选代表仅占总额的4.2%。张君劢原拟参加立法委员的竞选，见此光景也不得不打退堂鼓，他恼怒地对报界声称：此次选举仅是骗人戏法，实是盗窃民主。然而当他不久以后赴美讲学，美国有关舆论对国民党统治下的所谓“民主”颇多批评时，他却“挺身而出”，公开为国民党帮腔。他在给《纽约时报》的长函中声称：共产党对和谈之早日破裂负有责任，而“国民党自动放弃一党专政，系一项至为重要之新颖发展，现代独裁政权中，从无采取此项明智之步骤者”。因此民社党虽因和平不可得，也无意放弃民主，甘愿“和国民党合作产生国民大会”云云。[1]他怀着“家丑不可外扬”的心情，拼命“在海外替政府辩护”，替“国家”粉饰太平，实际不过在为自己的堕落挣面子而已。他将自己牢牢地绑在那条即将沉没的破船上，虽然号称“独立”政党，却早已丧失了独立的精神，他也摒弃了第三条道路，他的道路已同国民党的道路合二为一。

1948年秋天，人民解放军挥师南下，逐鹿中原，蒋介石独裁政权在风雨飘摇中危危欲坠。张君劢眼见他的政治靠山大势已去，不免兔死

〔1〕《君劢先生之言行》，第43页。

狐悲，分外沮丧。他无可奈何地向自己的党徒承认："到了这个局面底下，好比一个人，身体瘫痪了，还希望他能有一番作为，挽回局面，我想不出。"[1]他的声音凄凄惨惨，似乎在重演三十年前随同段祺瑞一块儿倒台、宪政幻灭那历史一幕。

张君劢已无意替蒋介石殉葬到底，遂萌生退隐之意。10月30日，他在成都的青年党招待会上发表演说，声称：

> 讨论到中国今后的问题，我们的着眼点不是国民党共产党的谁胜谁败，而在中国今后的文化问题。对于这个远大的问题，希望我们两党能够时刻加以研究。我们终要为中华民国的将来打算，为中华民国的文化打算，要对得起一二千年来的文化，所以我们首先应该从中国的文化上立定脚跟，希望两党共同勉励。[2]

如果说1918年那类似的"醒悟"之语含有某种痛定思痛的悲剧意味，那么此刻却已流为一种充满喜剧色彩的自我解嘲。

"天快亮了，窗缝里鱼肚白的光条在飞"，"很远很远里，唱出了千声万声的鸡……"[3]黄炎培遥望着天际那依稀可辨的晨曦，内心充溢着光明和愉悦。但那些见不得阳光的魑魅鬼魅在黎明前的黑夜里则愈加疯狂，乌黑的警车凄厉地嚷叫着，在大街小巷呼啸而过，郊外的荒野上时时传来杀人的枪声。黄炎培等许多民主人士都受到了特务的公开监视，失去了行动自由。有关方面内部又接连透出国民党将以绑架或暗杀对付民盟领导人、黄炎培名列案首的消息，形势越来越险恶。这时，上海地

---

〔1〕张君劢：《谈最近政局》，载《再生》，1948年第244期。
〔2〕《再生》，1948年第245期。
〔3〕黄炎培：《天快亮了》，见《红桑》，第25页，上海：展望周刊社，1954。

下党转来了中共中央欢迎黄炎培北上解放区参加新的政治协商会议的邀请。黄炎培决定尽快摆脱黑夜，奔向黎明。

1949年2月，在中共上海地下党组织的关心下，黄炎培与民主建国会的老友王艮仲精心设计了声东击西的“金蝉脱壳”计划。先由王艮仲利用上层关系向特务放出空气，声称黄炎培将于下星期到浦东农场参观，并邀特务同去；同时黄家以准备春节宴客为名，大置年货，造成黄炎培近期内不会出走的种种假象。2月14日下午，黄炎培偕夫人佯称出门购物，乘车至南京路永安公司门口，让汽车就地等候。跟踪而至的特务信以为真，亦将汽车停下守候。黄炎培一进入公司大门，即穿过店堂，自另一门出来跳上王艮仲事先备好的汽车，直开江湾女儿家中。略事化装后，就由地下党同志护送上开往香港的轮船。直到黄炎培安全抵达香港的消息见报，特务们才恍然大悟，连呼上当。

随后，黄炎培在中共香港地下党的安排下再度乘船北上。轮船在一望无际的大海上航行，晨风吹拂着黄炎培的衣襟，他全身洋溢着欢乐的诗情：

海浪那么汹涌！
一个离开了大群的海鸥，
他无聊么？
不，不，
他羞耻了。
一株枯黄的杨柳，
啾啾喳喳的娇声，
是同类吧！
还在歌舞中。
他早下决心了，

把伟大的生命，贡献给天空，
是当然的啰！
只有大仁能鼓起大勇，
他想把呼啸代替吟咏。
看哪，
海浪多么汹涌！
他在憧憬了，
张开着有力的翅膀，
从阴沉沉雾罩下，
几时迎取一轮新的太阳，
红！红！[1]

这位历经沧桑的七旬老人沐浴着一身朝霞，投入了新中国的怀抱。

在那掀开了中国历史崭新一页的金色时刻里，当黄炎培步随毛泽东、朱德、刘少奇、周恩来等一代开国巨人登上天安门，迎接第一面五星红旗冉冉升起的时候，张君劢却神色黯然地收拾着行装，匆匆逃离大陆，流亡海外，去度过那寂寞的风烛残年。

〔1〕 黄炎培:《海行》，见《红桑》，第35～37页。

# 综论　一条永恒延伸着的困惑长链

当步随黄炎培、张君劢的足印走到近代的尽头，回首重新省察他们在历史的古道上留下的人生轨迹，我们就会发现他们的身影已经同众多知识者的身影重叠、复合在一起，他们已经消失在同时代人的河流中。是的，他们所有的一切，那无穷的困惑、艰难的探索乃至生与死、新生与毁灭、光荣与耻辱间的种种抉择……不仅属于他们个人，同时也属于那个时代与生活在那个时代里的中国知识者。

因之，纵然我们并不负有为我们的主人公做盖棺论定的使命，却愿意以总结本书的题旨为契机，将视线的焦点从黄炎培、张君劢身上拉开，扩展到近代中国整个知识群，考察一下在那样一个时代氛围和文化氛围之中，他们的困惑、选择乃至由选择所触发的新的困惑……

## 一

当中国知识者出现在近代历史舞台的时候，他们面临的第一个人生困惑，便是出世与入世的冲突。

他们已经不是那些传统的士大夫，在厉行科举制度的古代中国，展现在封建士子面前的只是一条漫漫的仕途。他们无可选择，他们没有自己能够独立于大一统政治之外的学术营地。先古的圣贤们也谆谆教导着他们："不仕无义。……欲洁其身，而乱大伦。君子之仕也，行其义也。"[1]"士之仕也，犹农夫之耕也。"[2]由士而仕，由"修身齐家"进而"治国平天下"，成为中国传统士大夫们毋庸置疑的唯一职业意向。

在近代的西化浪潮拍岸而来，锁闭的文明古国门户洞开之后，强烈的西风给中国知识者送来的不仅有清新悦目的新思潮、新观念，而且还伴随着一个崭新的社会职业结构。科举制度寿终正寝了，在那块旧制度的坟茔上昂然崛起了一排文化事业大厦。中国知识分子有史以来第一次实现了与大一统政治的人身决裂，赢得了以创造知识文化为职业标记的独立社会身份。也正是在这样的意义上，传统的士大夫才历史性地转化为近代的知识者。他们的人生价值观念发生了嬗变。一个知识者自我价值之实现，不必向外投射于政治，而可以向内谋求于文化学术事业本身。就在这样的社会心理背景下，黄炎培会矢志终身侍奉教育，将职业教育事业视作自己的第一生命；张君劢也始终未能忘情于学术理论，将书斋生活视作人生最大的乐趣。

然而，正当中国的知识者这"学术自我"的一重机能被唤醒的同时，那古老的"政治自我"一重机能不仅没有淡化，反而在民族危机的刺激下显得空前的敏感和强化。亡国灭种的瓜分威胁在他们内心激起强烈的忧患意识，并由此产生"以天下为己任"的救世精神。一身兼任"文化人"与"政治人"的双重社会角色，对于一个近代知识者而言，本乃是题中应有之义。但黄炎培、张君劢他们的不幸却在于：时代赋予他们这样的双重使命时，却没有提供相应的历史条件。西方近代资本主义社会是一种政治、经济、文化三足鼎立的权力格局，知识分子在自己的文化阵地中一方面可以做学问，另一方面又可以通过舆论影响和参与

〔1〕《论语·微子篇》。
〔2〕《孟子·滕文公下》。

政治，扮演“社会良心”的角色。然而，近代中国尽管其社会职业结构已经认同于西方，但其社会权力结构却依然是以官僚政治为轴心的大一统格局，这就造成了知识者双重社会角色之间难于调和的内在悖逆：你欲救国救民，“以天下为己任”吗？就最好割弃学问，舍身投入现实政治，谋求政治制度与社会环境的根本改造。你欲钻研学问，以学术文化造福于人类吗？就最好远避政治，以免遭不测之祸。倘若你欲二者兼而有之，那么不仅“舆论参政”纯属徒劳，于救国无补，而且研究学问本身所必备的那种安宁气氛，也时常会被不期而至的政治风雨所骚扰……

这是鱼与熊掌不可兼得的现实悖论，它冷冷地横亘在近代知识者面前，等待着他们的回答；这是入世与出世、进取与退隐的传统困境在近代的衍变与延续，它逼迫着每个知识者做出非此即彼的痛苦抉择。

当然，这种“非此即彼”性仅就某一具体的时间或空间而言，而从整个近代历史来看，无论是中国知识者群体，抑或其中的个体，在入世与出世的选择上都曾经几度转换方向，呈现出一条“三进二退”的历史曲线：从甲午海战失败而起的第一次“进”潮，到“二次革命”流产后的第一次“退”潮；随之由“五四”爱国运动而始的第二次“进”潮，到大革命失败所造成的第二次“退”潮；最后，“九一八”事变又激起了第三次“进”潮，尽管以后小有消长，但其势头却是持续性地高涨，直至新中国诞生。显然，黄炎培与张君劢（尤其是黄炎培）的近代进退取势与这条历史曲线也是大致吻合的。这意味着，在那周期性的起伏背后势必潜伏着若干控制进退律动的社会或文化的因素。

从社会历史环境分析，近代知识群的三次大规模“进”潮无不起始于强度的民族危机。《马关条约》的奇耻大辱、巴黎和会的外交失败、东北三省的骤然沦陷，这一切都以触目惊心的急迫形式显示着国家已经濒临生死存亡的悬崖峭壁，从而在知识者的内心深处激发起强烈的救亡求变心理，催逼着他们走出书斋，参政入世。然而，当他们满怀着政治热情，向着理想目标行进的时候，历史又往往出人意料地推出一幕残酷的“逆动”。这“逆动”大多发生在救国的努力已经“成功”或接近成功的辉煌时刻，使得猝不及防的知识者们在心理上遭受到沉重的挫折。他们在踯躅彷徨的苦闷之中无所适从，只能退归学海，重理旧业。近代历史上知识分子两次大规模的“退”潮发生在袁世凯复辟和蒋汪集团叛变那样的“逆动”时刻，绝非偶然之巧合。黄炎培、张君劢他们的进退选择显然首先取决于对外界社会氛围的历史感应，他们的入世与民族危机所激起的忧患感呈正比，而他们的出世则与政治“逆动”所造成的挫折感成正比。

这些左右着进退取势的主观感应固然诱发于外界客观环境的刺激，同时也内应于中国知识者的内在文化心理结构。传统中国士大夫对于政治有着举世独特的进退观：进则兼济天下，退则独善其身。孔子说：“天下有道则见，无道则隐”“邦有道则仕，邦无道则可卷而怀之”。[1]足见儒学本身亦讲究入世与出世的平衡。以后道家的庄子发展了其中的出世一面，于是儒学内在的进退机制转化为儒道外在的互补结构。这种进退之道对于维系古代士大夫的人生理想、信念追求乃至心理平衡都是至关重要的。天下有道，则出山辅佐国君，一展“治国平天下”的抱负胸襟；一旦君主昏庸，世道黑暗，则遁迹山林，寄情庄禅，以超然世俗的隐者自居。这种亦儒亦道的双重风格成为中国士大夫家族的精神纹章之一，它也在近代知识者这里找到了合适的社会载体，化为他们的“集体潜意识”，决定着他们对外界环境的心理感应以及相应的行为模式。尽管进退取势的外在形式由近代的政治与学术峰峙替代了古代的社会与自然的对立，然而那一进一退之中所蕴含着的心理内容却是同构的。

从黄炎培、张君劢的选择变易来看，似乎他们是进退自如，在入世

〔1〕《论语·泰伯篇》《论语·卫灵公篇》。

与出世之间把握着微妙的平衡感。实际上，他们“进退自如”行为模式的深处却浸透着进退维谷的内心苦楚。因为无论入世或出世，尽管无不出于理智层的自觉选择，但从意志层的角度而言，却隐含着并非自愿的迫不得已。首先是“进”不得已。他们承担起“社会良心”职责的同时，也意味着对另一职责的赊欠和负疚。正如本书一再提及的，黄炎培与张君劢卷入政海之后，都始终对教育文化本业怀着深深的眷恋之情，尤其当他们在险恶的政治漩流中游得精疲力尽，一再遭受挫折和失意时，那种眷恋又常常化为无可名状的惘然若失或灼伤心灵的痛切忏悔。张君劢“舍其平生所爱好之潜研默想，而从事于政见之奔走呼号，夙夜深思，每惘惘不置也”[1]，黄炎培则多次感慨“我本无意涉足政海”，流露出“返吾原有岗位”的强烈心愿。然而，一旦他们真的退归学海，亦是同样的迫不得已。他们的隐退不是那种凯旋式的功成身退，而是一种遍体鳞伤的凄然败归。他们的内心在滴着鲜血，他们感到自己犹如一个开了小差的逃兵。民族危机的警报依然呜咽着，黎民百姓的哀号依然回荡着，他们躲在学术的贝壳里，既没有身心俱爽的愉悦，也难以企达乐不思蜀的超脱。当他们栽下的学术之树落下沉甸甸的果实时，那颗隐藏在意识深处的“社会良心”却在颤抖……这是何等凝重、何等深哀的内心困惑!

为了补偿自己在匡时济世上的失职或欠缺，为了恢复自己那失却了的心理平衡，于是便有了黄炎培的“教育救国”、张君劢的“国民政治社会教育”(当然这些口号也蕴含着他们理智上的认知成分)，更有一大批“科学救国”“读书救国”“学术救国”……毕竟中国近代是一个充满着民族危机的时代，毕竟近代知识者更多继承的是儒家的入世精神，以至于在中国知识界里“为学术而学术”几乎无所与闻，绝大部分知识者

[1]《君劢先生之言行》，第16页。

都是“入世”者，尽管“入世”的深度从“学术救国”到“舆论干预”乃至“组党参政”各个不同。

纵然如此，他们依然摆脱不了那进与退的内心困惑。他们只有在这一进一退的踯躅徘徊之中，交替扮演那对于自己来说仿佛是过于沉重的双重角色。而当事实上他们不得不勉为其难时，由此而付出的精神代价又何曾是那些从未身临其境的旁观者所能想象的呢？

## 二

当中国知识者即使在“出世”时也不忘“学术救国”的情况下，那入世与出世的抵牾在他们的理智层中，就转变为另一重困惑：什么是变革社会的现实途径？是改制还是启蒙？

中国近代社会变革中出现的改制与启蒙这一困惑，多少渊源于中国近代变革机制的某种特殊性。近代中国的历史困境之一恰恰在于：一方面必须仿效西方，实现由中世纪的农业社会向近代的工业社会之过渡，另一方面实现这一过渡的内在变革机制却与西方颇为殊异。西方近代变革属于自生型变革机制。在中世纪的后期，封建社会母体中自发地、缓慢地生长出若干新质细胞，一开始它们分别滋生于经济、文化、政治诸子系统内部，彼此独立，各求发展；进而遥相呼应激荡，相互间形成循环加速效应，逐渐耦合成一个新社会结构的雏形。随着新质因素的成熟，社会求变心理也随之升温，最后，新兴的资产阶级率领第三等级向封建皇宫发起冲击，实现了政治权力的更替和整个社会制度的变革。以英、法为典型的西方近代社会变革就是这样一个相当从容、自然和充实的自我演化进程。相形之下，中国的近代变革则属于诱生型变革机制。鸦片战争之后在中国知识群中逐渐酝酿、蔓延、强化的社会变革意识，并非如西方那样与社会新因素的成熟成正比，而仅仅是感应于外部世界的强大压力。当中国人在西方殖民列强的粗暴叩门声中骤然惊醒，揉着惺忪的眼睛向外张望世界时，这才惊诧地发现：文明与野蛮、先进与落伍这些概念在东西方之间已经发生了历史性的错位！在优胜劣汰、适者生存的法则支配下，他们被迫拜西方为师，图变自救。然而在亡国灭种的阴影笼罩之下，中国的近代变革已不复像西方那般按部就班，从容而行，中国近代变革的每一步骤、每一方案都带有严重的救急意义，因而便酿造了变制与启蒙的现实悖论。

按照近代变革的一般序列，启蒙理应位于变制之先。在欧洲资产阶级大革命风暴来临的前夜，思想界就隆隆滚过了文艺复兴、新教改革和启蒙运动三声惊雷，当封建专制制度尚耸然矗立在人间的时候，启蒙思想家们已经在国民的观念中拆毁了它的护墙。因而一俟政治革命的号角鸣响，曾经是那么不可一世的庞然大物会是如此不堪一击。对于这一点，近代中国的知识者尽管也已有所窥察，像张君劢就认识到近代民主政治的根源在于新教革命，然而却由不得他们如法仿效。民族危机是如此的深重，逼迫着中国要在短暂的几十年时间里实现西方几百年才得以完成的变革目标。在十万火急之中，从事社会变革的几代知识分子都力图寻觅一条足以“根本解决”的赶超捷径。在海防派的“制造枪炮”、洋务派的“富国强兵”方案一一失败之后，康有为等人的目光就落在了西方近代变革的最后一环——政治制度改造上。他们决意跳越开发实业、思想启蒙诸前提性环节，将“根本解决”的希望直接诉诸“改制”，希望以局部的突破代替整体的变革效应。这样，自戊戌变法之后，改制的浪潮就在中国知识界奔涌激荡。尽管不久就发生了革命派与改良派的大论战，但他们论争的不是改制本身，而是“改”的方式（暴力或和平）和“制”的形式（共和或君宪）。当黄炎培与张君劢在那样一个时代氛围下矢志救国的时候，无论他们的主观意愿如何，最终都卷入了时代的主潮之中。黄炎培的救国初衷不是“教育救国”吗？张君劢不是也曾经注意到“开发民智”对于“立宪”不可或缺吗？然而那种启蒙与改制的困惑并未持续多久，他们就在瓜分危局的阵阵催迫下，做出了与自己同时代人类似的选择。启蒙固然重要，但对于燃眉之急的亡国“近火”来说无异是隔着千山万岭的“远水”了，何怪张君劢要说，“改良国民之根性……非一时之所可期”，“方今急务莫若速定立宪政治是已”。[1]

这样，为亡国灭种的生存危机所催迫，同时也为“根本解决”的信念所鼓舞，年轻的中国资产阶级和他们的知识分子，在自己立足未稳的童年，在自身的经济、思想实力尚未占优势的情况下，被迫直接诉诸政治变革，在政权问题上与强大的旧势力决一死战。尽管一时赢得了推翻清王朝的辉煌胜利，但很快就显露了严重的先天不足。由于改制变革与思想启蒙之间缺乏呼应和协调，以至于新的社会因素难以实现结构性整合，它们之间的相互效应不是如西方那样的循环加速，而是渐次递减。辛亥的变革者们期待着以革命开民智，结果却是蒙昧戕害了革命。一般老百姓将民国的总统视作汉人复朝的皇帝，当选的代议士将民国的议院混同于科举时代的功名之地……人们在“根本解决”的梦幻破灭之后，遂产生了陈独秀所说的那种“吾人之最后觉悟”：原来广开民智一环是不可跳越的！原来社会变革的内在序列是不容颠倒的！于是有了以补课形式出现的思想大启蒙——新文化运动。启蒙代替了改制，成为近代社会变革的又一主潮。黄炎培与张君劢也先后受到了这一时潮的感染，将主要的精力倾注于广开民智。

由改制而启蒙，这意味着中国知识者思想认识上的递进，但困惑也因此而更浓重了。它从两个方面包围着他们。一方面，启蒙的深入也同样受到了改制不彻底的掣制。如果说辛亥革命失败使黄炎培得出了“教育搞不好，政治也搞不好”的结论的话，那么几年的“教育救国”实践

[1] 张君劢：《论今后民党之进行》，载《新民丛报》，1907年第4期第23号。

竟使他发现了它的反命题：“政治搞不好，教育也搞不好！”这种类似先有鸡，还是先有蛋的“二律背反”，令启蒙者们难以索解。另一方面，原先促使人们选择“改制”的那种危机感依然存在，而启蒙又显然不能应急。张君劢虽然一度下过狠心，决意专事启蒙，收效于“十年百年之后”，但在那样危如累卵的国势下，作为一个热心济世的知识者，不能不为现实的急迫呼唤所感召。这其中，也蕴含着中国知识者急功近利的实用理性精神。他们很难在人生中维持得了那份放眼长远、不计时下的耐心，很难保持一种“只问耕耘，不问收获”的超脱，他们太想在有生之年见到自己努力的成效了。

于是，“五四”以后的黄炎培与张君劢犹如在个人进退上徘徊于入世与出世一样，他们在救国的路径上也采取了启蒙与改制的双轨并行。不过，这种并行并未长久。随着国民大革命的到来，改制再度成为中国知识群关注的中心，而“九一八”事变的发生，使得这一中心得到进一步确认。一切是为救亡，一切是为应急，政治革命成为压倒一切的历史主题，连一向淡于政治的黄炎培也深有体味地认定：“有效之服务须着重于政治，政治重于一切，虽亦须与其他配合，但须有此认定。”〔1〕

从改制变易到启蒙，最后回复到改制，这两度否定从知识者选择的角度来看，似乎是一个螺旋式的认识升华，实际上这最后一个改制并未达到历史的合题，其客观效果依然是排斥启蒙的。诚如李泽厚所说：“封建主义加上危亡局势不可能给自由主义以平和渐进的稳步发展，解决社会问题，需要‘根本解决’的革命战争。革命战争却又挤压了启蒙运动和自由理想，而使封建主义乘机复活。”〔2〕

近代知识者纵然两度调整了自己的选择，但笼罩在他们心头的依然

〔1〕 1946年6月3日黄炎培日记。

〔2〕 李泽厚：《启蒙与救亡的双重变奏》，载《走向未来》，1986年第1期。

是困惑。也许，那样一个充满着危机的时代，根本提供不了超越困惑的条件?

## 三

近代知识者进行改制的一个基本价值目标是政治民主，然而，他们在向着这一目标艰难行进的时候，却受到了另一重价值目标——国家统一的干扰。民主与统一，这二者之间形成的目标双趋冲突，一如其他困惑那般，深深地折磨着知识者的灵魂。

这一困惑的基本历史背景依然是民族危机。为了应付西方世界咄咄逼人的生存挑战，近代中国一方面需要保持高度的团结和统一，以集中全国的智慧、人力和资源共赴国难；另一方面又必须变革腐朽的君主专制制度，引进西方的代议制民主政治。从纯理论的角度而言，这二者完全可以并行不悖，相得益彰。然而思辨上的和谐命题一俟付诸客观的社会历史实践，就呈现出惊人的“二律背反”。问题的症结恰恰在于：彻底的民主所摧毁的，正是维系着两千年中国大一统秩序的枢纽所在，而革命后的反复震荡又使得议会民主的实践完成不了统一新秩序的构建！

古代中国的统一秩序是一种人治的秩序。以绝对的君主专制为核心，由上而下地织成一张覆盖于全国的官僚政治权力大网，从而将一个分散的小农社会组合成一个高度统一的国家。王权不仅是官僚权力机构的中枢，同时也是全国统一的象征。王权的这种双重性质，使得清末的改良派知识分子最先感悟到在民主与统一之间存在着令人惶惑的悖异。梁启超、张君劢他们从本愿来说，对彻底的民主形式共和制度一往情深，但他们惧怕革命后的玉石俱焚。王权的倾覆虽然可以带来共和制度，但也因此会丧失可贵的统一，中国将从此陷入万劫不复的内乱之中。在民主与统一的悖论面前，他们选择了一个君主立宪的两全方案，以君主保统一，以立宪求民主。然而，革命派人士却充满信心地认为：

西方民主共和与国家统一并非相斥，国民普选的大总统将取代皇帝成为国家统一的新象征，议会民主基础上的法治将取代人治成为统一全国的新秩序。然而，这一以民主实现统一的构想在辛亥革命后的实践中却遭遇到难以逾越的现实屏障：上层统治者玩法毁法，视议会如儿戏；地方军绅势力以自治为幌子割据自重；广大平民百姓不知法治为何物，期盼着又一个真龙天子降临于乱世……这样，旧的秩序既去，新的秩序未成，中国处于天下大乱的历史转型期中。

就在这一艰难的历史转型期中，民主与统一构成了剧烈的目标双趋冲突。中国的知识者似乎面临着这样的选择：是继续于民主的理想追求呢，还是以统一为首要现实目标？前者意味着要付出相当时期的动荡代价，而后者又意味着牺牲一定的民主要求，恢复一定的集权秩序。不同的知识群对此有不同的选择。不过，即令是选择民主者，他的最终着眼点仍然是统一。统一至上成为近代中国知识分子的价值共识。

这一共识中有着客观历史环境的投影。在近代中国，民族生存的时代需求与社会现实的真实境况反差甚为悬殊，亡国灭种的危急时势要求整个民族迅即联合起来图强自救，而大小军阀却还在残杀争斗，让国力内耗于无谓的内战之中。随着民族危机的不断升温，分裂这一现实就愈加尖锐地揪动着中国知识者的忧国之心，对团结统一的呼唤也愈加急迫。他们虽然也渴望着民主，但民主之于近代中国，与其被理解为一种社会政治方式，毋宁说是一种救急的治国方策。西方的民主观念根源于“天赋人权”，肇发于对个人自由的契约保障，因而带有自在的目的。而近代中国知识者呼唤民主，绝非起始于个人的人权需求，而是整个民族的生存需求，它的中心意义在于拯救国难，在于应急。既然应急本身包含着国家统一的现实要求，那么作为一种应运而生的救国方案，民主自然应该隶属和服从于统一。

这里也表现出某种古代政治文化价值观念的延续。传统中国文化将历史的整个过程理解为一种合久必分、分久必合，由治而乱、乱而复治的无限循环过程。作为一个生于乱世的士大夫，他的最高历史使命即在于拨乱反正，治平天下。重建统一始终是具有永恒和至上意义的社会价值目标。这一观念中的历史循环论成分到近代之后为西方的历史进化论所替代，但那重建统一的核心命题却因中国不幸又沦入一轮新的乱世而得以强化。尽管政治民主也同样为人们所重视，但较之国家的统一，民主在相当的程度上则被视作趋向统一的途径或手段。人们期盼着以民主实现统一的法治大道，但当民族生存危在旦夕，而法治的大道依然遥遥无期时，为救急计，一些知识分子就会去企求统一的速成，那种集权式的传统人治秩序，诸如民国初年梁启超的"开明专制"，杨度的"君宪救国"，30年代中期丁文江、蒋廷黻等人的"新式独裁"……即使黄炎培、张君劢这些坚持民主初衷的知识者，他们的思虑中也投下了集权的痕迹，黄炎培瞩目于一个全民信仰的领袖，张君劢则根据统一的要求对西方的民主政治进行某种集权式的"修正"。不过，民主纵然在危机的压迫之下暂时屈从于统一，却并不意味着民主的荡然无存，那"君宪""开明专制""新式独裁"等无不含有对君主权力的某种界定，他们依然希冀着以王权实现统一、从开明过渡到民主呢。民主可以暂时屈从于统一，但不可无条件地、永久地为之牺牲，正如黄炎培所说："采用独裁，此乃迫于某种特殊环境，求一时应付之便利而然……作用终了，自将步上正轨，而决不能以此为永久经邦人法也。"[1]

然而，令人悲哀的是，民主屈从于统一的历史结局不是那种人们所期望的"开明人治"，而恰恰是独裁下的分裂！在近代这样一个历史转型期中，各种新旧因素的冲突已达到这样的力量均衡，以至于旧秩序的

---

〔1〕 黄炎培：《我之人生观与吾人从事职业教育之基本理论》，见中华职业教育社：《社史资料选辑》，第3辑，第193～194页。

重构与新秩序的建立显得同样的艰难，独裁已不复成为收揽人心、统一中国的捷径了。那些降低了民主要求的知识分子不仅未曾看见由乱而治的统一曙光，反而在独裁者的专权下饱尝着奴役之苦。在严酷事实面前，他们觉悟了，他们重新举起了民主宪政的旗帜，以民主求统一的呼声又重新回荡在40年代的中国……

但困惑仍然未曾消失，只不过所困惑的内容变幻了。黄炎培、张君劢他们所追求的民主统一道路是一条和平的、温和的缓进之道。在近代中国的环境下，他们自身是否有足够的力量实现这一道路呢？倘若没有的话，这理想又将寄寓于何方？从民主与统一的困惑开掘下去，势必将出现一轮更为深层的现实困惑。

## 四

对于这一新的困惑，我们将它理解为一种独立与依归的冲突。

近代中国的政治战场上，始终飘扬着一面中间派的旗帜，这面旗帜之下云集着一大群“以天下为已任”的知识分子。黄炎培与张君劢也属这行列之中。之所以称他们为“中间”，只是因为无论历史场景如何变幻，他们始终置身于保守的统治者与激进的革命党之间。他们立志于变革社会，图谋改造一切不合理的现实关系，这使得他们常常在事实上与享有既得利益的统治阶层产生难以泯灭的对立和冲突；但这种对立和冲突又仅仅限于和平的抗议，远未达到暴力的反抗，这又使得他们与那些同统治者彻底离心离德的革命党人截然分界。改良的、温和的第三条道路，正是他们的政治思想所在。

中间派知识分子的这种政治行为模式，若从横向的现实层观察，无疑渗透着与他们有着较多物质、精神联系的社会中产阶级的心态、气质，那种对现存秩序的依赖感和患得患失的阶级性格。而从纵向的历史层发掘，则是一种中国文化传统的人格化。正如杜维明所指出的那样：

“在中国文化的发展中，过分强调协同、和谐、渐进，以至于对既有的现实制度，对那些即使是最不合理的政治统治集团，也需以一些委曲求全的方式来容忍它，希望从内部来转化它。因此在中国这种类型的发展中，最大的恐惧就是农民革命。农民革命是大风暴，一切都得摧毁。即使中央政权腐败到了极点，知识分子自己深受其害，也不希望革命……这也是中华民族得以源远流长的重要原因——是要求同存异，是要委曲求全。即使在最痛苦、最困难的情况下，也不能放任，让既有的阶层解体，因而中国传统的知识分子一致认为农民革命是不幸的，甚至是不可容忍的。”[1]

一方面要图谋社会的进步，另一方面又要遏制玉石俱焚的革命，这双重使命使得中间派知识分子经常周旋、缓冲于保守派与革命党人之间。1937 年“七七”事变之后，黄炎培、张君劢他们调解国共的职责就显得相当自觉。在调解过程中，他们依循的是儒家中庸原则：不偏不倚，执两用中。不过，正如中庸之道并非见风使舵的乡愿一样，他们调解国共也立足于自己的“不易”立场。第三条道路固然踯躅于国共峰峙之间，但毕竟有着自己确定的历史内涵，这就是以英美为楷模的资产阶级民主共和国方案。他们以这一尺度平衡国共之间的关系，估量政治纠葛的是非。随着调解国共的深入和作为“第三者”的自我意识的强化，他们便逐渐产生了由观念上独立发展变为事实上独立的强烈愿望。他们渴慕在现实政治中形成一种“三分”格局，这也是儒家中庸之道的彻底要求。正如庞朴所说的：“向往一的道家，更多地注意于对立的直接同一；保持二的法家，着眼于对立的绝对对立；而提倡三的儒家，倒似乎兼顾及对立和同一，虽仍不能忘情于调和统一。”[2]确乎，在中间派知识

〔1〕 杜维明：《中国传统文化纵横谈》，载《社会科学》，1986 年第 9 期。
〔2〕 庞朴：《儒家辩证法研究》，第 101 页，北京：中华书局，1984。

者看来，如果说三角形是最稳定的几何图形，那么三角政治也将成为从民主走向统一的最佳政治模式。于是，他们从信念上的沟通迈进于组织上的联合，企求形成一个独立于国共之外的“第三大政党”。

然而，中间派政党从成立的时刻起，甚至还在观念的孕育中时，就存在着一种独立与依归相悖的困境。这种困境首先来自于客观生存环境的苛刻。20世纪的中国尽管推出了近代政党的历史角色，却并未提供相应的政党政治演出幕景。西方的近代政党大多凭借于议会的政治戏台开展活动，而议会之于中国除了在民国初年几度昙花一现，其余大部分时期皆付之阙如。作为一个和平的政党，中间党派的生命就显得格外脆弱，它的存在并非取得法治意义上的合法身份，而是一种人治意义上的恩准之物——其本身依附于统治者的一定默许。倘若不幸触怒了后者而招来一道禁令，那么生存本身即刻便化为乌有。而作为一个改良的政党，中间党派的所有变革现实的实际活动，又不得不在皇恩浩荡下进行，这使得他们无法幸免于“高谈社会改造而依附政权”“与政府应分而不分”[1]的窘境。

当某种“三分格局”形成之后，中间党派对当权者的屈辱依附得以大大褪色，但独立与依归的困惑却以另一种方式还在延续着。因为他们的生存、他们的命运、他们理想的实现仍然取决于外势，而不是掌握于自己。中间党派的基本成员大多是黄炎培、张君劢这样的中上层知识分子，他们的全部政治实力仅仅是自身的舆论和想象中的民意，他们所代表的那个中产阶级全然匮乏支撑自己利害的实际力量。而中国近代政治是崇尚实力的，尤其是那种以枪杆子为后盾的实力。黄炎培、张君劢他们欲使第三条道路由理想转化为现实，唯有指望掌握着实力的国共两

〔1〕梁漱溟：《我们的两大难处》，见《乡村建设理论》，附录第1、5页，邹平：乡村书店，1939。

党之间出现某种微妙的均势以及由此带来的和平前景。于此可见，他们自身的基础是何等的单薄，何等的飘忽不定，以至于在客观实践中根本无法支撑主观上那种超然独立的意念，不得不在两大政治力量中有所依归。这种依归不仅出自政治联盟的客观需要，同时也反映了他们希望有所附丽的主观需求，中国知识分子最为恐惧的也许就是那种无所依傍的孤寂感。他们的全部信念和追求都必须落实于一定的政治实体，寄托于一定的社会力量。他们本身犹如一簇飘荡于空中的惶惶不安的绒毛，苦苦寻觅着一张适于安身立命的附着之皮，就在他们的意志世界中充溢着独立的愿望时，他们的下意识却在暗示着自己：自己脚下这块基地甚不可靠，需要重新寻找栖身的绿洲。于是会不由自主地去探究比较，在国共之间究竟谁是统一中国的希望所在？

这种独立与依归的冲突之所以无可幸免，除了中国知识者自身具有的那种矛盾复杂的心理因素，更重要的是因为他们的主观愿望与置身的客观环境之间不可调和的悖异。他们希望和平，但近代中国多的是枪口对枪口的实力对话；他们追求改良，但统治者的颟顸却使“改良的要求被扼杀，剩下的路只有造反”[1]；他们维持中立，但国共之间的对抗却严峻到不复有任何中立的余地。当这群手无寸铁的白面书生所赖以生存的外势丧失殆尽，而他们本身又一无凭借的时候，独立又何从可言呢？他们可以一一仿效西方近代资产阶级政党的风格、理想，却唯独不能将这一切所赖以建立的历史环境搬到中国，这正是第三条道路在中国难以畅通的根本所在。

如果说在独立的旗帜下中间派知识分子尚能维系松散的联盟的话，那么当客观时势将那块中立地盘挤压得愈来愈狭窄时，中间派大本营就

〔1〕 费正清：《中国之行》，见《中华民国史资料丛稿·译稿》，第97页，北京：中华书局，1983。

发生了趋向两极的裂变。那种关键时刻的依归定向绝非心血来潮的抉择，而是平时对国共之间比较观察的累积效应。黄炎培在《延安归来》中写下了如此热情的赞语之时，不是为不久以后抵制伪“国大”的选择投下了一块举足轻重的砝码吗？而张君劢之依附于国民党，不是又与他在理论上难以消除对共产主义的顽固偏见有着直接关系吗？由独立走向依归这是不由人的意志为转移的时势所趋，但究竟依归于何方却完全取决于个人的抉择。黄炎培在“民为邦本”思想的导引下一步步接近代表着民众利益的共产党，而囿于“国家至上”观念的张君劢最终却为那个“正统”的国民党政权而殉葬。对于大多数中间派知识者来说，代表着他们依归定向的正是黄炎培，而绝非张君劢。他们在第三条道路的痛苦幻灭中失却了自我，同时又在向人民革命的艰难认同中重新找到了它；他们在独立与依归的困惑中开辟着自我的新生。

由追求独立而始，到走向依归告终，这是中间派知识者在近代中国所共同经历的历史命运，纵然那最终的归宿可以抉择，但这命运本身却是不可违拒的。

## 五

对于黄炎培而言，那最终的依归是欣然的。而张君劢的依归却隐含着迫不得已的苦衷，这苦衷意味着近代知识者内心交织着另一重超然与介入的困惑。宽泛地说来，这一超然与介入的矛盾也并非为张君劢所独有，它属于普天之下全体知识分子。

人类的生活拥有两重不同的世界，一重是抽象的精神世界，另一重是具体的现实尘世。知识者本身的性质使得他们不同于其他的社会阶层，而能够独独跨越和遨游于这二重世界之间。一方面，他们对周围尘世保持着一定的超越性，“这种超越性常常使知识分子沉湎于人类抽象精神的漫游中，并且以人类的精神代表自负。他们的视野往往比较阔人，而不完全局限于某种具体的功利性的目的”。另一方面，他们对社会现实也采取了积极介入的态度，“那种在‘介入’中所迸发的执着不渝的追求精神，那种忧国忧民的自觉意识，那种‘以天下为己任’的坦荡胸怀”，[1]所有这一切都构成了他们改造社会的现实动力。

知识分子的这种超然与介入双重姿态，固然有其互补之势，但在更多的时候却表现为一种迷惘。超然于世俗尘世之上，使得知识分子们沉湎于一个抽象化的理念世界。在那个世界，他们精心探究、思考和建构着自己的理想大厦，为人类描画一幅染有乌托邦色彩的完美图景。当通过这幅图景重新观照、审视周围现实的时候，他们就会充满感慨、失望和愤怒的批判；对现实的不满足又反过来促使他们更执着于自己的理想追求，拒绝向世俗妥协、屈服，而积极介入于社会生活，又意味着知识分子必须致力于理想的社会实践，实现由理想到现实的图景转换。这种转换具有双重的意义，既要求依循理想的意境重新组合现实，实现现实的理想化，同时也要求剔除理想图景中的空想浪漫成分，使之适应于即时的客观实用，实现理想的现实化。这两种性质迥然异趣的人生意态，构成了知识分子的矛盾性格。一位当代社会学家指出了这一现象的永恒性：“对于历代知识分子来说，超然和介入的冲突一直是一个令人烦恼的问题，有时甚至成为痛苦的根源。这一冲突的性质决定了它任何时候都不可能得到完全解决。”[2]

然而，对于近代中国的知识者而言，这一冲突却显得格外的残酷。因为他们所置身的时代是一个处于历史断层的分裂时代。李大钊当年曾深为感慨地写道：“中国今日生活现象矛盾的原因，全在新旧的性质相差太远，活动又相邻太近。换句话说，就是新旧之间，纵的距离太远，

---

〔1〕 蔡翔：《知识分子与文学》，载《文学评论》，1986年第4期。
〔2〕 Irving Howe：《知识分子的定义和作用》，载《文摘》，1985年第9期。

横的距离太近；时间的性质差得太多，空间的接触逼得太紧。”〔1〕实际上，新旧之间这种冲突更多地表现为这个时代理想与现实的惊人背离。一方面，以先进的西方为参照系，近代知识分子的理想设计取势很高，他们所追求的理念世界在西潮的推进下跃入了一个崭新的时代；而另一方面，他们所置身的社会现实却依然弥留在旧时代的缓慢解体之中，一切还是那般死气沉沉，还是由传统主宰着社会的命运。一旦理想的微光降临现实，那旧时代的黑暗就会从四面八方聚拢来包围它、吞噬它，直到窒息它的生命。在这样一个理想与现实严重脱节的时代里，作为一个知识者，究竟是高悬理想，以毫不妥协的超然姿态对现实持严峻的批评姿态，还是介入世俗，以冷静务实的态度，致力于理想与现实的妥协、弥合？

这是难于一时辨明的内心困惑。因为超然与介入的选择涉及一系列价值原则的“二律背反”。首先是信念与功利的矛盾。超然所执着的是内在信念，追求完美的人生意境，宁可玉碎，不愿瓦全，实则已将成功与否完全度之于身外，而将对信念的忠贞不渝视作最高的价值。相形之下，介入所依据的是功利原则，与其奢求浪漫主义的完美境界，不如求得有缺陷的现实成功。因之，一切理想与信念都必须返回到地面，降低格调以切合于实用。其次是伦理与历史的矛盾。超然所展现的人格姿态，竭力避免心灵的独立和个性的自由为世俗功利所遮蔽、奴役，它对自己的道德良心负责，拒绝承担任何历史责任。而介入所充溢着的恰恰是悲壮的历史使命感，它不承认在人们的历史活动中善与恶的区分有什么深刻的意义，即使有的话，也常常并非是善，而是恶来推动历史的行进。它鄙视一切道德的清高，为了历史的进步，人们应该忍受一切痛苦，包括人格上的牺牲。最后是个人与国家的矛盾。超然所要追求的是

〔1〕 李大钊：《新的！旧的！》，载《新青年》，第4卷第5期。

人之所以为人的主体性地位，尽力避免个人沦为社会的工具价值或市场价值。与其兼善天下，不如独善其身；人人独善其身，也就实现了天下的无为而治。而介入则着眼于国家的群体利益，并将这种利益高扬到本体的意义，个人的理想、情操、品格并没有什么独立的价值，唯有融化在社会群体之中才能显示出它们的实际功用。因此，个体不仅应该为国家献身，而且这献身也是个体存在的唯一意义。在这里，儒的兼善天下与庄的独善其身以另一种抵牾的形式再度浮现了。

对于这一系列的“二律背反”命题，大多数近代知识者都力图避免单方面的极致化，在超然与介入的双重姿态中寻求那人生的平衡。不过，平衡仅仅是一种主观愿望，实际的行为取势却大多不得不倾向于介入一方。这里同样潜伏着时代的和文化心理的诱因。近代中国那幅历史画面显得过于沉重，任何置身其间的知识者，只要稍具一点现实感就很难在“匹夫之责”面前无动于衷。那是一个需要行动、需要救急的时代，超然的清高是那样的不合时宜，以至于不仅有可能导致亡国，而且也会玷污纯洁的理想本身。与这种时代的要求相呼应，近代知识者大多自觉地负起救亡的历史使命，他们所急迫感受到的不是如近代西方那般个性解放或人权自由，而是国家的独立和民族的复兴。与其说拯救个人，毋宁说拯救国家更能激起他们的热情。这就使近代知识者们所运用的思维方式染上了浓重的实用色彩，所有的理论学说、信念追求都须付诸直接的社会实践；知行合一，即知即行，王学的灵魂深深地幽荡于各家社会思潮之中。孔家店尽管被“五四”的勇士们推翻了，但儒家的经世致用精神恰恰在那段时期里得以前所未有的弘扬！

在这样一个充溢着救世激情的时代里，中国的知识分子怀着“知其不可而为之”的实践精神，演出了一幕又一幕惊心动魄的悲壮史剧。这悲壮既意味着可歌可泣的壮烈，同时也隐含着发人深省的悲哀。从某种意义上说，张君劢就是过分迷恋介入，从而失却了与超然的平衡，最后跌落于伪“国大”泥沼的。他尽管不乏理想的体验、人格的崇尚和对个人精神自由的向往，他也在超然与介入的选择面前一度徘徊、游荡，但他过于追求成功，为了历史目的的“合理性”，不惜降低理想、违拗信念去顺应现实。如果说，黄炎培的灵魂中有儒家的介入与庄子的超然二面互补平衡，因而在关键时刻能够有所不为、翩然独立的话，那么，张君劢从骨子里而言却是个急于用世、艳羡功名的俗儒，他所匮乏的正是那份淡泊和超脱，从而使超然与介入的两面严重失衡。伪“国大”一幕，无疑是张君劢急功近利、介入过深，以至于不能自拔的大曝光。他还自以为是为“国家”牺牲了个人，为“兼善”而舍弃了“独善”，替自己的行径抹上了“悲壮”的油墨；殊不知这种“为国”恰恰等于愚不可及的误国，而这种“扬善”也无异于助纣为虐的扬恶！

是历史辜负了张君劢，还是张君劢辜负了历史？——答案显然是不言自喻的。

## 六

当黄炎培在超然与介入的平衡中把握着人格的独立时，他在另一层次上却承受着现实的冲击和考验。正义与生存这一更为深沉的困惑折腾着、咬噬着他的心灵。黄炎培的痛苦不仅带有个性的色彩，在近代中国知识群中它无疑是一种相当普遍的精神现象。

在中国，知识分子的人格独立只是到了近代才具备了诞生的社会前提和精神前提：思想信仰和职业选择的多元化。然而根深蒂固的东方传统依然顽固地抗拒着西方世界的同化，透过中华民国那层面纱，一种“准大一统”的容貌依然历历可辨。仿佛与上述两大前提相抗衡，近代知识分子同时也面临着两大传统困境：文化结构的半独立性和意识形态的半自由化。这样，一方面是取得了一定的职业自由和经济自主，另一方面却享受不到独立于政治的实际保障；一方面是精神和心灵的自由解放，另一方面却遭受外界环境的残酷压抑。这种种极不和谐的命运遭际，在黄炎培他们的内心深处挑起了紧张的心理冲突，那种欲摆脱耻辱的依附似乎又摆脱不得、渴望灵魂自由而又有所恐惧的矛盾心境。

这是一重东方式的灵与肉的冲突。灵者，独立人格之灵魂也；肉者，个体生存之肉体也。人格与生存，在东方专制主义的严苛环境下，似乎是鱼与熊掌不可兼得：你欲维护社会之正义、人格之尊严，就得时刻准备着付出生命的代价；而你欲苟全自己的肉体，就最好乖乖地交出那颗惹是生非的灵魂。近代中国知识者多少年来所面临的就是严峻到近乎残酷的现实抉择。像鲁迅那样彻底摆脱了生的执着的“特立独行”之士毕竟罕见，自甘堕落的行尸走肉之辈亦属少数，更多的知识者则往往身居其间。他们既未如前者一般用生命去点燃正义的烛光，以呐喊抗争人间的邪恶；也不曾像后者那样随浊流而上下沉浮，在屈辱中苟且偷生。他们不乏抗争的义举，但这抗争总是带有力度上的缓冲和节制；他们珍惜个体的生存，但这珍惜又是为了赢得持久抗争的权利。在人格的天平上，他们企求在灵魂与肉体、正义与生存之间保持一种适度的张力，寻得微妙的平衡。黄炎培十分形象地将这种东方色彩的独立人格喻之为“外圆内方”，以外圆应付生存，以内方把握正义，可谓一种别具匠心的变通。

然而，当他们以“外圆内方”的方式去缓和、稀释正义与生存的矛盾时，他们的形象便裂变为二：“本我”与“自我”。[1]“本我”是一个人的内在形象，它是一种处于“真空状态”中的原始存在，反映了人格主体本能追求的信念、思想、价值观。它遵循的是理想主义法则，要求人格主体依从良心的命令。而“自我”则是一个人的外部形象，它是“本我”在一定社会环境下的外化，同时也是“本我”与环境相互中和

---

〔1〕 这里所借用的弗洛伊德人格学说术语，其内蕴与弗氏原意有相通之处，但不尽相同。

的产物。它遵循的是现实主义法则，既非绝对顺从内在良心的驱使，也非简单地屈服于外部环境的压力，而是在这双重互逆制约中寻求一条实在可行的路径。犹如弗洛伊德所说："自我作为一个边境上的造物，它试图在世界和本我之间进行调解，使本我服从世界，依靠它的肌肉活动，使得世界赞成本我的希望。"[1]

热情奔放的"本我"具有一泄为快的本能，常常表现为不顾一切的能量发泄冲动，而老于世故的"自我"则深谙在东方专制主义的原野上并不容这匹独立不羁的野马尽兴驰骋，便自觉地扮演了"悬崖勒马"的缰绳角色。由于"自我"只是"本我"的现实转化形态，因而它本身的全部能量皆来自"本我"。它将获取的能量一分为二，一部分投射于外界，依循"本我"的要求对现实社会进行能动的改造，另一部分则反馈于自身，抑制"本我"的直率发泄冲动，使之能够适应现实的客观状况。

这两部分能量在比例上如何配置，往往取决于外界环境的这一变量。倘若生存环境趋于恶化，"自我"则将能量较多地分配于反能量发泄方面，以保存个体的生存，免遭不测之祸；倘若生存环境趋于好转，则将能量较多地投射于外界，以变革不合理的社会现实。这样，那些在正义与生存的困惑中苦苦挣扎的近代知识者，随着政治环境的变化，他们的外在形象也相应地有所调整。于是便产生了"资产阶级知识分子动摇性"这一历史现象。不过，他们的动摇或摆晃并非漫无边际，而是有着两个临界点。一个是内在良心的容忍度，另一个是个体生存的安全线。他们"自我"形象的变易始终谨守着不越界的原则。在黄炎培的一生中，或者坚拒参与伪"国大"，或者违心同意民盟"自动解散"，不都出于某种不越界的考虑吗？这种变中有其不变的风格恰恰透视了"外

[1] 弗洛伊德：《自我与本我》，见《弗洛伊德后期著作选》，第 206 页，上海：上海译文出版社，1986。

圆”与“内方”之间的双向制约。

在正义与生存的现实困境面前，黄炎培等一大批中国知识者做出的这样一种“外圆内方”抉择，十分引人深思。为什么渊源于西方的近代独立人格一旦移植于东方，就会发生如此悲喜交集的变形？为什么像鲁迅这样的“特立独行”之士如此寥若晨星，而“外圆内方”却会成为近代知识者人格的普遍模态？东方专制主义的社会环境制约固然是一重要外因，但对外界环境的反应方式毕竟取决于主体结构本身。显然，熔铸了这一行为定势的正是民族文化心理中的若干遗传基因。正如不少学者已经指出的那样，中国文化的基本精神在于实用理性。这一特质使得中国文化在人格设计上，无论是儒家抑或道家都多少忽视了独立人格所不可或缺的意志品格。每当个体的意志在现实中遭受挫折时，它们往往避免通过意志的高扬去超脱现实，奋争到底，而是更多地采取理智的实用态度，调动内心的智慧力量，分析个中的利害关系，寻求趋利避害的现实途径。孔老夫子在两千多年前就向门徒传授此道曰：“邦有道，危言危行；邦无道，危行言孙。”[1]意思是说，政治清明时，尽管言直行正，一旦天下无道，不妨在保持行正的前提下说话圆润一些。这也可以说是“外圆内方”的最古老表述。

正义与生存、外圆与内方这些对立的因素也只有放在儒家的中庸天平上才能得以技巧上的平衡。中庸的真谛在乎“允执其中”，即在对立的两极之中把握那有原则的中和。“不得中行而与之，必也狂狷乎！”[2]狂者，即豪放进取的“特立独行”之士；狷者，即超然物外的隐者居士。从中庸的目光看来，放弃责任的狷者固然不足为取，而“特立独行”之士的那种“狂”也未免略欠理智，唯有执两用中，才既是生存之

〔1〕《论语·宪问篇》。
〔2〕《论语·子路篇》。

道，又是奋斗之道。这种处世原则体现了中国哲学所推崇的最高人生意境——和谐。和谐即不争，那些“和为贵”“君子矜而不争”“水善利万物而不争”等千古流传的经典性箴言无不深深地积淀在历史中国士大夫的心态深层。他们相信：水能穿石，柔必胜刚；与其悲壮地毁灭，不如坚忍地、韧性地抗争。

然而，这种坚忍却未免令人悲哀。当中国知识者竭尽一切心智去调整正义与生存的平衡时，他们的内心却为此失却了平衡。他们的人格不再是完整的，“本我”与“自我”陷于永无休止的自身冲突之中：控制与反控制、感性冲动与理性阻抗……这一切使得人格主体辗转在极其痛楚的情绪体验之中。纵然他们可以运用某些心理防卫机制起到局部的麻醉镇痛功效，使“本我”与“自我”在心理层得以暂时的弥合，但并不能根除两者在现实层的悬殊位差，这不能不说是一大悲哀。

这悲哀背后，纠缠着历史理性与人本感性的深刻悖论。从历史理性的目光审视，“外圆内方”者有足够的理由论证自己选择的合理性和现实性。在淫威面前，他们没有必要轻言牺牲，他们应该有原则地生存下去。他们事实上做到了这一点。他们不仅保持着高傲的沉默，而且还以一种东方式的抗争同恶势力进行韧性的周旋，尽管他们在人格上有令人扼腕的缺憾，但正是这缺憾本身掩护着他们的生命、事业以及长久抗争的权利，从而在极其艰难的环境下维系了人格的基本独立。然而，从人本感性的价值尺度裁决，作为社会良心的知识分子理应以维持社会正义为神圣职责，因而任何在正义与生存之间的调和都会给自己的良心带来难以抹去的污垢。中华民族尽管是世界上最富智慧的民族之一，但倘若知识精英的很大一部分聪明才智不能运用于征服自然和改造社会上，而不得不疲精耗力于自我间的冲突、自我间的苦苦厮杀，这又岂能是近代中国的福音？！当他们上不能超升为无所畏惧的“特立独行”战士，下不甘堕落为依附权势的鲜廉寡耻之流，唯有在生存与正义的矛盾旋涡中挣扎、奋争的时候，这种人格形象上的灰暗和孱弱，不是直接阻碍了中国近代的国民性改造吗？

外圆内方，千秋功罪，又何从予以评说！

入世与出世、改制与启蒙、统一与民主、独立与依归、超然与介入、正义与生存……近代知识者试图从原有的困惑中解脱出来时，却不幸又堕入了另一种新的困惑。这真是一条永恒延伸着的困惑长链！

这仅仅意味着，在充满选择机遇的大时代里，同时也布满着历史的悖论。人们创造着历史，也制造着悖论；或者说，历史本身就是一个悖论。因之方有如此无穷无尽的困惑。

在那历史的迷宫中，一切毕竟取决于自身的选择。在近代这样一个大时代里，一成不变的宿命已被打破，新与旧的冲突、无序混乱的社会动荡孕育着未来发展的多元性，因而选择者是自由的。然而即令如此，他们的自由依然是有限的，他们不能不经受外在生存环境与内在文化心理这双重历史氛围的桎梏。

近代中国知识分子的外在生存环境可谓艰危严酷。时疾时缓的民族危机、天下大乱的分裂动荡、黎民百姓的哀号呻吟……这些都交织、重叠为一幅分外触目惊心的现实图景。

民族的独立和国家的统一成为压倒一切的历史主题，这就影响、决定了近代知识者入世、改制、介入乃至依归的总趋向。只要他们面对现实，就不得不对时代的召唤做出毋庸置疑的呼应。然而，他们置身的生存环境不仅危机紧迫，而且过于严酷。“准大一统”的血腥淫威、旧传统的可怕堕性、社会普遍的蒙昧混沌……这些都严重挫伤、钝化了知识者的救世热忱，逼迫他们去追求人生的另一面：退隐、启蒙、超然以及外圆内方。一旦危机感与严酷感交错而来时，就构成了他们两歧选择的摇摆震荡。他们是环境的产物，他们无法抹去自身对外界的感应。

不过感应的最终定向毕竟取决于主体的内在思想图式，即文化心理结构本身。近代中国处于一个中西文化激烈碰撞的年代，这碰撞不仅发生在知识者与知识者的思想交锋之间，而且还潜伏于每一个知识者的内心深处。正如一位当代青年学者所说，他们是旧时代的最后一批士大夫，也是新时期的第一批知识者。他们的社会身份、文化教养乃至思想灵魂都是双重的；他们的整个生命被历史分割着，同时也分割着历史，真实地体现了历史的联系和矛盾。[1]更确切地说，纵然他们的观念意识大都是西方的，但他们的心态结构、行为模式、情绪体验等等却依然是中国的，他们摆脱不了理智上接受西方、情感上面向东方的局限。往往到了并非夸夸其谈，而是需要行动的时刻，他们更多的是受着那世代相继的传统文化心理的摆布。曾经熔铸了中国士大夫复杂性格的儒学与道学，依然构成着近代知识者灵魂的两面，尽管那外在面貌已充分近代化了。一些知识者的心绪甚至更为纷杂，不仅亦儒亦道，而且有墨有佛。也许正渊源于此，近代知识者的历史选择刻上了鲜明的民族印记，那种中国知识者特具的风格、气质、姿态，那种实用的变通、深沉的悲壮、从容的达观……

既存的社会环境和文化氛围选择了他们，他们也在选择着一轮新的环境和文化。他们是历史的奴隶，又是它的造物主；他们是不自由的，同时又是自由的……这一切构成了种种悖论、种种困惑，这正是一个大时代原有的本色。

悖论并不可畏，历史就是在悖论中为自己开辟道路的；困惑也不足为虑，人们也是在对困惑的选择中得以拯救的。然而，在那历史的迷宫中，有拯救了的，也有迷失了的。作为他们的后人，当代中国的知识者是否有可能在对民族昨日的反思中变得更聪明一些呢？

也许，这并非一种奢望……

---

〔1〕 参见赵园：《艰难的选择》，第424页，上海：上海文艺出版社，1986。